R. Harbin

Origami
Die Kunst des Papierfaltens

gewidmet:

Neal Elias und Fred Rohm

ISBN 3 8068 0280 7

© 1968 Robert Harbin
English Universities Press Ltd.
© 1971 für die deutsche Ausgabe
Falken-Verlag GmbH, 6272 Niedernhausen/Ts.
Umschlagfoto: Helward Böhm
Bearbeitung der deutschen Ausgabe: Hans Staab
Aus dem Englischen übertragen von Hans Rainer Jekel
Gesamtherstellung: H. G. Gachet & Co., Langen b. Ffm.

151 413 121 110 98

Inhaltsverzeichnis

	Seite
Einführung	2
Vorwort	7
Bibliographie	8
Etwas zur Geschichte des Origami	9
Grundzüge des Origami	11
Die Symbole	14
Internationale Origami-Faltzeichen	15
Wasserbombe	17
Die Rückwärtsfalte	18
Falten eines Fußes	20
Falten eines Vogelkopfes	21
Haus	22
Soldatenmütze	25
Boot	27
Becher (Türkenfez)	29
Flieger	30
Pfeffer- und Salznäpfchen (Himmel und Hölle)	33
„Himmel" und „Hölle"	36
Spanische Schachtel	37
Turban (Japanischer Geldbeutel)	40
Samurai-Hut	43
Sampan	47
Wasserbombe (Japanischer Ball)	51
Sambow I	55
Sambow II	59
Japanisches Henkelkörbchen	63
Mehrzweckform	67
Gondel	71

	Seite
Grundform eines Vogels	75
Fliegender Vogel	79
Gimpel	81
Betender Mohammedaner	85
Frosch	88
Kricket-Maske	95
Pinguine	97
Pinguin I	101
Pinguin II	105
Kaninchen	108
Tropenvogel I	110
Tropenvogel II	113
Mutter Hubbard's Hund	115
Der Mönch	120
Eichhörnchen	122
Anstreichermütze	125
Dekoration I	128
Dekoration II	130
Japanischer Herr	134
Japanische Dame	137
Fisch	139
Dinosaurier	142
Aladins Wunderlampe	145
Straußenvogel mit Reiter	150
Kirche	152
Der ausgelassene Elefant	155
Schwäne	159

Vorwort

Ein Buch zu schreiben, gleich welchen Inhalts, bedeutet immer eine mühevolle Aufgabe für mich.
Die Arbeit an diesem Buch hat mir jedoch große Freude bereitet. Große Freude deshalb, weil ich sehr daran interessiert bin, möglichst viele Menschen mit der bisher recht unbekannten Kunstrichtung des "Origami" vertraut zu machen.
Die Hauptaufgabe bestand in der Erarbeitung der Zeichnungen, da ohne diese das Buch undenkbar wäre. Graphische Darstellungen dieser Form benötigen eine lange Vorbereitungszeit, da die dreidimensionalen Papiermodelle von Faltstufe zu Faltstufe in zweidimensionale Zeichnungen auf einem Stück Papier umgesetzt werden müssen.
Außerdem müssen die Zeichnungen für den Übenden klar und deutlich sein, wenn er das Modell von Anfang bis zu Ende richtig "durchfalten" soll! Nun könnte man sagen, daß das Falten Produkte ergibt, die es noch nicht einmal wert sind, aufgehoben zu werden, aber das entspräche nicht der Wahrheit!
Während meiner Arbeit an diesem Buch habe ich eine Sammlung der weltbesten Papierfaltarbeiten in durchsichtigen Schutzhüllen aufbewahrt, die ich von Zeit zu Zeit auf einem schwarzen Plakatkarton aufbaue. Auf diese Weise können sie sehr schnell vorgeführt werden, sobald auch nur der geringste Einwand irgendeines Zweiflers laut wird. Wenn diese Kunst Sie genauso begeistert, wie sie mich begeistert hat — und auch viele andere — werden Sie entdecken, daß Origami großen Spaß macht und in seiner Vielfalt dazu beiträgt, sich zu entspannen und die Welt um sich herum vergessen zu lassen!

Robert Harbin

Bibliographie

HARBIN, Robert
Secrets Of Origami, Oldbourne Press London (1963)
In 1400 Zeichnungen und 70 Photographien sind 150 Modelle erklärt.
— Paper Magic, Oldbourne Press London (1956)
RANDLETT, Samuel
The Art Of Origami, E. P. Dutton Inc. New York;
Englische Ausgabe: Faber and Faber London (1961)
— The Best Of Origami, New Models By Contemporary Folders, E. P. Dutton, Inc. New York;
Englische Ausgabe: Faber and Faber, London (1963).
LEWIS, Shari und OPPENHEIMER, Lillian
Folding Paper Puppets, Folding Paper Toys, Stein and Day, New York. Puppets (1962), Toys (1963).
YOSHIZAWA, Akira
Die Bücher dieses Autors werden in japanischer Sprache verlegt.
UCHIAMA, Okimasa
Origami Zukan (das bedeutet Origamibilderbuch); Hikari no Kuni, Tokyo, Japan (1958).
SOLORZANO, Sagredo
Vicente, Papiroflexia Zoomorfica (2 Ausgaben).
Arpatado de Correos, 319, Valladolid, Spanien.
Diese beiden Ausgaben haben über 1000 Seiten mit mehr als 3000 Zeichnungen.
GIL, Elias Gutierrez
Papiroflexia, Logrone; Industrias Graphicas, UFA, S. L.
Dieses Buch ist zu beziehen vom Autor in: Ensenaza Media, Burgos, Spanien. Der Preis beträgt ca. 5.— DM.
MONTERO, N.
El Mundo De Pappel, Valladolid; Herausgeber: Sever Cuesta (1939).

Etwas zur Geschichte des Origami

Origami stammt aus dem Japanischen und bedeutet Papierfalten. Die Japaner sehen Origami nicht als eine Kunstrichtung an, sondern betrachten es als einen festen Bestandteil ihrer Kultur.

Seitdem Jugendliche den Reiz von gefalteten Papierfiguren, hübschen Verpackungen und anderen netten Kleinigkeiten aus Papier entdeckt haben, wird Origami immer mehr zum Zeitvertreib und Hobby für alle Altersgruppen.

In Japan dominieren zwei große Namen auf dem Gebiet des Origami: Akira Yoshizawa und Okimasa Uchiyama. Die Kunst des Yoshizawa hat viele japanische und westliche Faltkünstler beeinflußt. Wegen des plötzlichen Interesses, das der Westen an Origami zeigte, haben japanische Verleger rasch eine Flut von attraktiven Büchern dieser Kunstform produziert, geschrieben in japanisch und englisch, und viele dieser Bücher enthalten bereits fertige, eingeklebte Modelle.

Obwohl es große Freude macht, diese japanischen Bücher zu betrachten, mangelt es ihnen an gezielter Unterweisung. Europäer folgen nicht einfach nur graphischen Zeichnungen, und die Japaner nehmen fälschlicherweise an, ihre Erklärungen böten genügend Instruktionen für den Anfänger.

Peter van Note in New York, selbst ein leidenschaftlicher Faltkünstler, hat Nachforschungen nach Originalen des Origami angestellt und folgende Bemerkungen dazu gemacht: „Vor kurzem wurde ich rein zufällig auf ein japanisches Manuskript aufmerksam, das Papierfaltarbeiten nach den alten Praktiken beschrieb. Es war zur gleichen Zeit herausgegeben worden wie die Kan No-Schriften, ich habe jedoch allen Grund zu glauben, daß sie die Arbeiten der japanischen Heian-Periode (782—1185) illustrieren. Sollte das wahr sein, und ich halte das für möglich, dann steht fest, daß wir eines der frühesten Beispiele der japanischen Papierfaltarbeiten haben — über tausend Jahre alt! In der japanischen Art und Weise, Zeitgeschichte darzustellen, weist das obengenannte Manuskript auf das Ende der Edo-Periode zurück. Diese Periode reicht vom Beginn des 17. Jahrhunderts bis kurz nach dem amerikanischen Bürgerkrieg, d. h. sie begann zu der Zeit, als der Engländer Henry Hudson den Hudson hinaufsegelte, (1607—1611) und dauerte bis etwa 1860.

Damit Sie sich einen Begriff machen können, gebe ich Ihnen einen kurzen Überblick über die Geschichte des Origami:

Sorgfältig ausgearbeitete gewöhnliche Papierfaltarbeiten und einfache „Erheiterungen" (Heian-Periode),

Prinzip der Wasserbombe, wahrscheinlich in der Heian-Periode zur Herstellung gewöhnlicher Papierschmetterlingsfiguren angewandt,

Vogel-Grundkörper (Edo-Periode), wahrscheinlich vom Ende des 17. Jahrhunderts bis Mitte des 18. Jahrhunderts,

Frosch-Grundkörper (späte Edo-Periode), wahrscheinlich nicht vor 1800 n. Chr.

Die obenstehenden Schlußfolgerungen sind teilweise hypothetisch, ruhen jedoch, wie ich annehme, auf fundierten Beweisen. Es sollte bemerkt werden, daß die Heian- und Edo-Periode in der japanischen Geschichte Zeiten des Friedens waren, daß die dazwischenliegenden 4 Jahrhunderte dagegen von Unbeständigkeit und blutigen Auseinandersetzungen gekennzeichnet wurden."

Vielen Dank, Peter van Note!

Die Spanier sind für lange Zeit große „Papierfalter" gewesen. Die besten abendländischen Ergebnisse haben die Spanier und Argentinier erzielt. Besonders beachtenswert sind Autoren wie: Vicente Solorzano, Ligia Montoya, N. Doktor Montero und viele andere. Die Spanier haben ihren besonderen Stil, wofür der betende Mohammedaner (auch in diesem Buch) ein schönes Beispiel ist.

Die bei weitem anregendsten Ergebnisse kommen aus Amerika. Viele Bücher müßten geschrieben werden, um mit der Flut der Ideen, die gerade aus dieser Quelle kommen, Schritt zu halten. Mrs. Lilian Oppenheimer aus New York hat einen großen Teil ihres Lebens dazu verwandt, das Interesse für Origami zu wecken, und hat zu diesem Zweck einen Origami-Club in New York gegründet, der die leidenschaftlichen Anhänger in ständiger Verbindung miteinander hält.

Ich bin froh, in diesem Buch einige Originale zeitgenössischer Faltkünstler aus vielen Ländern zeigen zu dürfen und diesen „Erfindern" gilt auch mein besonderer Dank.

Grundzüge des Origami

Sie möchten sich Origami selbst beibringen und können es sicherlich kaum erwarten, umzublättern und die ersten Modelle dieses Buches zu falten. Zunächst jedoch sollten Sie einige hilfreiche Tips berücksichtigen und auch die folgenden wichtigen Anleitungen gründlich lesen. Tatsache ist, daß die meisten Anfänger nicht in der Lage sind, erfolgreich und ohne Schwierigkeiten Zeichnungen und Anleitungen zu folgen, mögen sie auch noch so gewissenhaft ausgearbeitet sein!
In der Regel versuchen Origami-Illustratoren auf jede Seite soviel Informationen wie möglich zu packen. Diese Gepflogenheit wird von Kennern des Origami begrüßt, da auf diese Weise ein Buch eine große Zahl von Modellen erklärt. Unglücklicherweise schreckt jedoch eine Buchseite, auf der es von Zeichnungen nur so wimmelt, fast jeden Anfänger. Diese Gedanken habe ich mir während der Vorbereitungen für dieses Buch gemacht, und Sie werden feststellen, daß daher die ersten Seiten nur wenige Zeichnungen zeigen. Alle Skizzen sind unmißverständlich gezeichnet und enthalten nützliche Erläuterungen und Symbole, um Ihnen jede mögliche Hilfe zu geben und die gebräuchlichsten Standardmodelle zu erklären, die Sie mit den „Grundkörpern" vertraut machen. Von einem Grundkörper ausgehend können viele Modelle gefaltet werden. Es gibt sehr viele Grundkörper, uralte und zeitgenössische, das Buch wird Sie jedoch nur mit gerade so vielen bekanntmachen, wie Sie für eine gute Ausgangsposition brauchen. Schauen Sie sich die erste Faltarbeit dieses Buches an und beachten Sie dabei, wie die Faltanleitungen auf die zu faltenden Teile gedruckt sind. Zum Beispiel „falte diesen Teil herunter", und dann „hierhin". Auf später folgenden Seiten sind die Faltanleitungen neben die Zeichnungen gedruckt und nicht hinein, denn es ist anzunehmen, daß Sie dann mit den verschiedenen Schritten vertraut sind. Sie müssen immer vorsichtig, akkurat und sauber auf Stoß falten. Falls Sie ohne besonderen Spaß an die Arbeit gehen sollten, wird das Ergebnis dementsprechend ausfallen.
Sehen Sie sich zunächst alle Zeichnungen an, die zu einem Modell gehören. Dann und nur dann nehmen Sie sich ein Blatt Papier und beginnen mit dem ersten Schritt. Wenn Sie falten, knicken Sie das Papier mit dem Daumennagel. Scharfe Knicke erleichtern das Falten, insbesondere bei mehreren Faltabschnitten. Auch das Vorfalten ist wichtig! Bedenken Sie z. B. den Faltvorgang bei der

„Japanischen Dame". Dieses Modell wurde Samuel Randlett übersandt, der diese Idee sofort benutzte und daraus seinen Fisch entwickelte. Beachten Sie genau, wie er das benutzte Papier vorfaltet, so daß alles zu seiner Zeit an den richtigen Platz gefaltet wird.

Bei der „Rückwärtsfalte" sollte das Papier zunächst in ganzer Stärke hin- und hergeknickt werden, bevor die eigentliche Falte ausgeführt wird. Bei einseitig gefärbtem Papier sollten Sie versuchen, den schönsten, d. h. den passendsten Farbeffekt zu erzielen. Die Art des Papiers stellt einen ganz wichtigen Faktor dar. Origami-Papier sollte dünn, fest und passend gefärbt sein. Wenn Sie jedoch kein spezielles Origami-Papier zur Hand haben, können Sie jede andere Sorte benutzen.

Sollen Sie ein Quadrat als Ausgangsform benötigen, überzeugen Sie sich, daß Sie auch wirklich ein Quadrat benutzen, daß ein Rechteck auch wirklich ein Rechteck ist. Die meisten Modelle dieses Buches gehen von einem Quadrat aus. Dies ist jedoch nicht die Regel, da z. B. bei „Aladins Wunderlampe" von einem eingeschnittenen Rechteck ausgegangen werden muß. Origami sollte nicht als simple Beschäftigung angesehen werden. Für den Geübten stellt es vielmehr eine Herausforderung an Augen, Gehirn und Fingerspitzen dar, eben eine wunderbare Beschäftigung zur geistigen und körperlichen Entspannung.

Wenn Sie die Grundkörper beherrschen, so können Sie selbst neue Figuren entwerfen. Wenn Sie irgendeine Vorstellung haben, überlegen Sie sich bitte, von welcher Grundform Sie am besten ausgehen. Sie werden sehen, daß der „Pinguin" auf drei verschiedene Arten gefaltet werden kann. Er stellt ein bevorzugtes Objekt dar, und sehr viele Leute hatten dafür eigene Ideen.

Beachten Sie Begriffe wie „Falte plattdrücken". Ich habe den Vorgang so benannt, weil Sie genau das tun sollen! Drücken Sie die markierten Teile immer so ein, daß sich die Seiten „herausbeulen" und das Modell flach wird, in den meisten Fällen sogar symmetrisch. Studieren Sie die Blumenblatt-Faltung, das Hasenohr und die verschiedenen Grundkörper genau, und versuchen Sie, diese Formen zu behalten. Wenn Sie nicht weiterkommen, sehen Sie sich die vorhergehenden Seiten noch einmal Schritt für Schritt an. Sie werden bemerken, daß sich verschiedene Schritte immer wiederholen. Bald gewöhnen Sie sich daran und können diese Schritte automatisch falten. Wenn Sie alle Figuren der ersten

Hälfte des Buches gefaltet haben, werden Sie feststellen, daß pro Seite mehr Zeichnungen auftauchen und nun die Symbole eine größere Rolle spielen. „Dekoration 2" soll als Beispiel dafür dienen! Versuchen Sie, nur anhand der Symbole vorzugehen.

Beginnen Sie am Anfang des Buches und arbeiten Sie sich dann langsam durch. Versuchen Sie nicht, mit zu schwierigen Modellen zu beginnen, denn das wird mit großen Enttäuschungen enden. Mit Origami können Sie sich z. B. während einer langen Bahnreise die Zeit vertreiben. Suchen Sie sich einen Gleichgesinnten, und Sie beide werden schöne Stunden beim Falten verleben. Um die Fingerfertigkeit nach Verletzungen wiederherzustellen, stellt Origami eine sehr gute Therapie dar.

Zum Ende ein guter Rat:

Gehen Sie langsam vor, falten Sie vorsichtig und genau, und beginnen Sie am Anfang!

Die Symbole

Die Symbole, die in diesem Buch verwandt worden sind, greifen auf die Linien und Pfeile des Akira-Yoshizawa-Codes zurück. Die Symbole werden beim Falten eine zweite Bedeutung erhalten. Sie werden jedoch feststellen, daß die Symbole leicht zu verstehen sind.

Wenn Sie eine unterbrochene Linie sehen, dann heißt das, daß das Papier entlang der Linie zu einer „Talfalte" gefaltet werden muß. Eine Linie aus Punkten und Strichen ist das Symbol für eine „Bergfalte". Um eine Bergfalte zu knicken, müssen Sie selbstverständlich das Papier umdrehen und eine Talfalte knicken

Pfeile geben die Richtung an, in der Sie das Papier falten müssen: nach links, nach rechts, nach oben, nach unten, nach vorne, nach hinten oder nach innen. Einmal zeigt ein Pfeil an, daß die Zeichnung der Klarheit wegen erweitert wurde, ein anderes Mal zeigt ein Pfeil an, daß das Modell aufgeklappt werden muß (siehe Samuel Randletts Fisch).

Der von mir speziell eingefügte kleine schwarze Pfeil zeigt an, ob Sie das Modell in eine bestimmte Richtung einsenken, pressen, drücken, oder in einem bestimmten Punkt verschieben müssen. Eigentlich genügen die Symbole als Erklärung. Sie haben eine einfache allgemeine Bedeutung und können in 10 Minuten gelernt werden.

Versuchen Sie bitte, nur die Symbole zu benutzen und auf die Erläuterungen zu verzichten. Das wird Ihnen sehr helfen, wenn Sie einmal in die Lage kommen sollten, japanische Origamibücher im Original in die Hand zu bekommen.

Internationale Origami-Faltzeichen

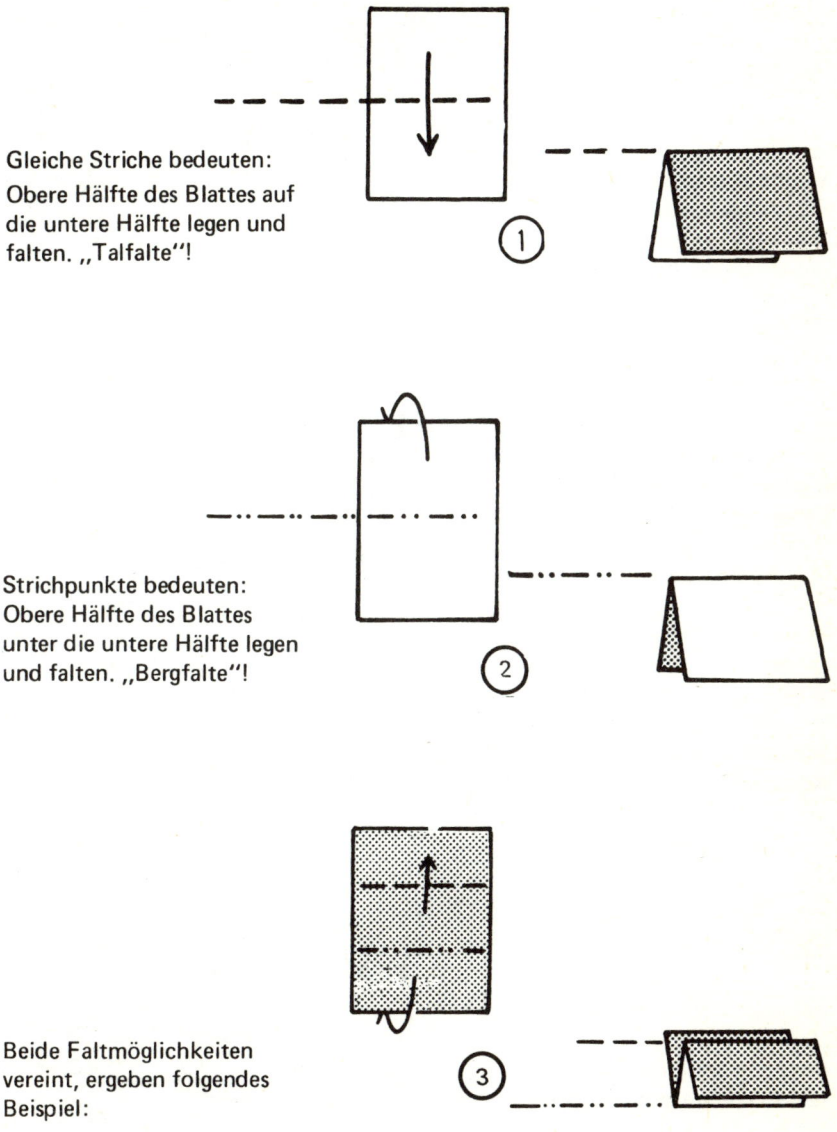

Gleiche Striche bedeuten:
Obere Hälfte des Blattes auf die untere Hälfte legen und falten. „Talfalte"!

Strichpunkte bedeuten:
Obere Hälfte des Blattes unter die untere Hälfte legen und falten. „Bergfalte"!

Beide Faltmöglichkeiten vereint, ergeben folgendes Beispiel:

Internationale Orgami-Faltzeichen (Fortsetzung)

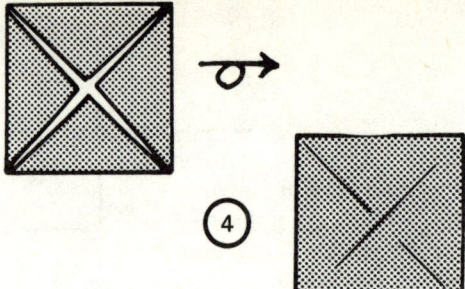

Wenn neben einer Zeichnung ein Pfeil mit Schlinge erscheint, soll das Papiermodell umgedreht werden.

④

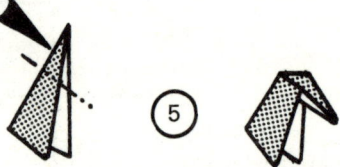

Ein breiter schwarzer Pfeil bedeutet:
Diesen Teil über der Strichlinie nach unten eindrücken!

⑤

Dünne Linie bedeutet: Knicken!

⑥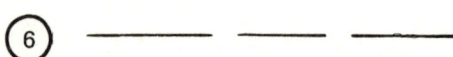

Dieses Zeichen bedeutet: Mehrere Male in gleicher Richtung übereinander falten! (nicht vor und zurück!)

⑦

Zur Einführung falten wir eine Wasserbombe!

Wenn ein Quadrat in dieser Weise markiert ist, entsteht die Ausgangsform einer Wasserbombe. Beachten Sie den Wechsel von Berg- und Talfalten!

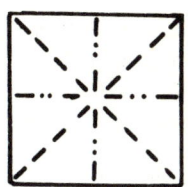

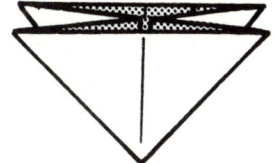

Jetzt müssen die vier Spitzen nach innen gefaltet werden, daß wieder eine Quadratform entsteht. Durch die Öffnung oben läßt sich Wasser einfüllen! Die fertige Wasserbombe.

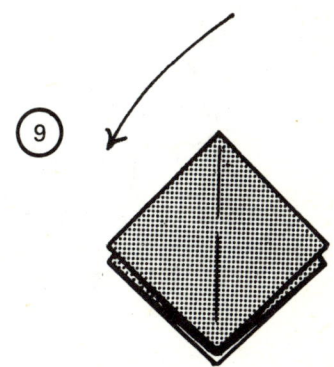

Die Rückwärtsfalte

Typ I

Papier entlang der Markierung vor- und zurückfalten. Danach Spitze nach innen drücken. Die Bergfalte der Spitze wird dabei in eine Talfalte verwandelt.

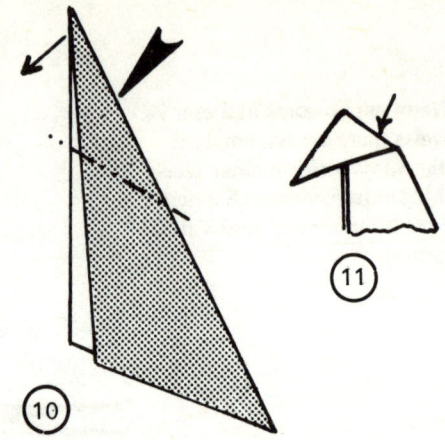

Siehe Zeichnung!

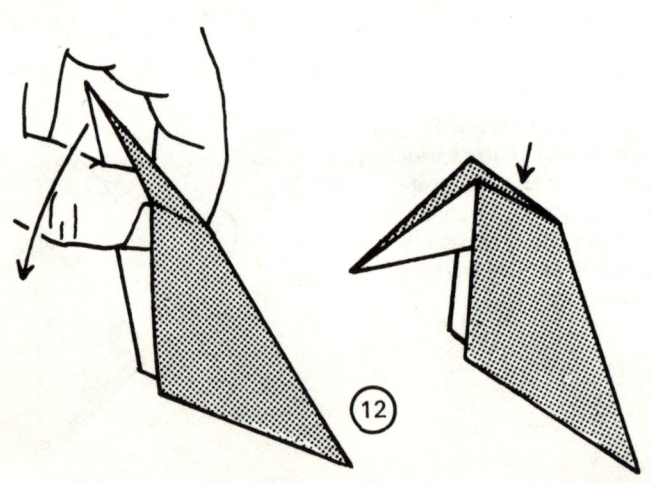

Die Rückwärtsfalte als Überwurffalte

Typ II

Papier wieder entlang der Markierung vor- und zurückfalten. Durch Eindrücken die Spitze nach hinten umlegen, daß die Innenseite der Spitze nach außen gekehrt wird.

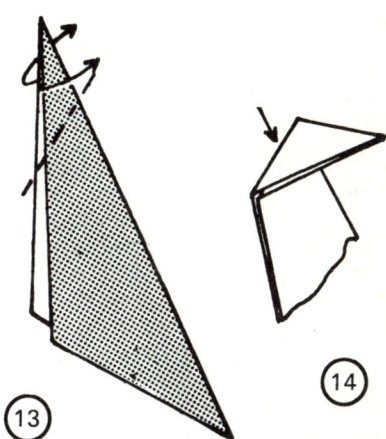

Siehe Beispiel!

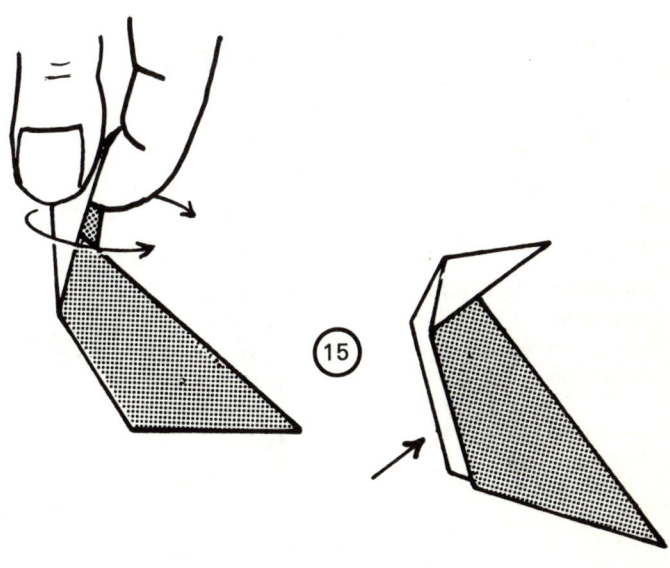

Falten eines Fußes

Falten eines Fußes

a) Rückwärtsfalte Typ II
   (Vögel)

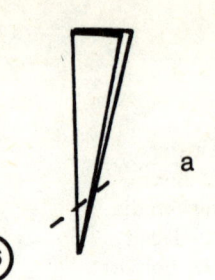

a

b) Rückwärtsfalte Typ I
   (Tiere)

b

c) Rückwärtsfalte Typ I
   Danach Spitze in Pfeilrichtung zurückfalten!
   (Menschen)

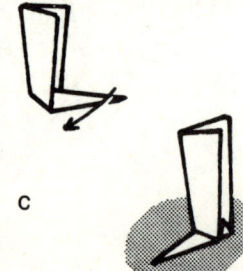

c

Falten eines Vogelkopfes

Beachten Sie genau die Anleitung Punkt für Punkt, vor allem die Markierungen für Tal- und Bergfalten!

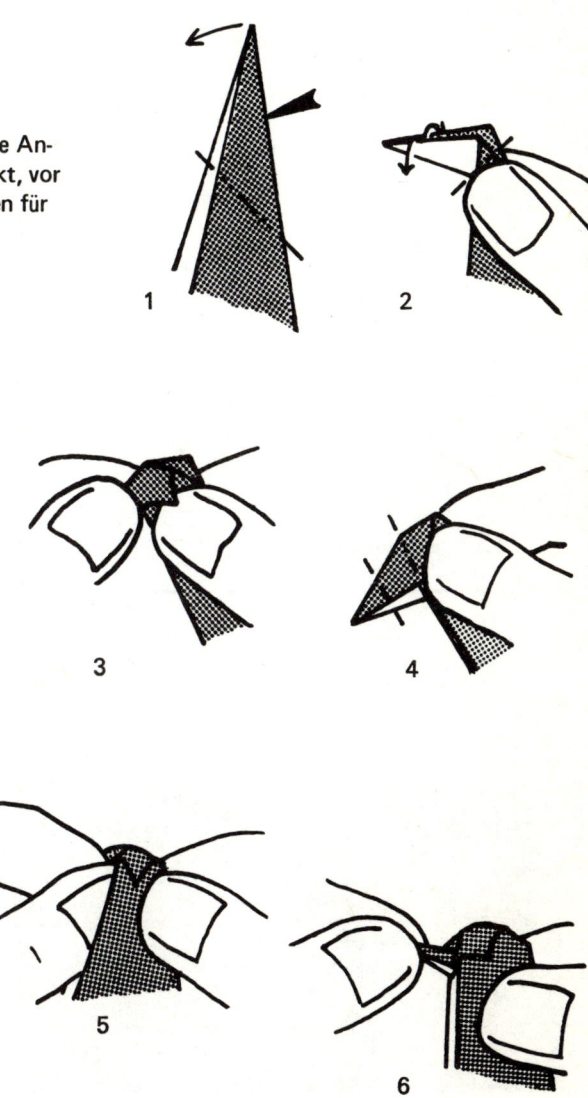

Haus (einfache japanische Falzübung)

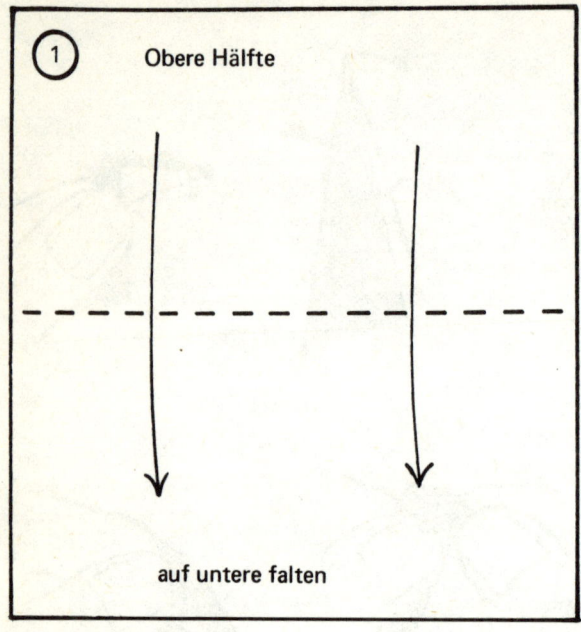

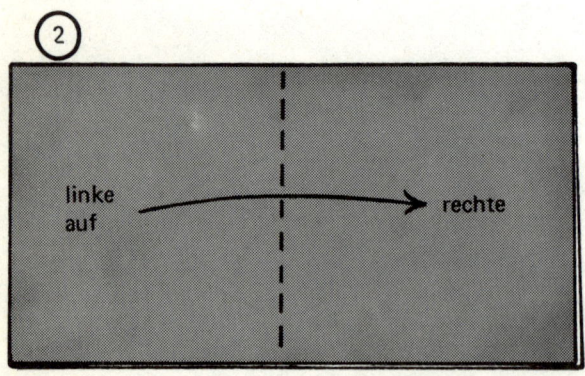

Haus (Fortsetzung)

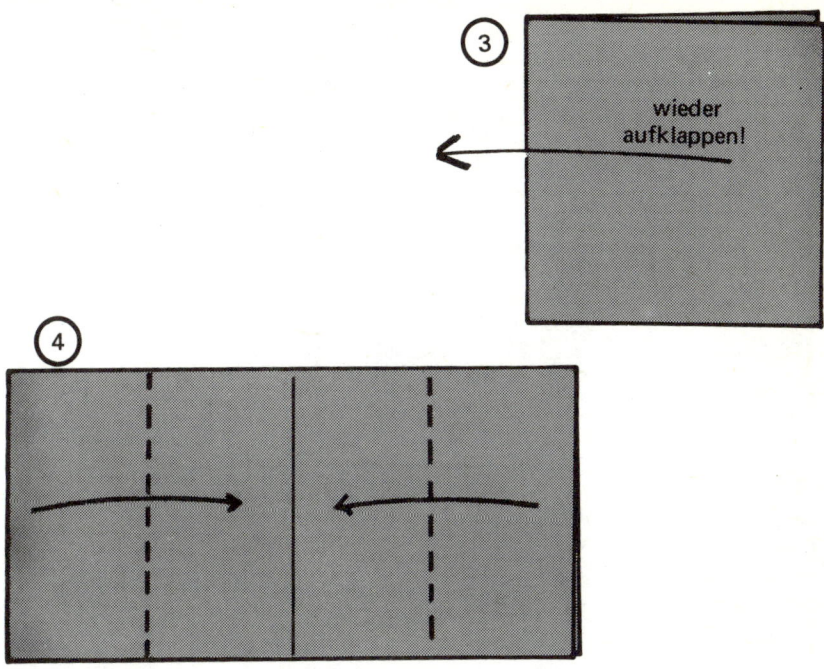

beide Seiten zur Mitte auf
Stoß falten!

Haus (Fortsetzung)

⑥ Ecke zurückfalten   Ecke zurückfalten

Obere Außenseite zur Mitte zurückfalten und Dreiecke zur Giebelform flachdrücken

⑦

⑧

Haus kann mit Türen und Fenstern bemalt werden

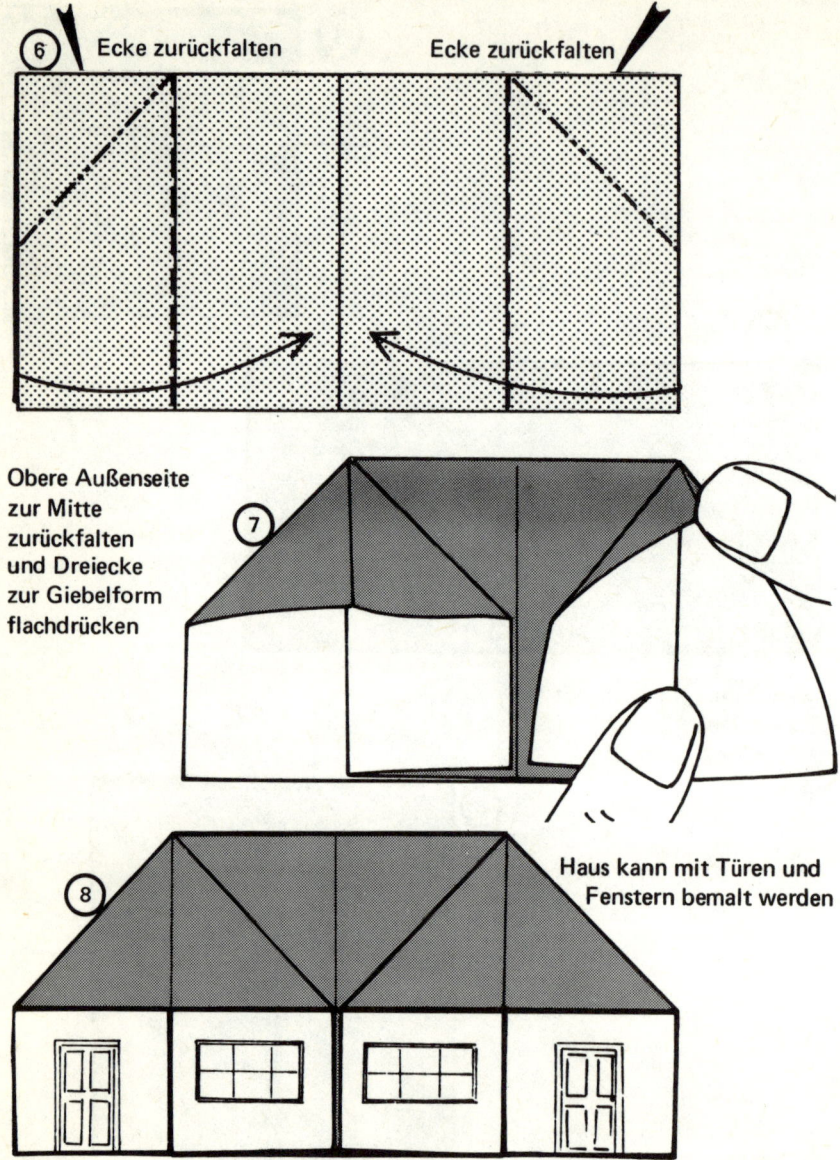

Soldatenmütze

Ausgangsform: Zeichnung 7
des japanischen Hauses

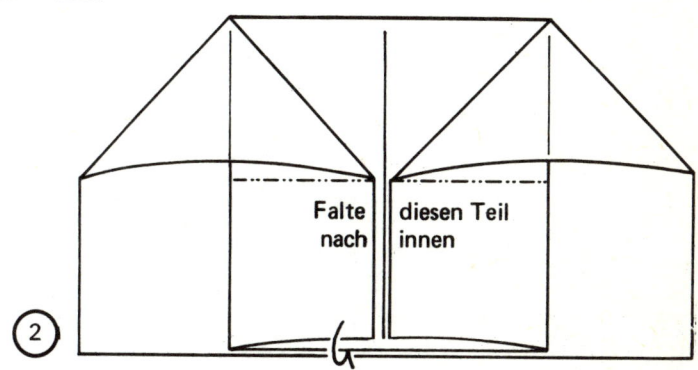

Modell umdrehen

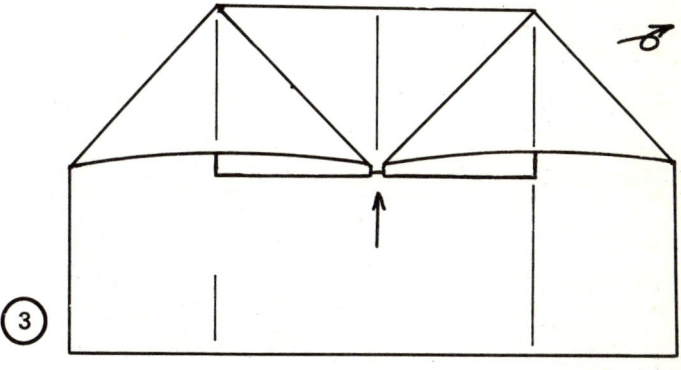

Soldatenmütze (Fortsetzung)

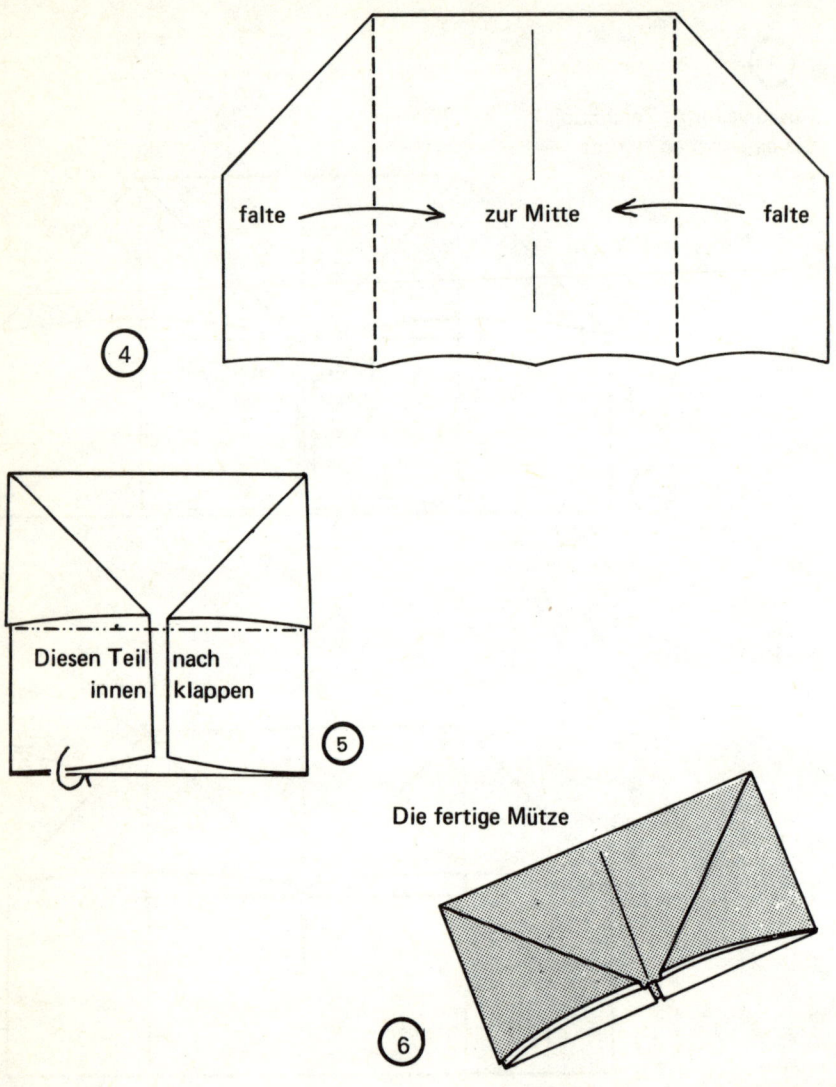

Boot Ausgangsform: ein Quadrat

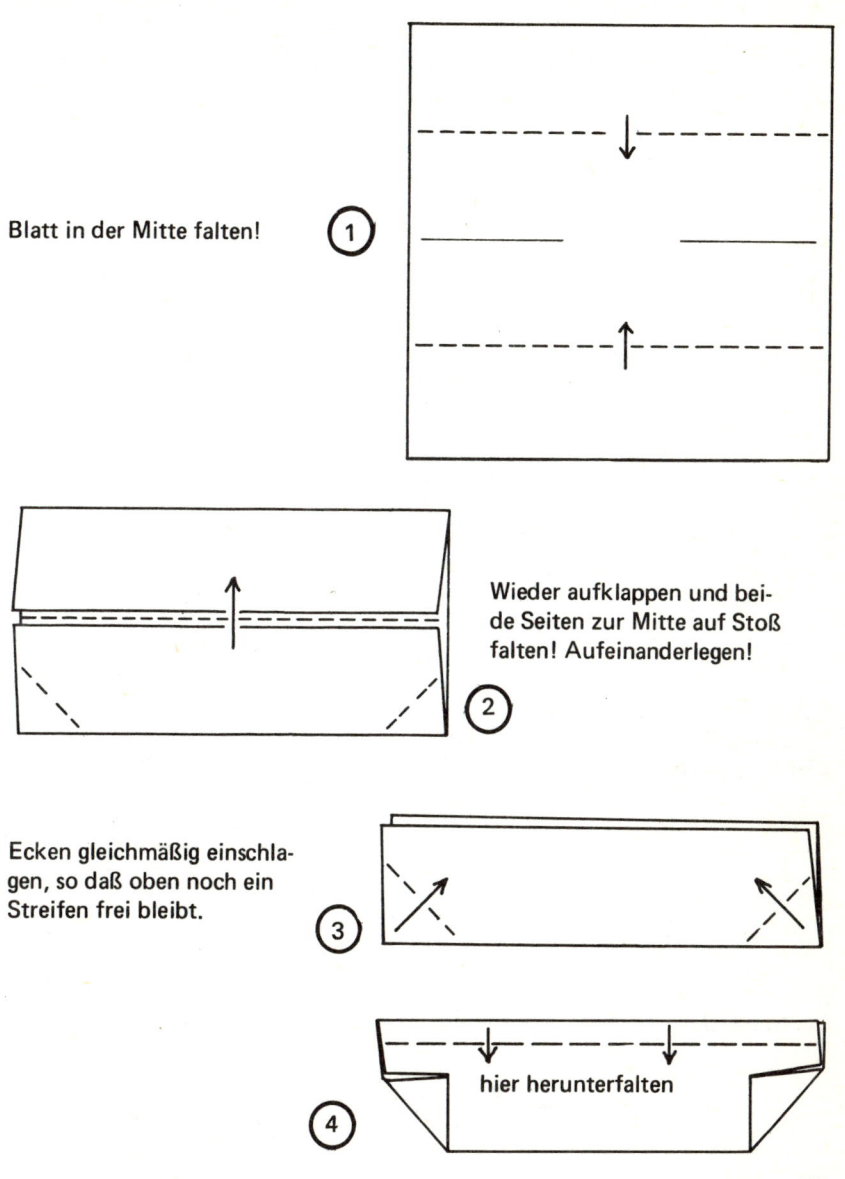

Blatt in der Mitte falten!

1

Wieder aufklappen und beide Seiten zur Mitte auf Stoß falten! Aufeinanderlegen!

2

Ecken gleichmäßig einschlagen, so daß oben noch ein Streifen frei bleibt.

3

4 hier herunterfalten

Boot (Fortsetzung)

ebenso nach hinten!

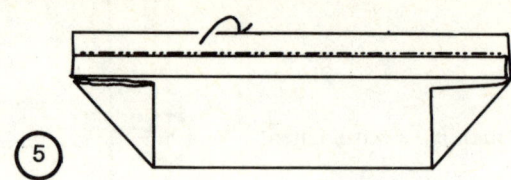

nochmals umschlagen!

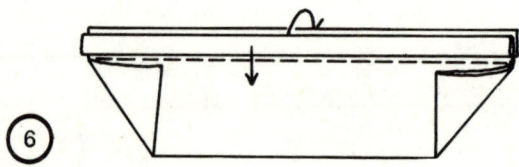

entlang der Punktierung
Boden abflachen

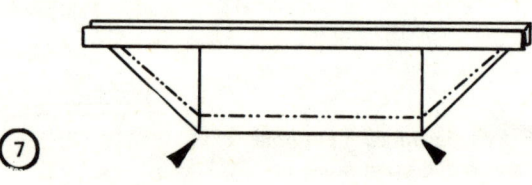

Das fertige Boot

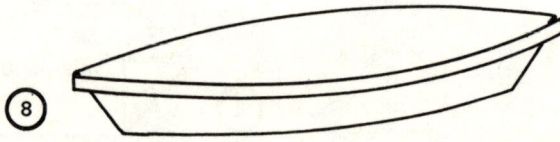

Becher (auch Türkenfez genannt)

Ausgangsform: ein Quadrat

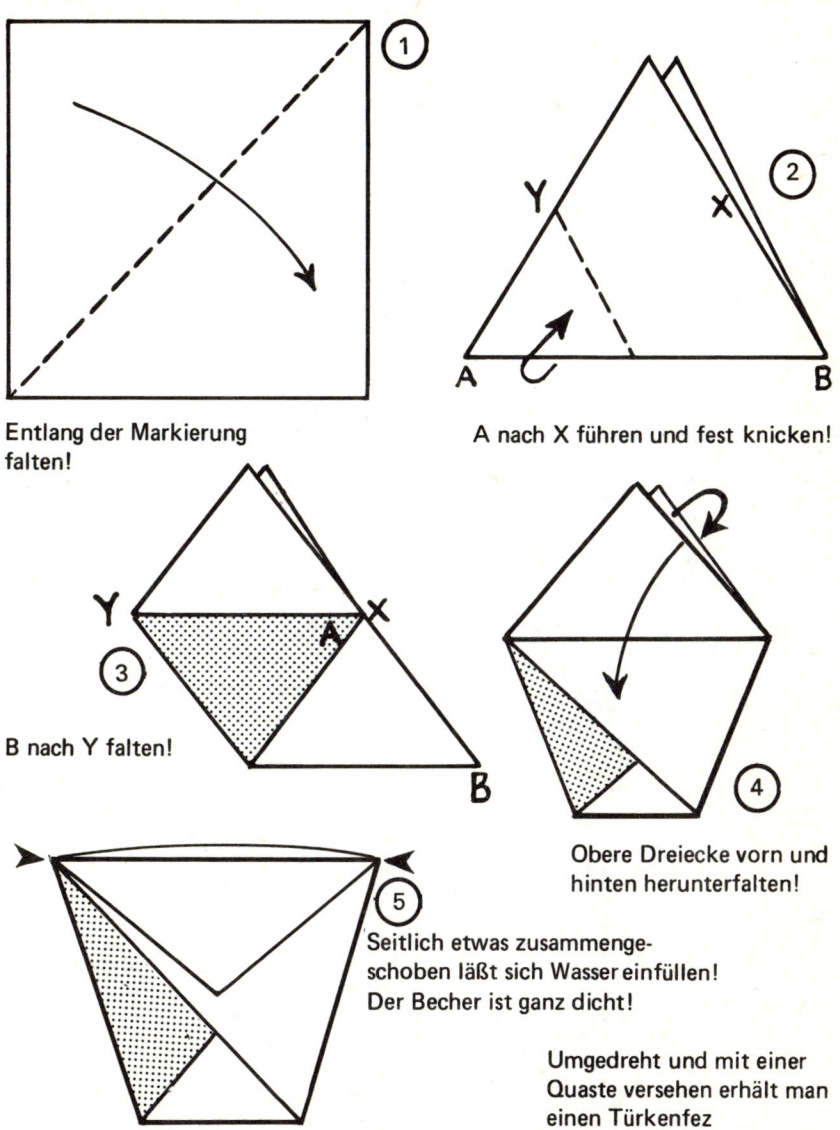

Entlang der Markierung falten!

A nach X führen und fest knicken!

B nach Y falten!

Obere Dreiecke vorn und hinten herunterfalten!

Seitlich etwas zusammengeschoben läßt sich Wasser einfüllen! Der Becher ist ganz dicht!

Umgedreht und mit einer Quaste versehen erhält man einen Türkenfez

Flieger

Ausgangsform: ein Quadrat

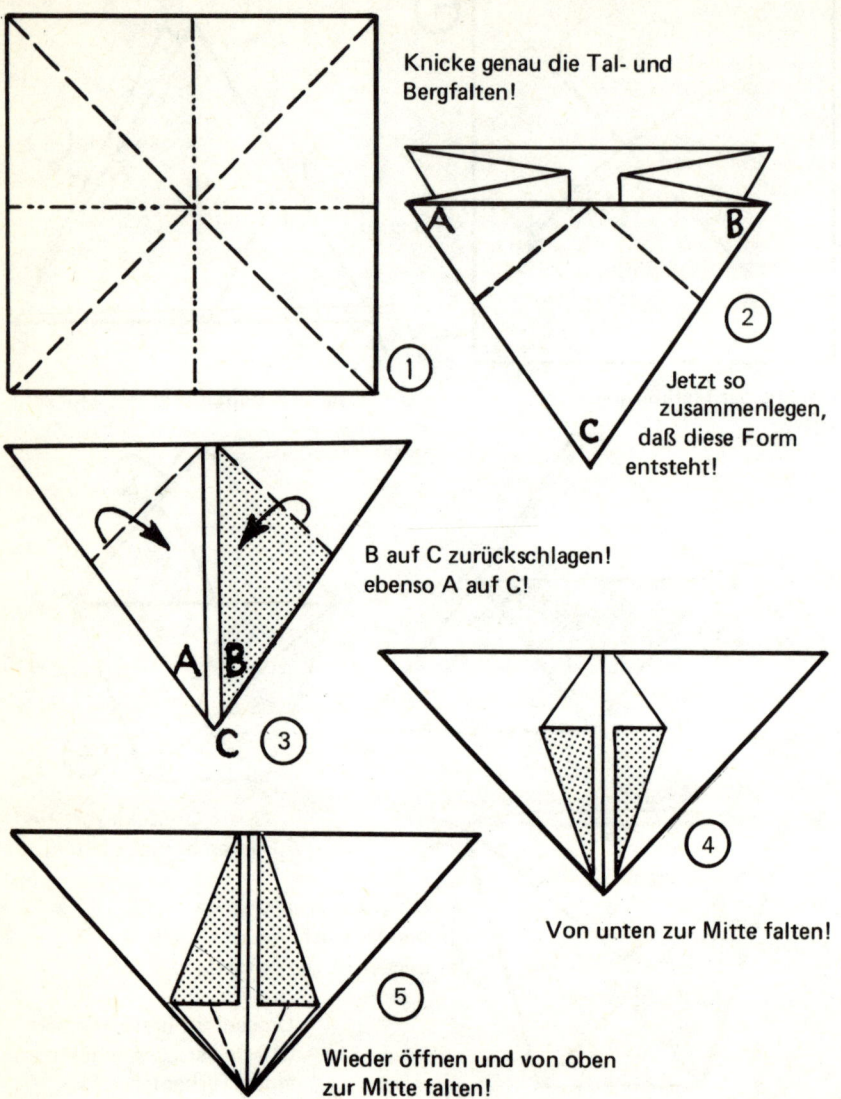

Knicke genau die Tal- und Bergfalten!

Jetzt so zusammenlegen, daß diese Form entsteht!

B auf C zurückschlagen! ebenso A auf C!

Von unten zur Mitte falten!

Wieder öffnen und von oben zur Mitte falten!

Flieger (Fortsetzung)

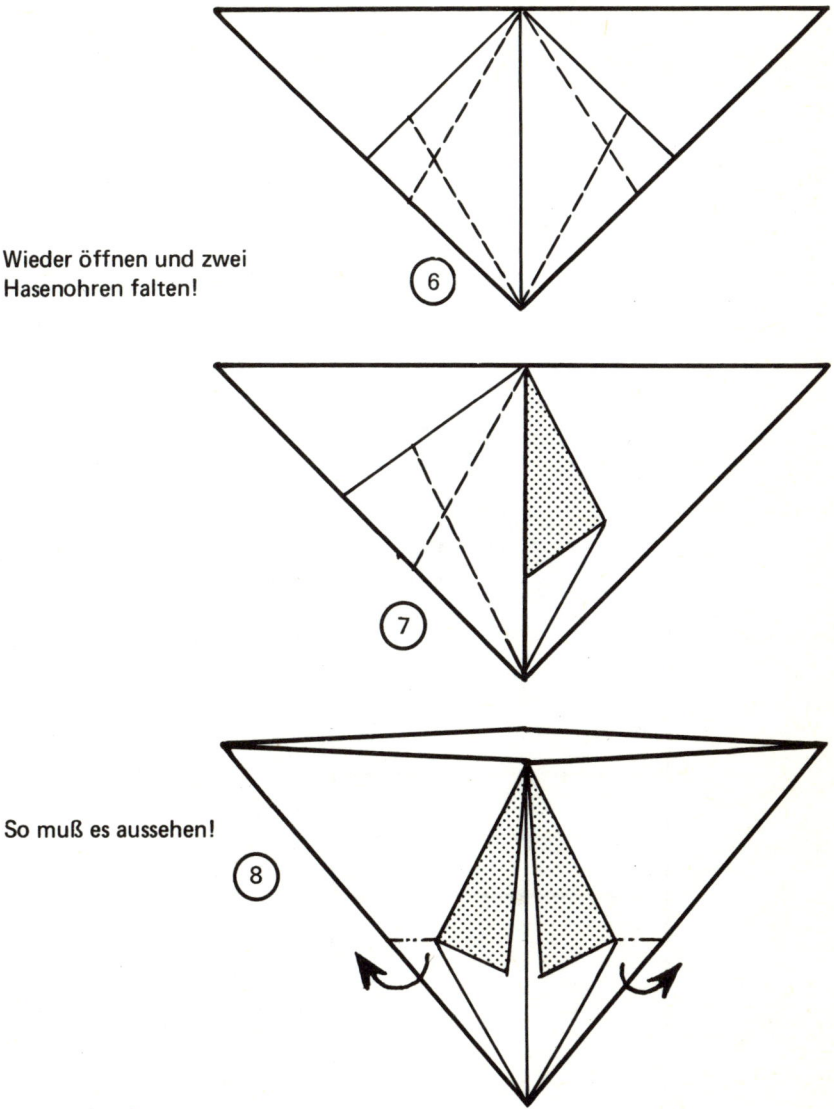

Wieder öffnen und zwei Hasenohren falten!

So muß es aussehen!

Flieger (Fortsetzung)

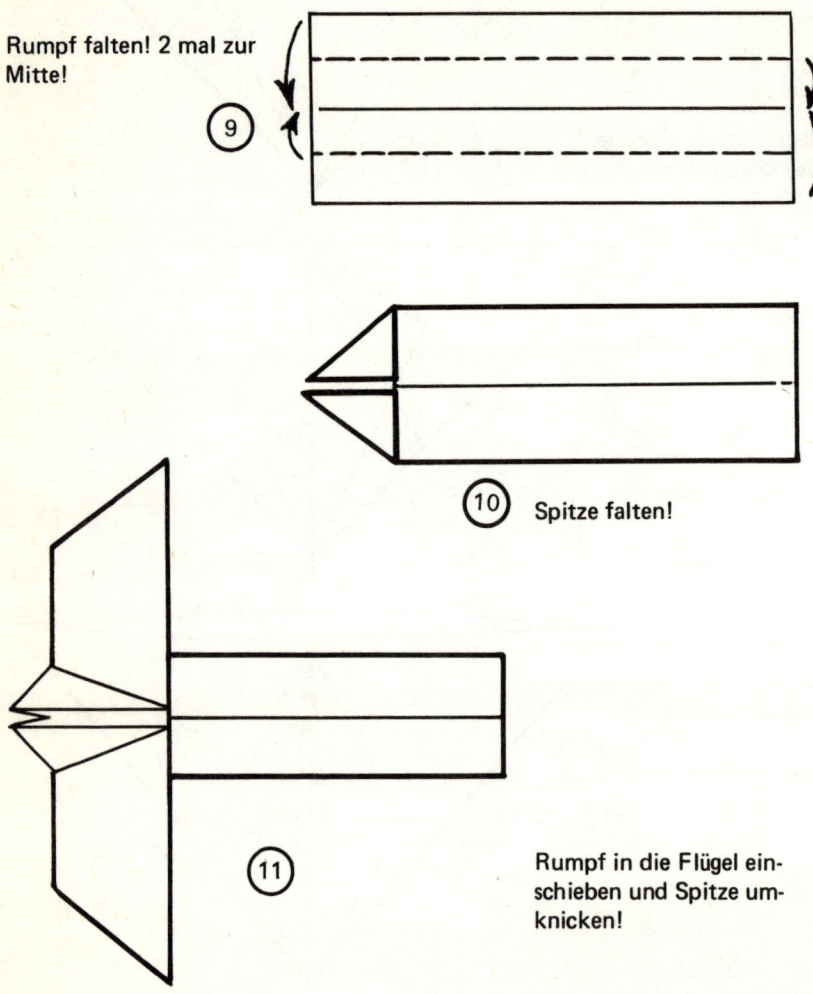

Rumpf falten! 2 mal zur Mitte!

⑨

⑩ Spitze falten!

⑪ Rumpf in die Flügel einschieben und Spitze umknicken!

Pfeffer- und Salznäpfchen, auch „Himmel und Hölle" genannt

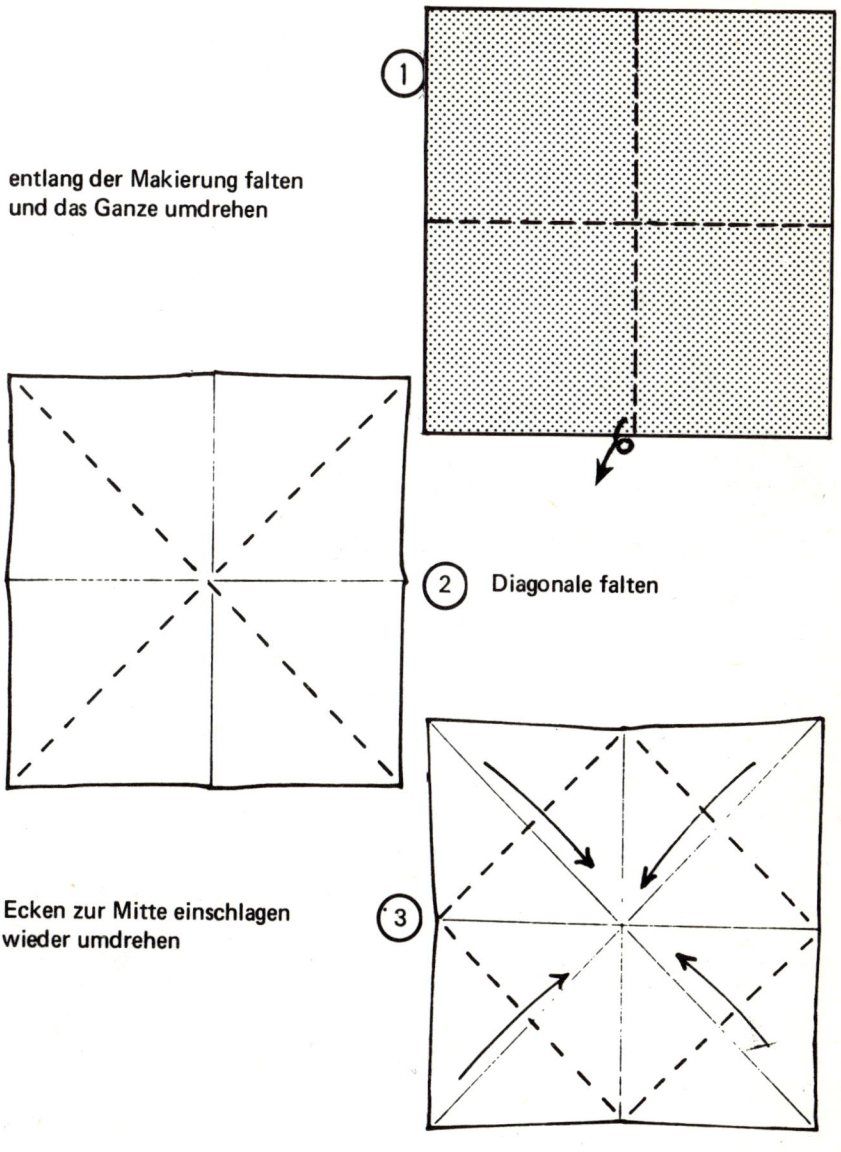

entlang der Makierung falten und das Ganze umdrehen

② Diagonale falten

Ecken zur Mitte einschlagen wieder umdrehen

Salznäpfchen (Fortsetzung)

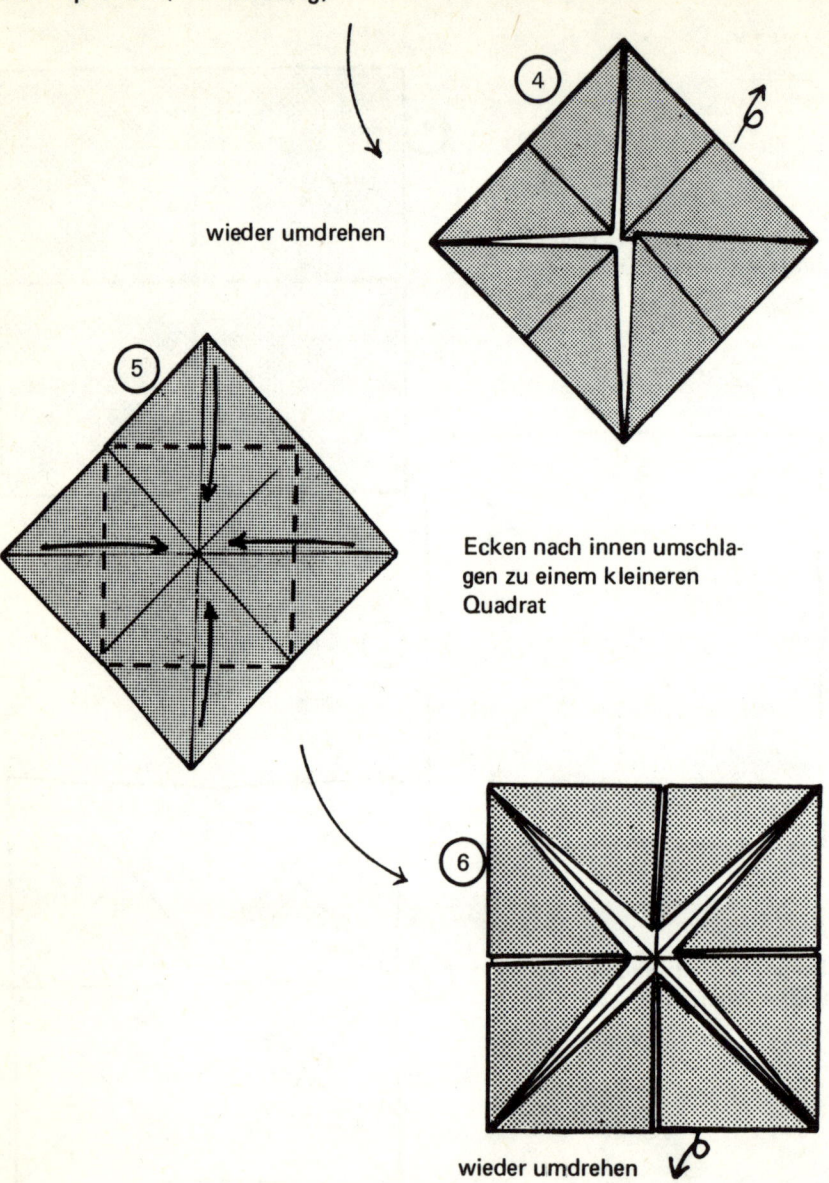

wieder umdrehen

Ecken nach innen umschlagen zu einem kleineren Quadrat

wieder umdrehen

Salznäpfchen (Fortsetzung)

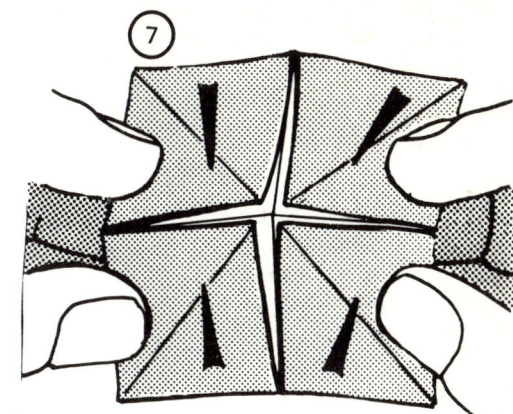

in die richtige Form drücken
(siehe Zeichnung 8)

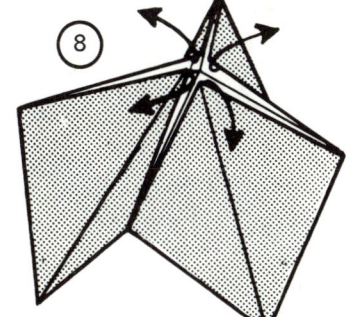

Die vier Taschen nach außen ziehen

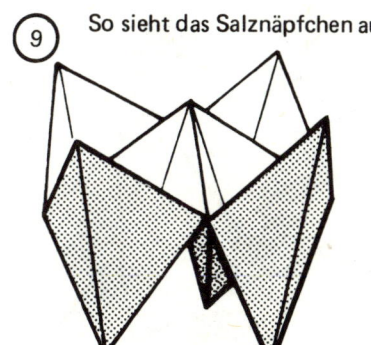

So sieht das Salznäpfchen aus.

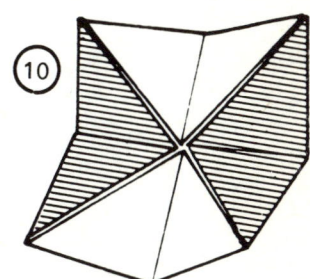

Die Felder lassen sich in dieser Weise bemalen (rot — blau).

„Himmel und Hölle" (auch Farbwechsler genannt)

Je nachdem wie man Himmel und Hölle aufklappt, erhält man ein geschlossenes Rot oder ein geschlossenes Blau.

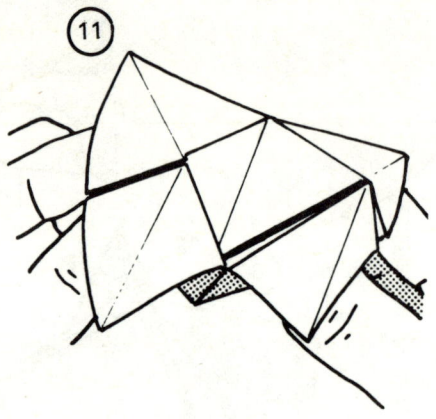

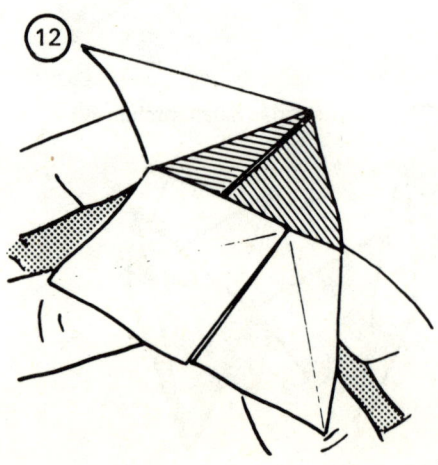

Spanische Schachtel (eigentlich japanisch)

Ausgangsform: Quadrat
Entlang der gestrichelten
Linie falten!

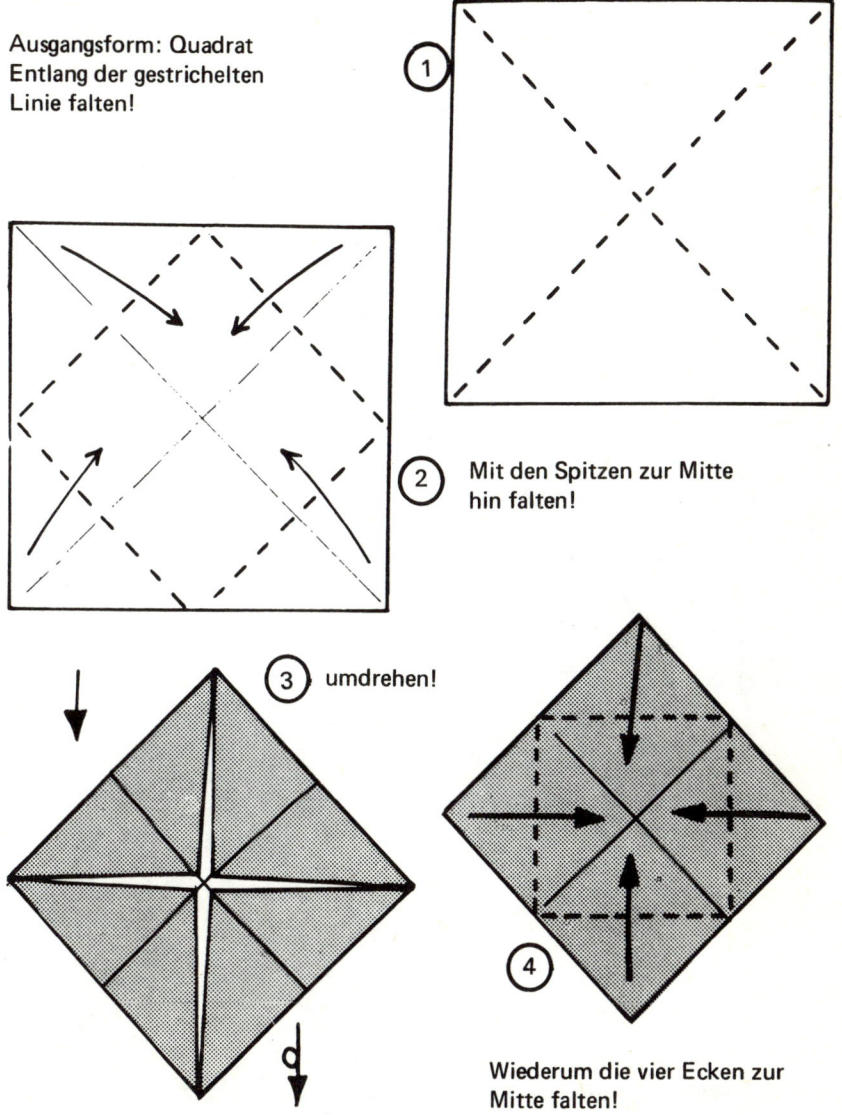

Mit den Spitzen zur Mitte hin falten!

umdrehen!

Wiederum die vier Ecken zur Mitte falten!

Spanische Schachtel
(Fortsetzung)

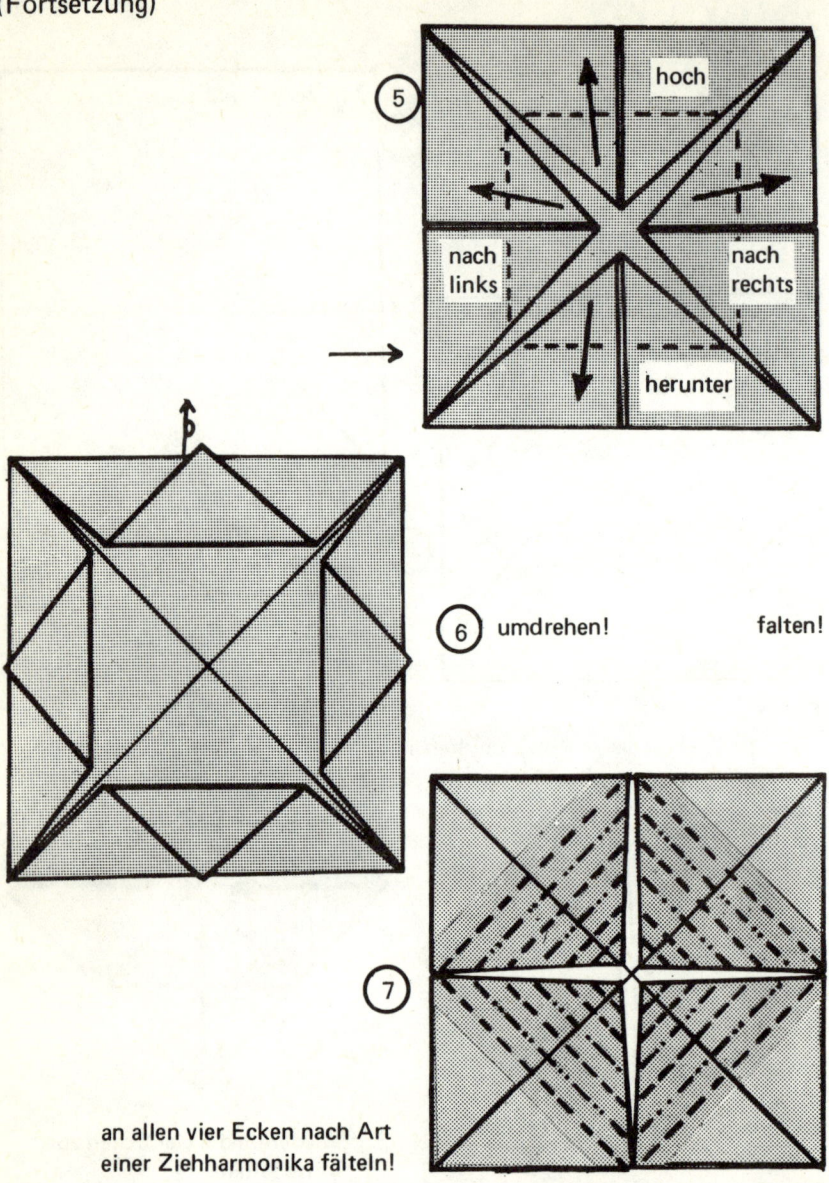

an allen vier Ecken nach Art
einer Ziehharmonika fälteln!

Spanische Schachtel (Fortsetzung)

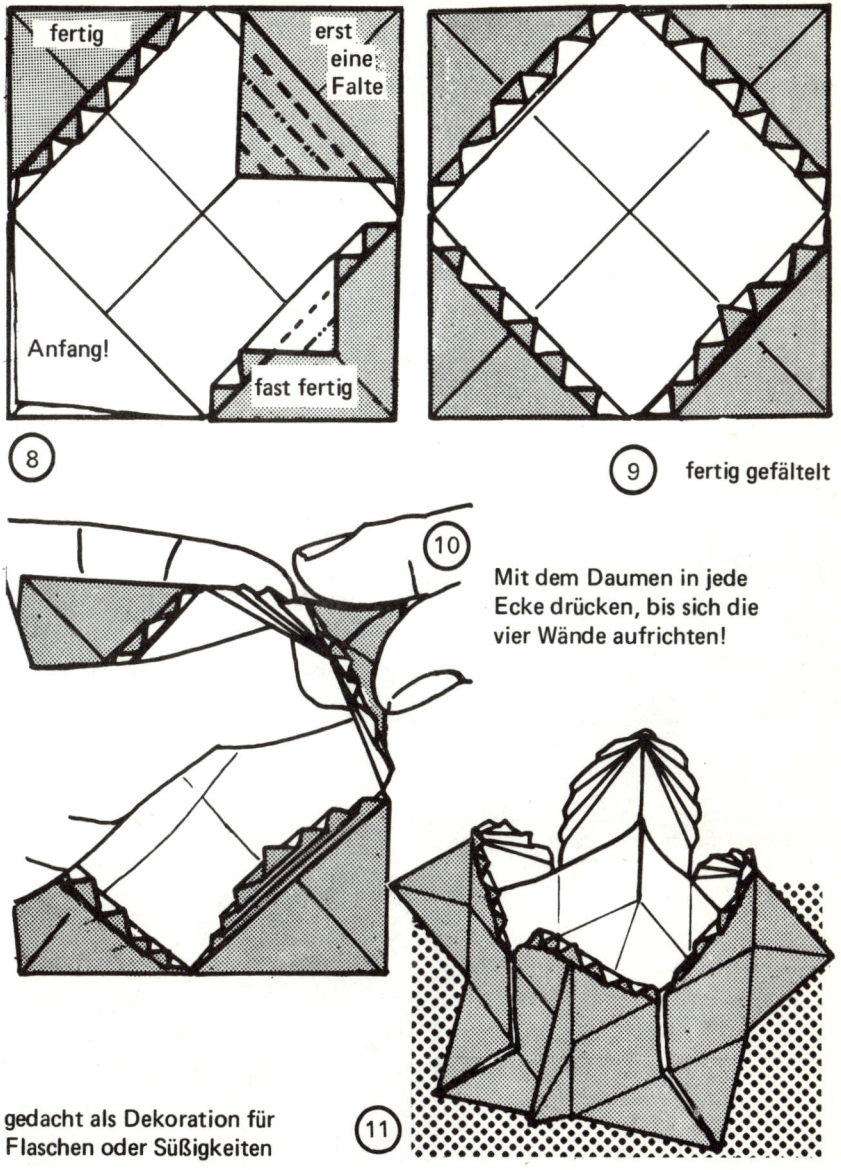

⑧

⑨ fertig gefältelt

⑩ Mit dem Daumen in jede Ecke drücken, bis sich die vier Wände aufrichten!

gedacht als Dekoration für Flaschen oder Süßigkeiten

⑪

Turban oder japanischer Geldbeutel

Ausgangsform: ein Rechteck!

Obere Hälfte herunterfalten!

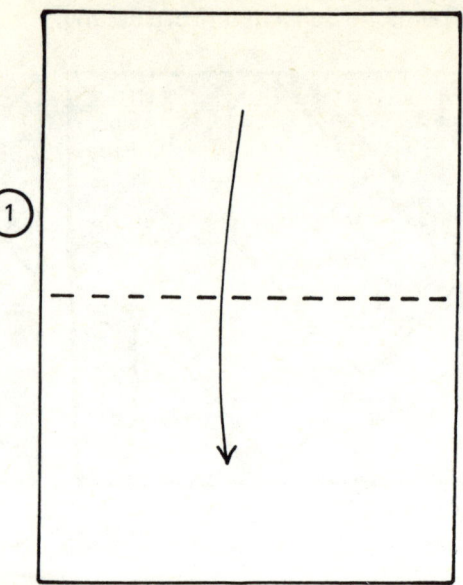

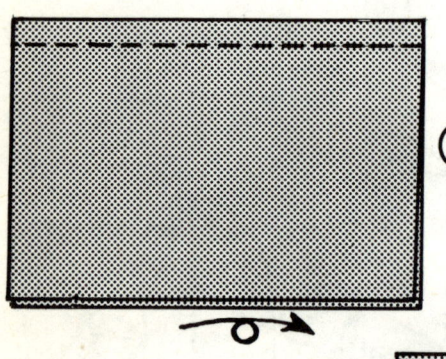

Rand über dem Strich umfalten! dann umdrehen!

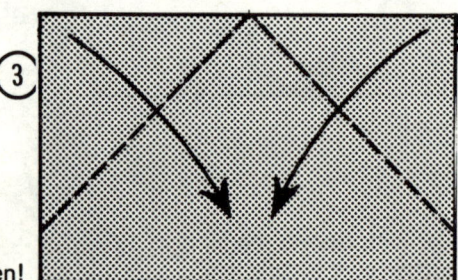

Ecken nach innen falten!

Turban (Fortsetzung)

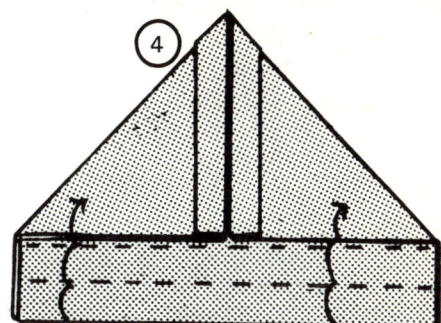

wie hier! den oberen Rand doppelt übereinanderfalten!

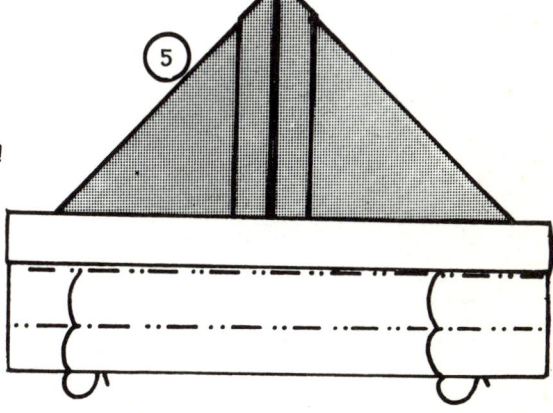

auf gleiche Weise mit dem anderen Rand nach hinten!

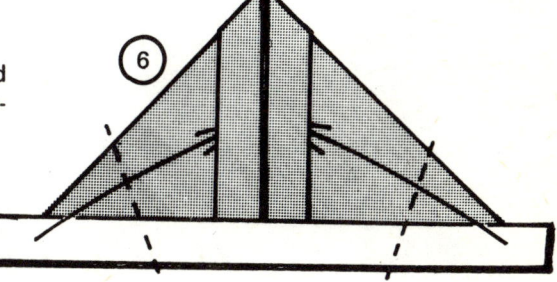

Ecken zur Mitte falten und die Enden unter die mittleren Laschen stecken!

Turban (Fortsetzung)

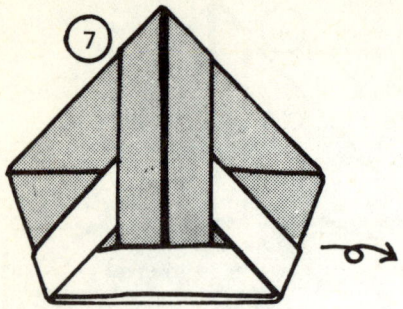

So ist es richtig! Jetzt umdrehen!

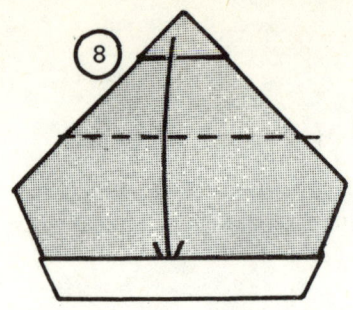

Spitze nach unten einschlagen und in die Tasche am unteren Rand schieben!

wieder umdrehen!

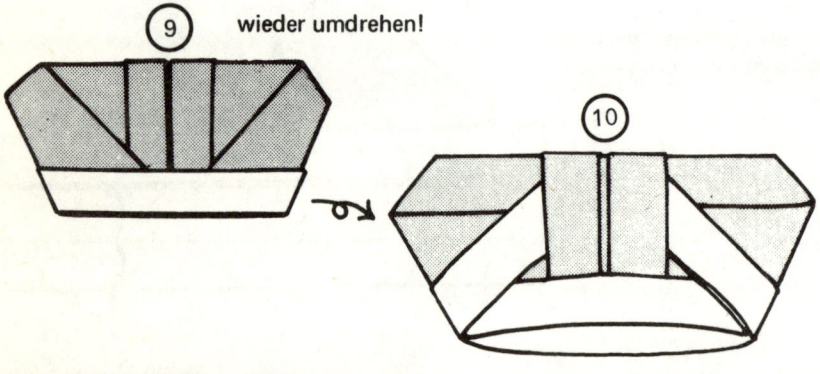

So muß der Turban fertig aussehen.

Bei dieser Faltübung nimmt man am besten einen Bogen Zeitungspapier.

Samurai-Hut (alte japanische Kopfbedeckung)

Ausgangsform: Quadrat

Diagonale falten!

Ecken zu einem kleineren Quadrat nach unten falten!

Aufliegende Ecken von unten nach oben!

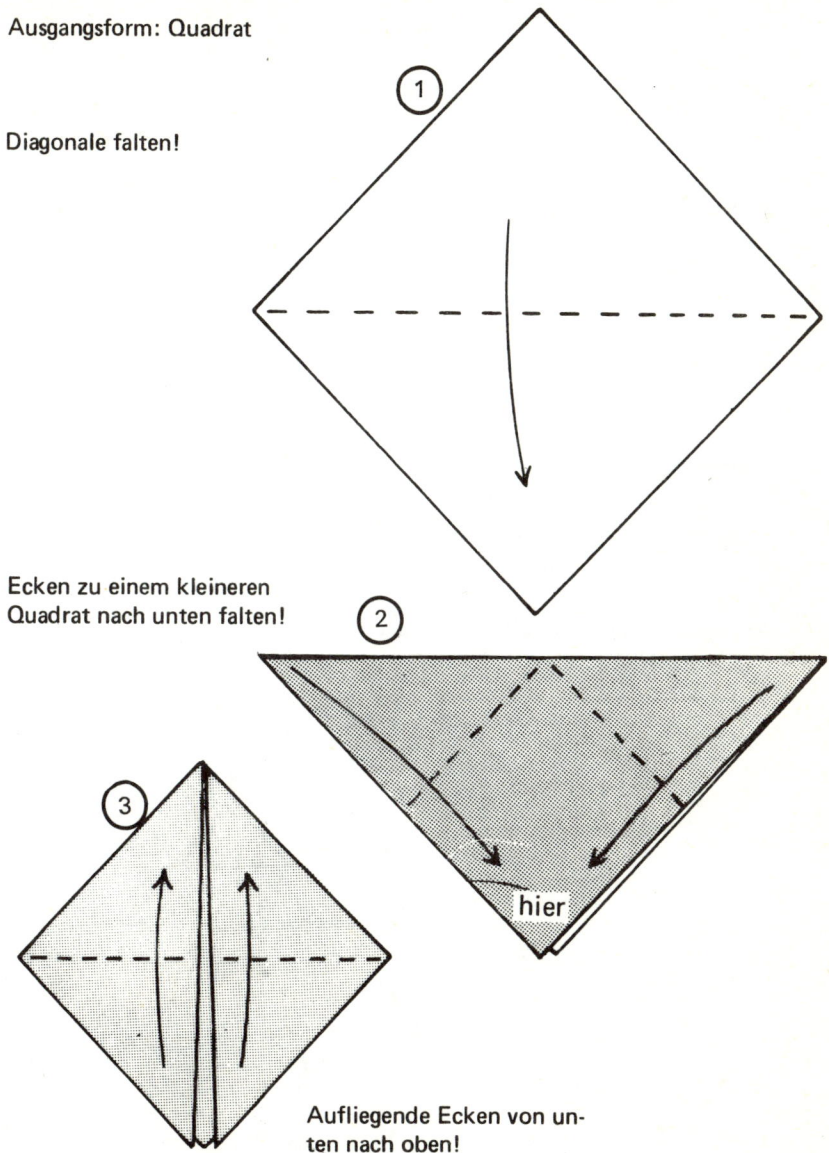

Samurai-Hut (Fortsetzung)

Beide schmalen Streifen jetzt nach außen falten!

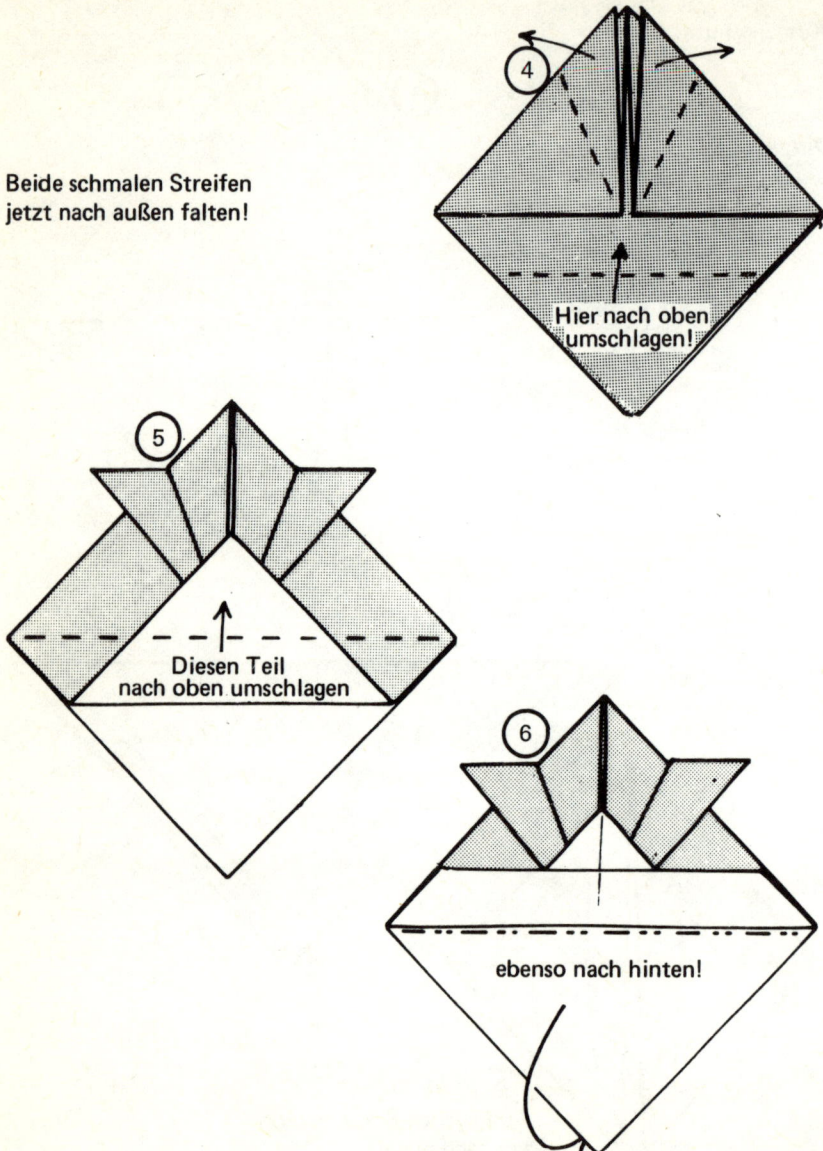

Samurai-Hut (Fortsetzung)

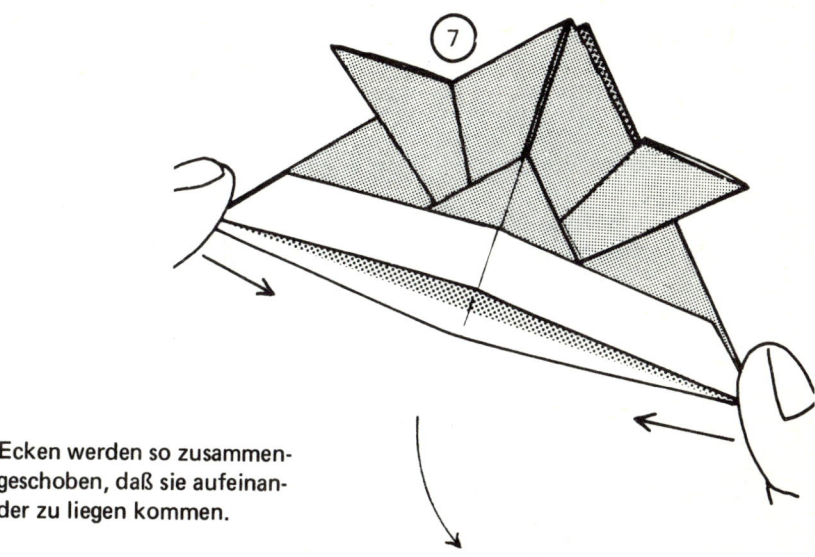

Ecken werden so zusammen-
geschoben, daß sie aufeinander zu liegen kommen.

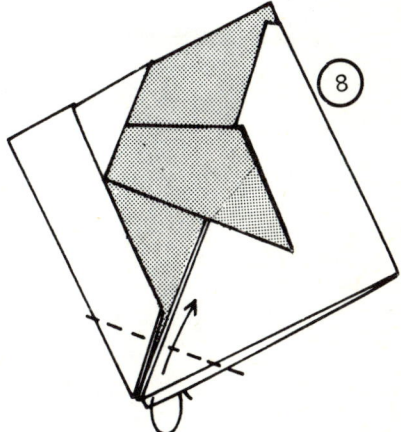

Beide Ecken nach vorn bzw.
nach hinten umlegen!

Samurai-Hut (Fortsetzung)

Wieder den Hut öffnen wie bei 7. Für einen passenden Hut benötigt man ein Quadrat mit 50 cm Kantenlänge.

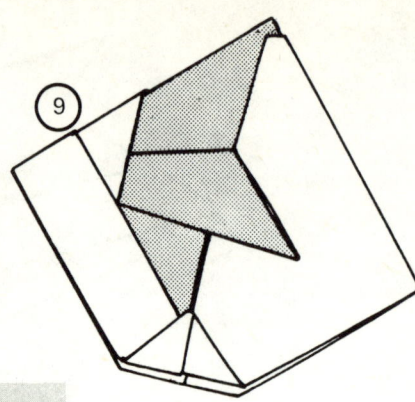

So sieht er im Ergebnis aus.

Sampan (ein kleines Boot aus Korea, China oder Japan)

Ausgangsform: Quadrat

Diagonalen falten!

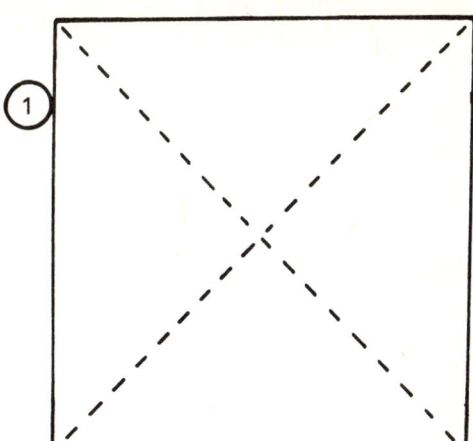

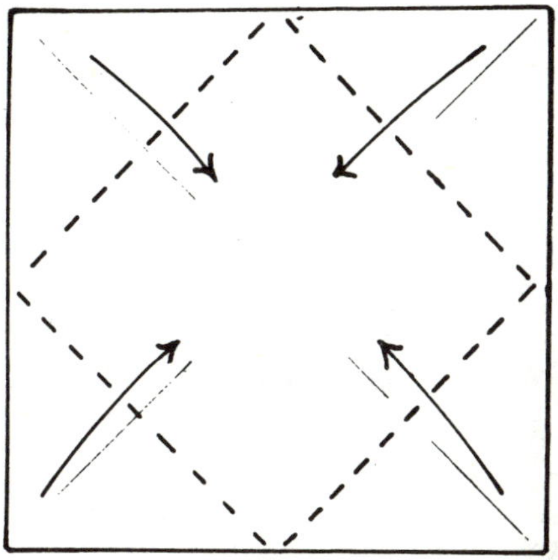

Die vier Ecken zur Mitte einschlagen!

Ecke nach oben

Ecke darunter

Ecke darunter

Ecke nach oben

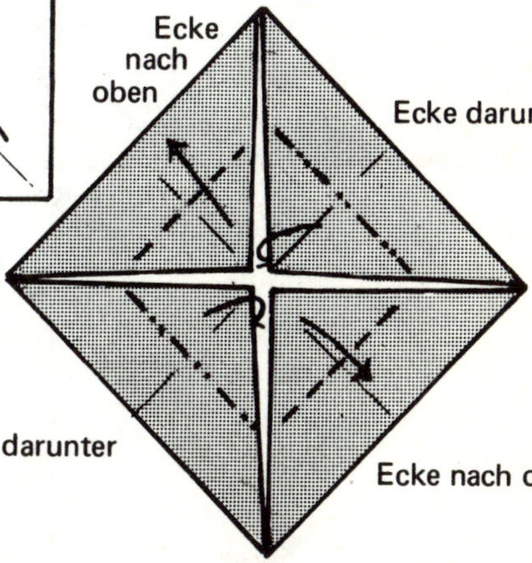

falten!

Sampan (Fortsetzung)

Quadrat in die Horizontale eindrehen!

diesen Teil nach hinten falten!

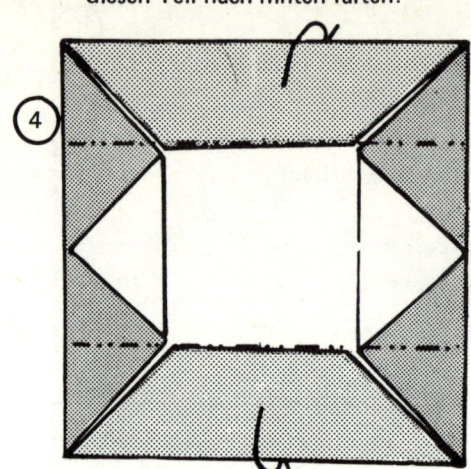

diesen Teil ebenfalls nach hinten!

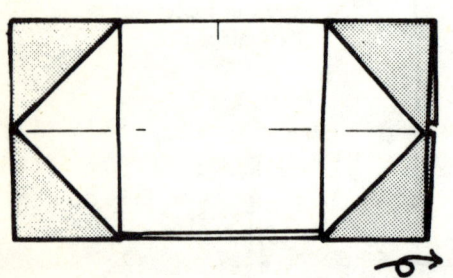

das Ganze umdrehen!

Ecken zum Anschlag nach innen falten!

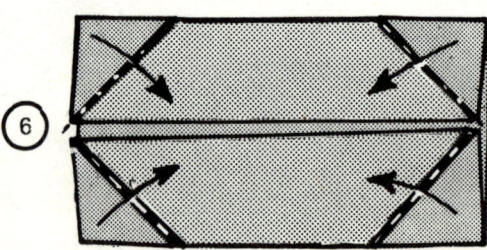

Sampan (Fortsetzung)

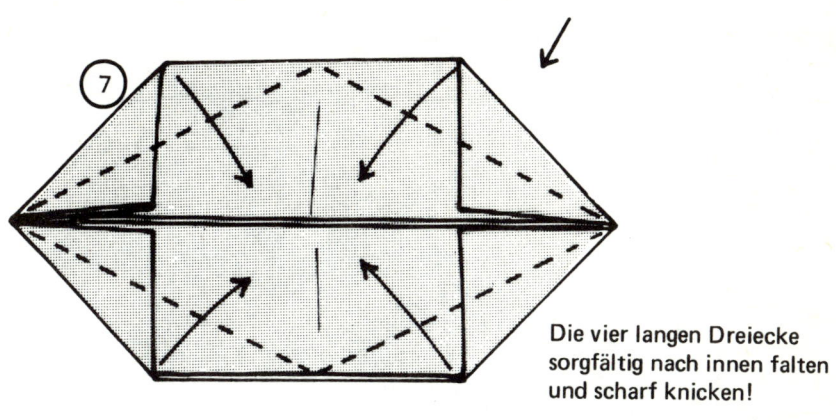

Die vier langen Dreiecke sorgfältig nach innen falten und scharf knicken!

Das oben und unten abgegrenzte Dreieck scharf umknicken!

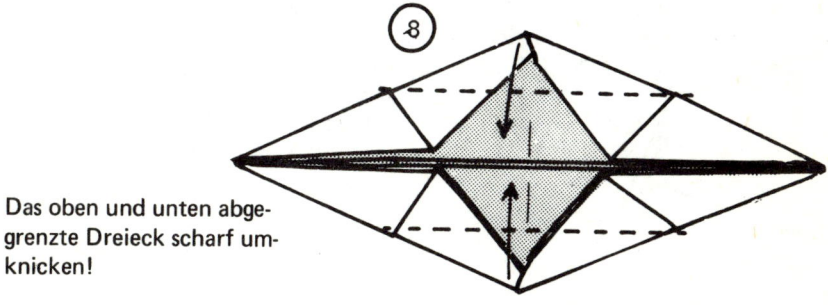

Von der Mitte aus öffnen!

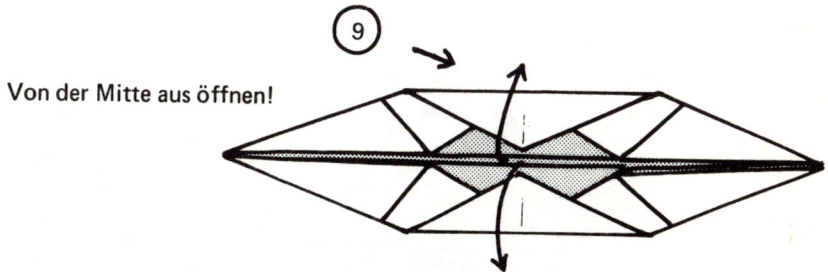

Sampan (Fortsetzung)

Jetzt das Ganze umdrehen!

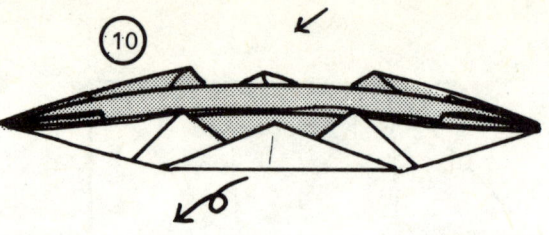

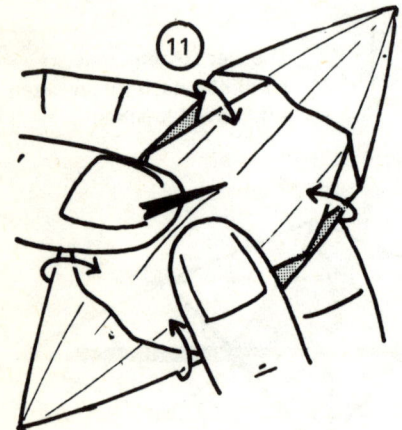

Mit beiden Daumen die Unterseite eindrücken und die Seitenwände des Bootes hochziehend das Ganze umstülpen! Die beiden „Spritzverdecke" hochziehen!

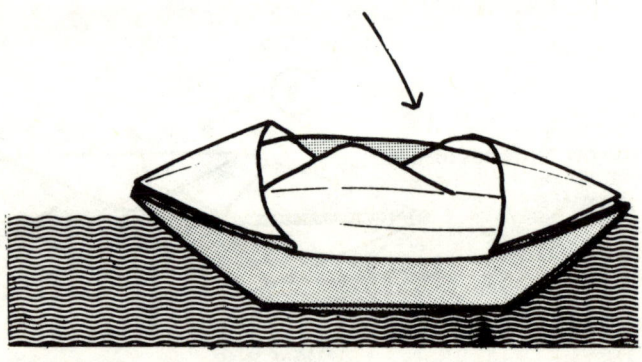

Wasserbombe oder Japanischer Ball

Ausgangsform: Quadrat.

Diagonalen falten!

Umdrehen!

Zur Hälfte knicken!

Umdrehen!

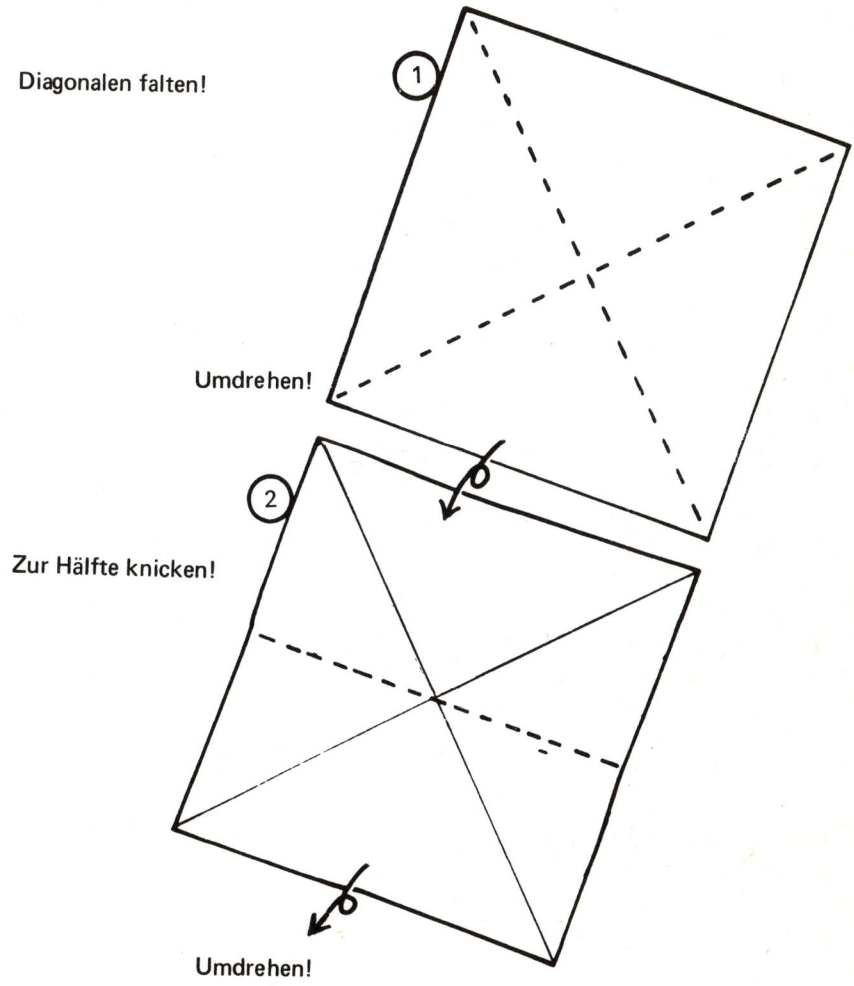

Wasserbombe (Fortsetzung)

in den Markierungen falten
(siehe Bild 4)

Die beiden Ecken nach unten falten!

Beide verbleibenden Ecken nach hinten umfalten!

Wasserbombe (Fortsetzung)

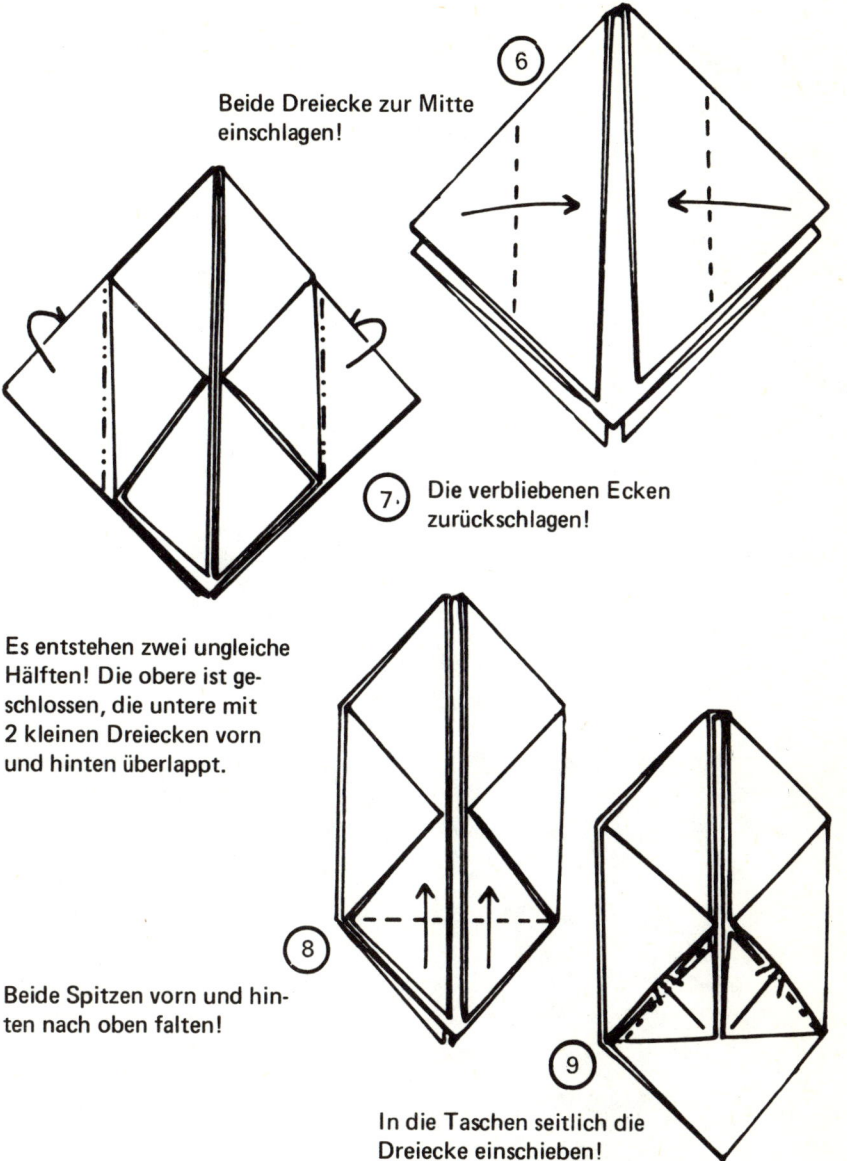

Beide Dreiecke zur Mitte einschlagen!

Die verbliebenen Ecken zurückschlagen!

Es entstehen zwei ungleiche Hälften! Die obere ist geschlossen, die untere mit 2 kleinen Dreiecken vorn und hinten überlappt.

Beide Spitzen vorn und hinten nach oben falten!

In die Taschen seitlich die Dreiecke einschieben!

Wasserbombe (Fortsetzung)

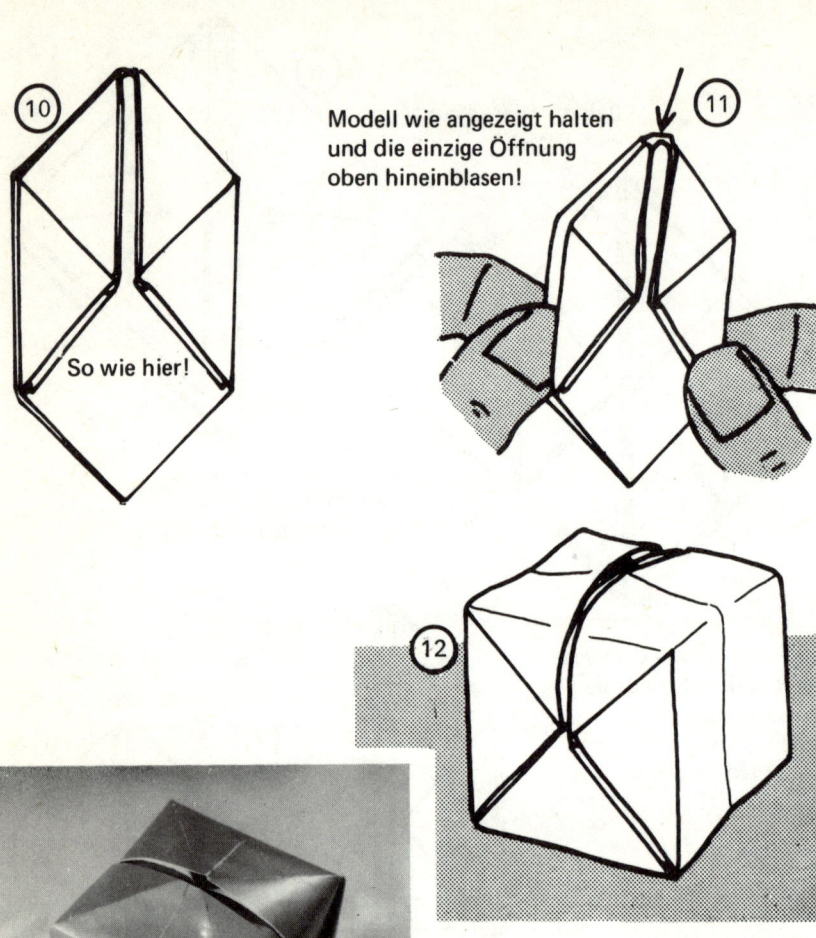

So wie hier!

Modell wie angezeigt halten und die einzige Öffnung oben hineinblasen!

So sieht die fertige Wasserbombe aus. Würfelkanten können vorsichtig nachgeknickt werden!

Sambow I (Japanisches Auslagekästchen)

Ausgangsform: Quadrat

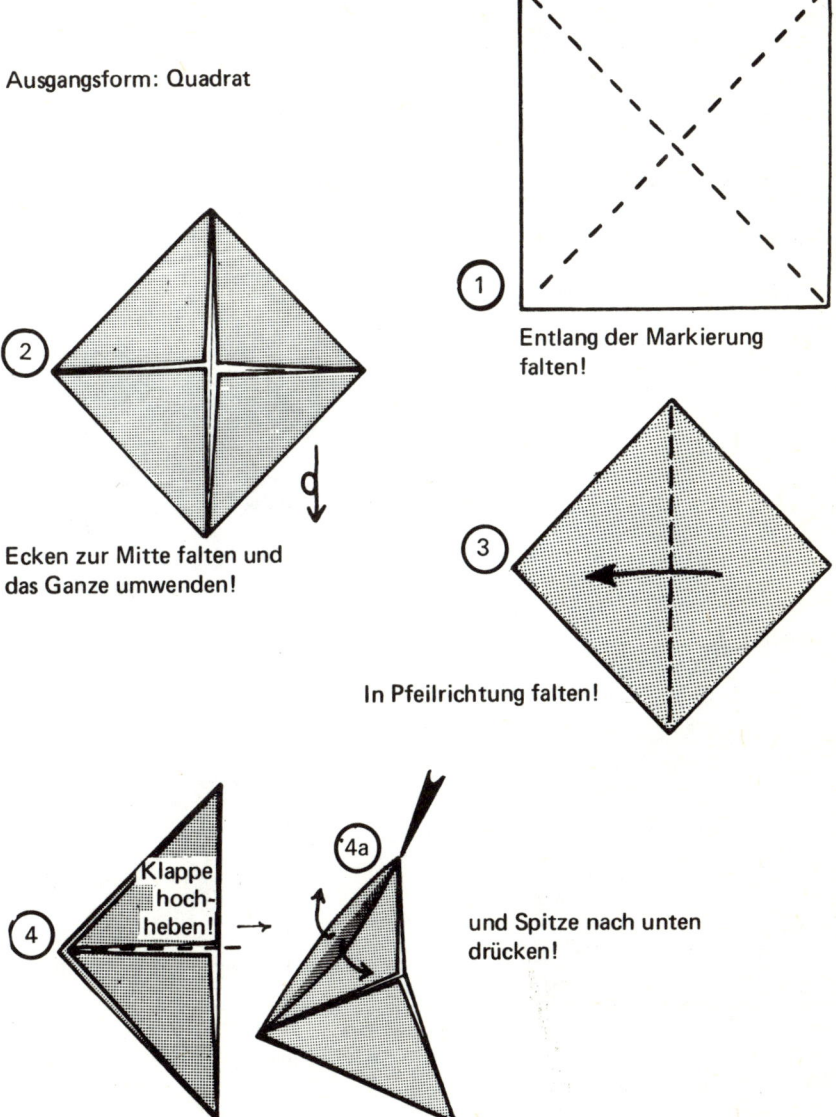

① Entlang der Markierung falten!

② Ecken zur Mitte falten und das Ganze umwenden!

③ In Pfeilrichtung falten!

④ Klappe hochheben!

④a und Spitze nach unten drücken!

Sambow I (Fortsetzung)

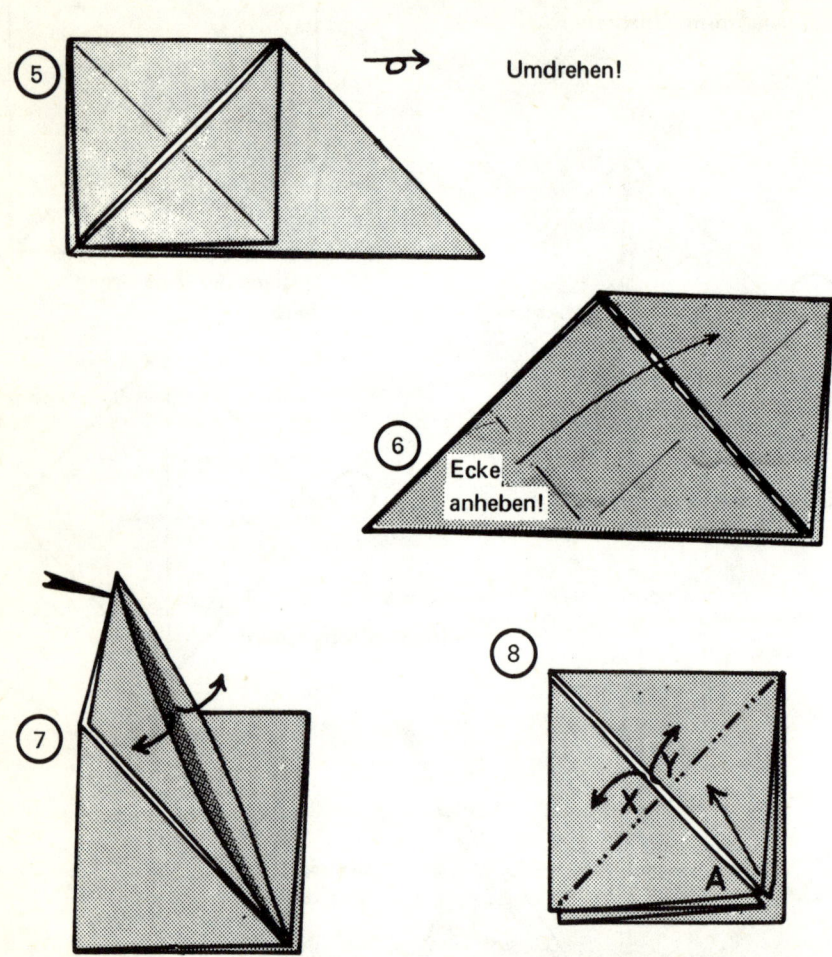

⑤ Umdrehen!

⑥ Ecke anheben!

⑦ Markierte Spitze wie bei 4a und 5 nach unten drücken!

⑧ An den Stellen X und Y mit eingeschobenem Zeigefinger nach oben ziehen! Teil A anheben!

Sambow I (Fortsetzung)

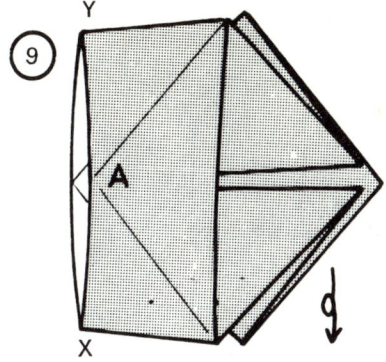

Umdrehen!

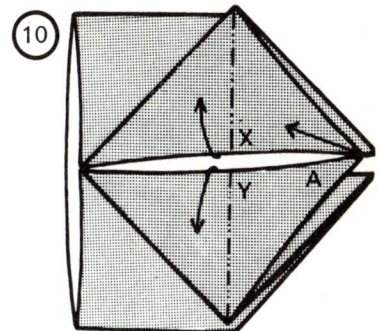

Mit X, Y und A genau so verfahren wie in Figur 8 und 9!

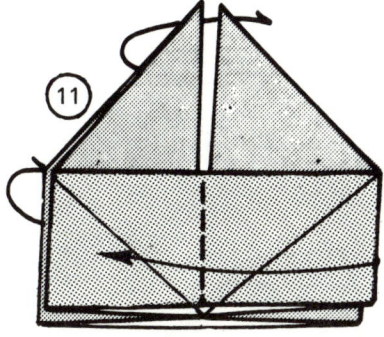

Obere Lage der rechten Seite auf die linke legen und knicken ebenso auf der Rückseite!

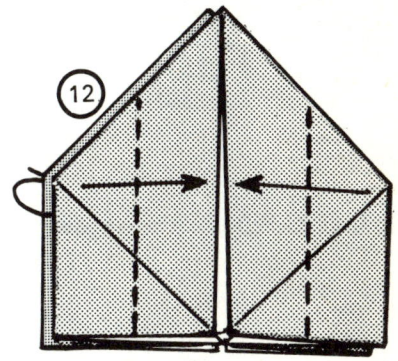

Zur Mitte falten!

Sambow I (Fortsetzung)

Obere Teile vorn und hinten herunterfalten!

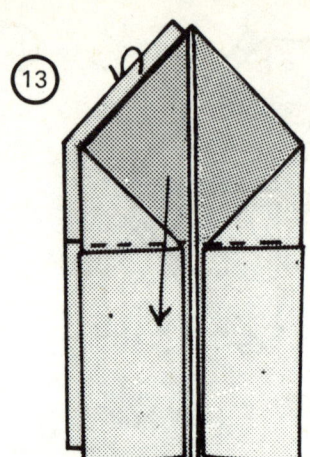

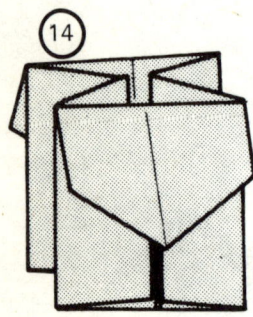

So wie hier!

Dann nach außen öffnen!

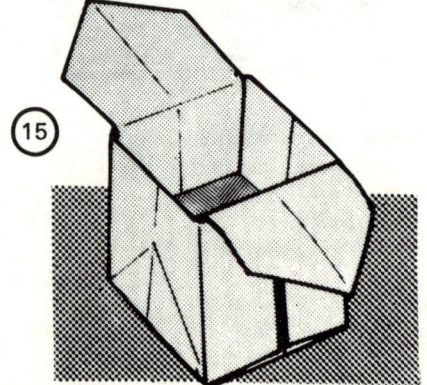

So sieht das fertige Kästchen aus!

Sambow II

Ausgangsform ist auch hier ein Quadrat, bei dem zunächst die vier Ecken nach innen gefaltet wurden.

Entlang der Markierung falten und umdrehen!

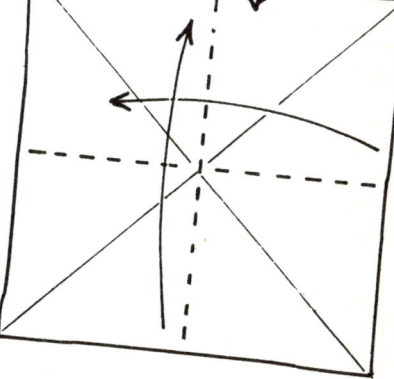

Jetzt entlang dieser Markierung falten!

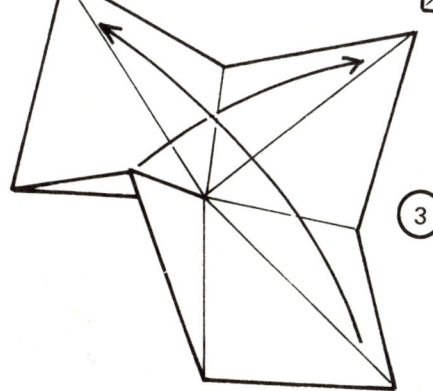

Ecken in Pfeilrichtung aneinander legen!

Sambow II (Fortsetzung)

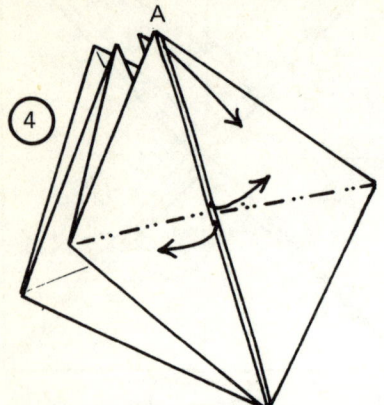

So wie hier! Teil A anheben und dann nach außen öffnen!

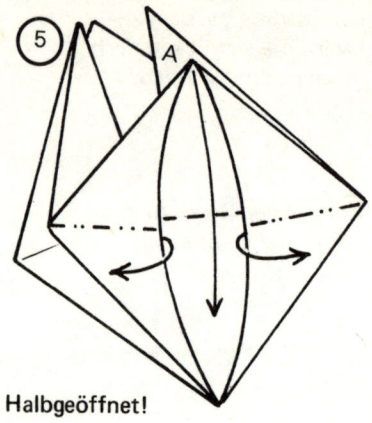

Halbgeöffnet!

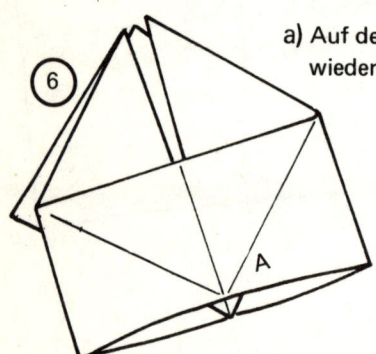

a) Auf der Rückseite wiederholen!

b) Bereits geöffnet und plattgedrückt

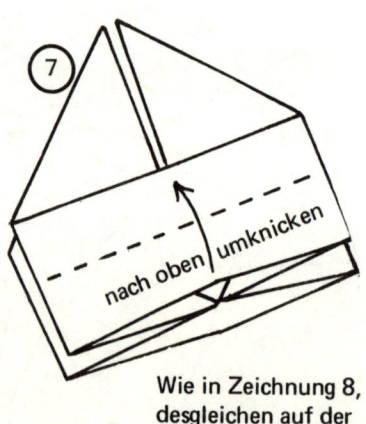

Wie in Zeichnung 8, desgleichen auf der Rückseite!

Sambow II (Fortsetzung)

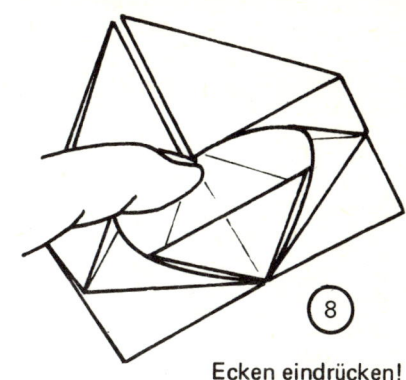

Ecken eindrücken!

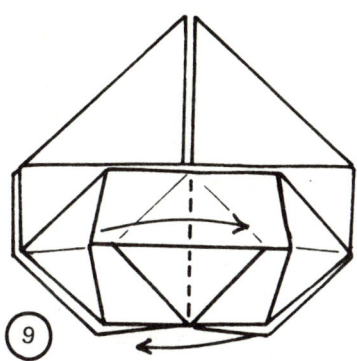

Linke Seite auf rechte legen, daß eine glatte Fläche wie in Abb. 10 entsteht! Desgleichen auf der Rückseite!

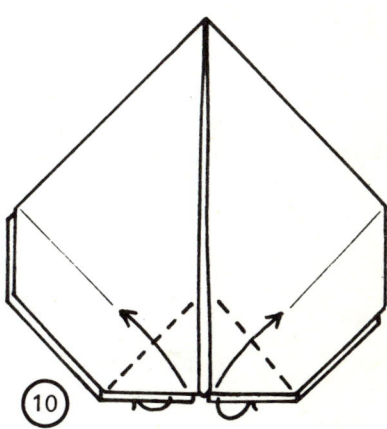

Ecken umknicken! Rückseite ebenso!

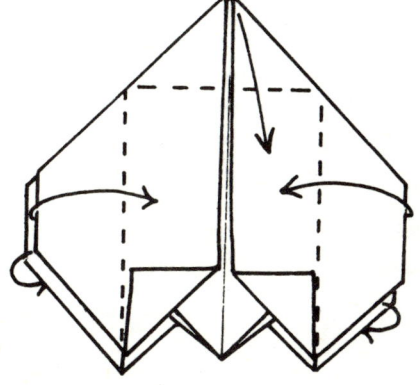

Umfalten in Pfeilrichtung! Auf der Rückseite ebenso!

Sambow II (Fortsetzung)

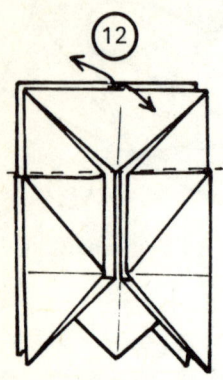

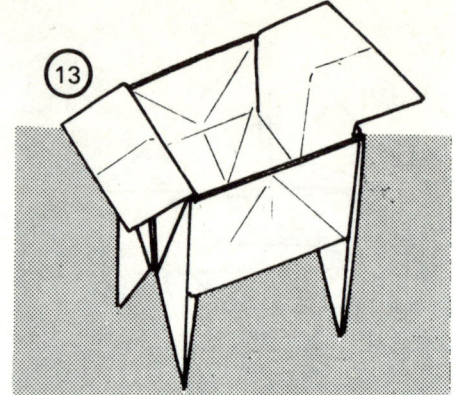

Oben auseinanderziehen und Boden zum Quadrat formen!

Die beiden Griffe lassen sich auch in die äußeren Dreieckstaschen einschieben!

Japanisches Henkelkörbchen

Ausgangsform: Quadrat

Diagonalen falten! Umdrehen!

Entlang der Markierung falten! Untere Hälfte auf obere klappen!

Ecken zusammenschieben, daß Bild 4 entsteht!

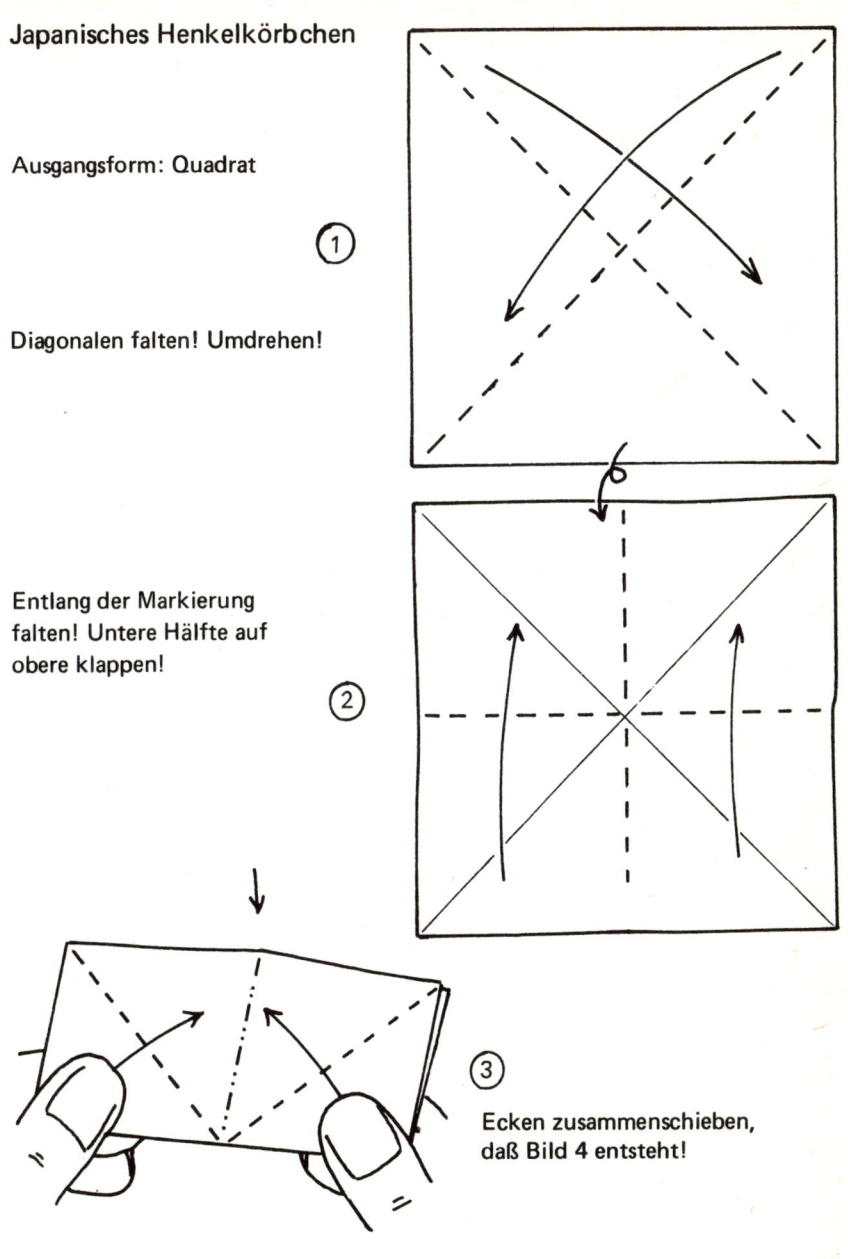

Japanisches Henkelkörbchen (Fortsetzung)

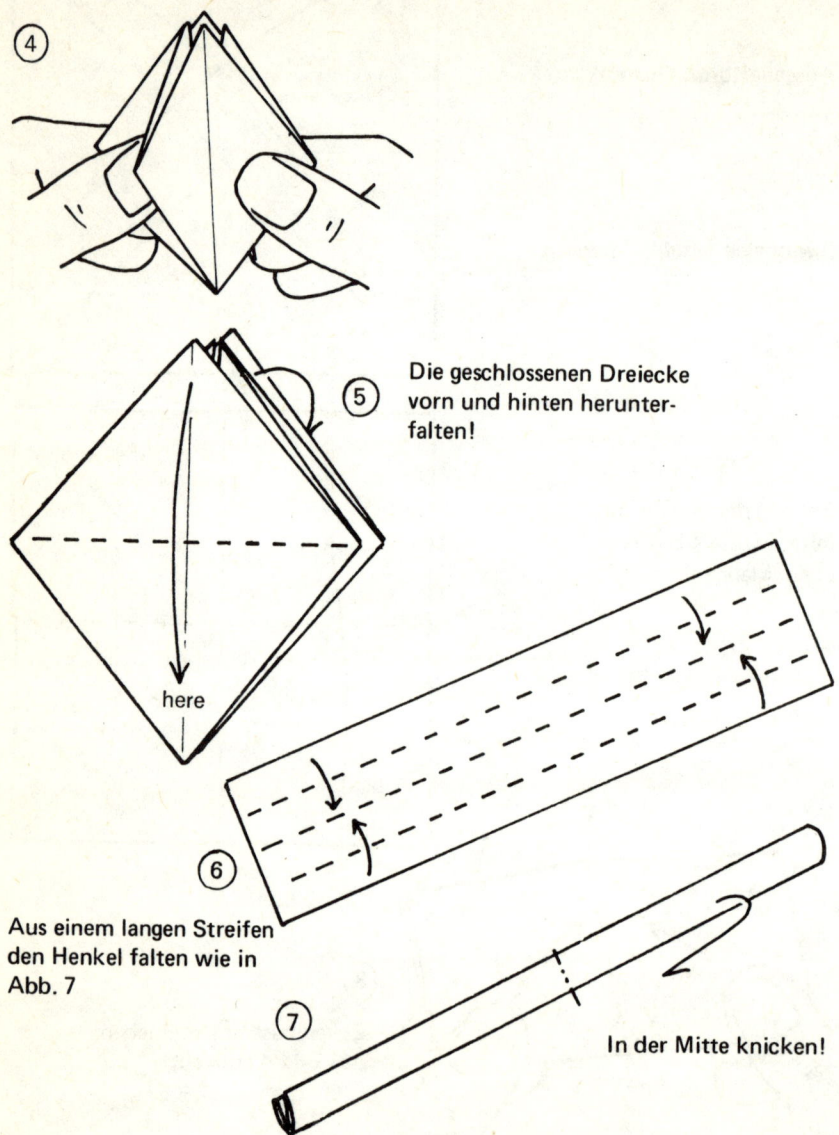

⑤ Die geschlossenen Dreiecke vorn und hinten herunterfalten!

here

⑥ Aus einem langen Streifen den Henkel falten wie in Abb. 7

⑦ In der Mitte knicken!

Japanisches Henkelkörbchen (Fortsetzung)

Henkelstreifen beiderseits über die Spalte legen!

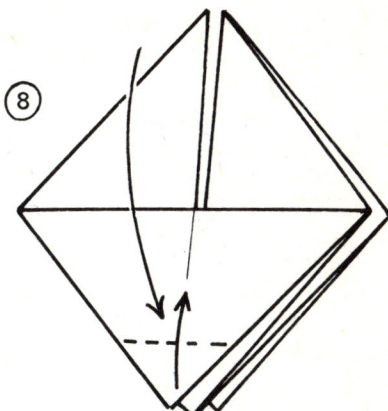

Unteres Dreieck mit dem Henkel einfalten!

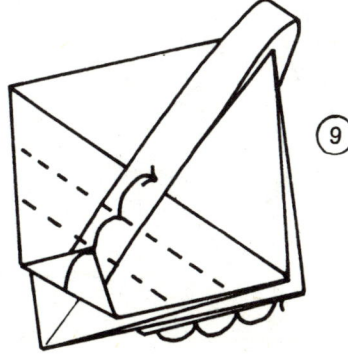

Rechte und linke Ecke bis zur Mitte der Talfalte nach innen einlegen. Das Gleiche auf der Rückseite!

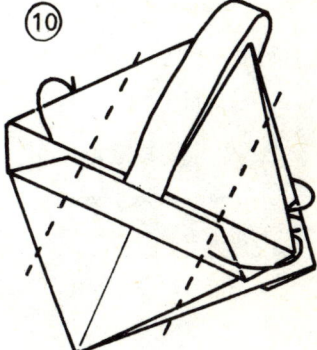

Japanisches Henkelkörbchen (Fortsetzung)

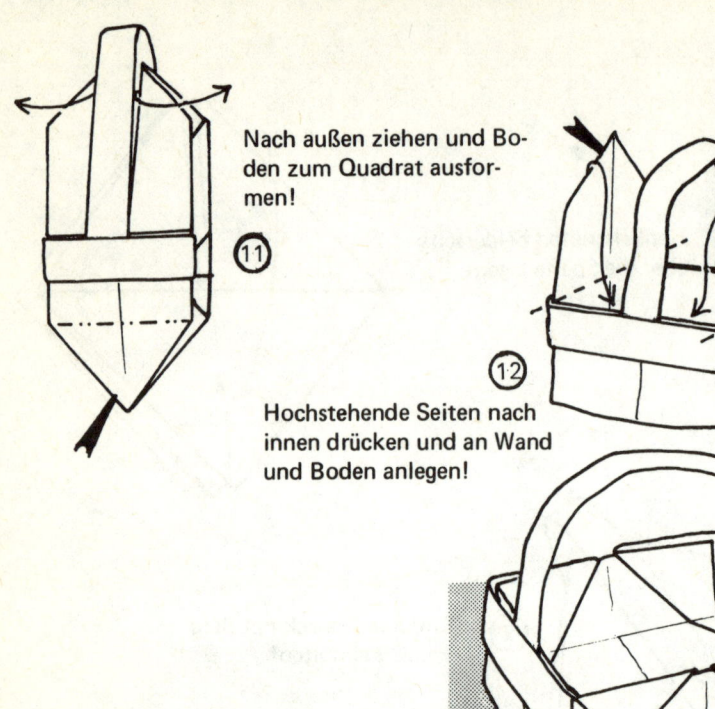

Nach außen ziehen und Boden zum Quadrat ausformen! ⑪

⑫ Hochstehende Seiten nach innen drücken und an Wand und Boden anlegen!

Mehrzweckform

Ausgangsform: Quadrat, an vier Seiten eingefaltet.

Oben und unten zur Mitte falten!

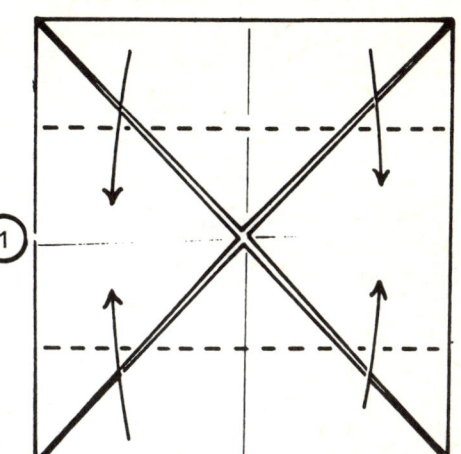

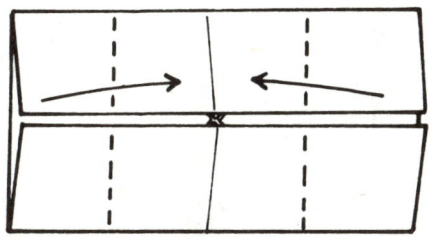

Seiten zur Mitte auf Stoß falten!

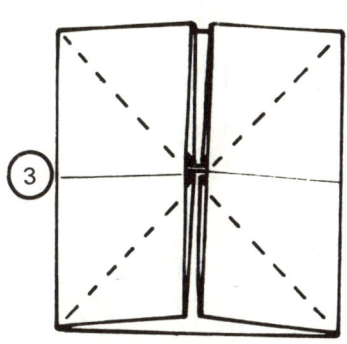

Entlang der Markierung diagonal falten!

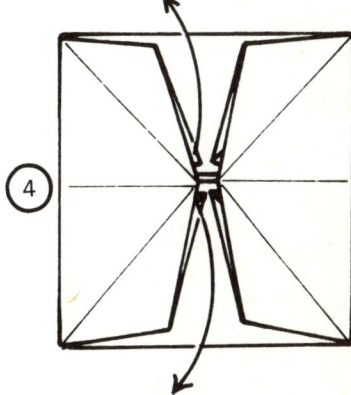

Rechte Seite festhalten und die linke Seite wie in Abb. 5 nach oben und unten herausstülpen!

Mehrzweckform (Fortsetzung)

Auf der rechten Seite das gleiche wiederholen, so daß Figur 6 entsteht!

Entlang der Markierung falten und die Ecken in Pfeilrichtung umlegen!

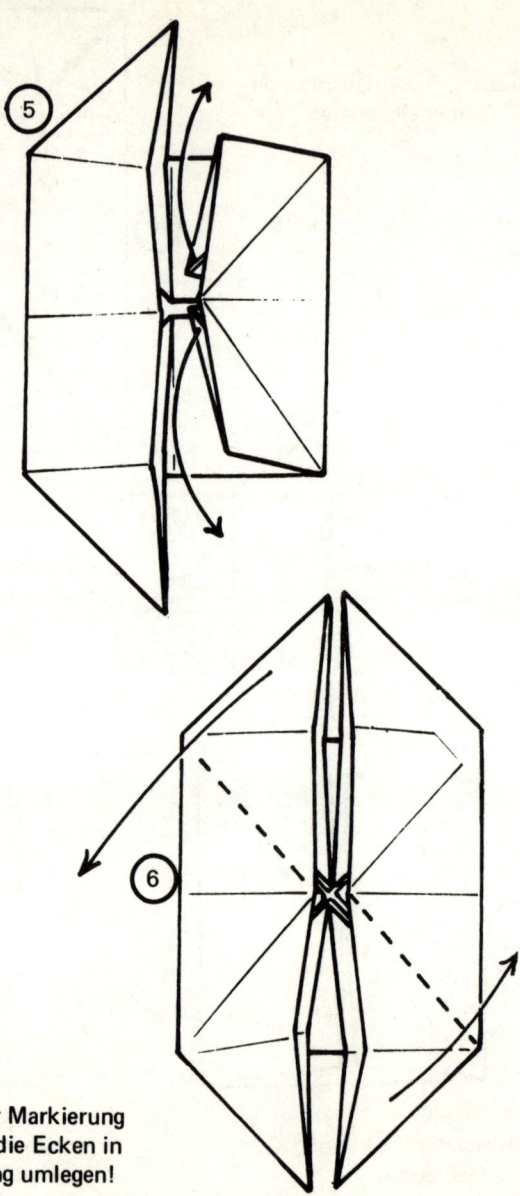

Mehrzweckform (Fortsetzung)

(Windmühle und Vase)

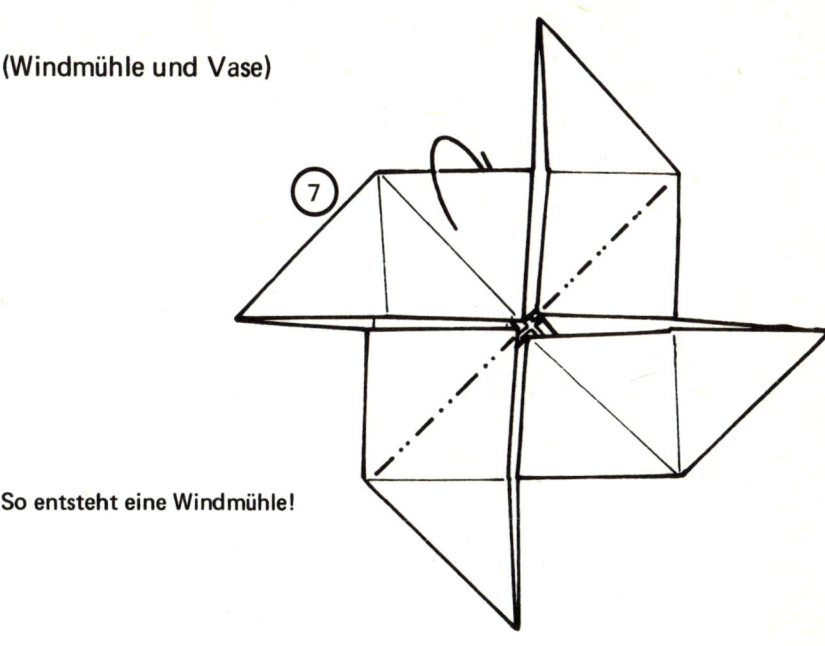

So entsteht eine Windmühle!

Windrad nach Markierung oben abgefaltet und um 45° gedreht, ergibt eine Vase, wenn man beide Ecken hochzieht.

Mehrzweckform (Fortsetzung)

Segelboot und Katamaran

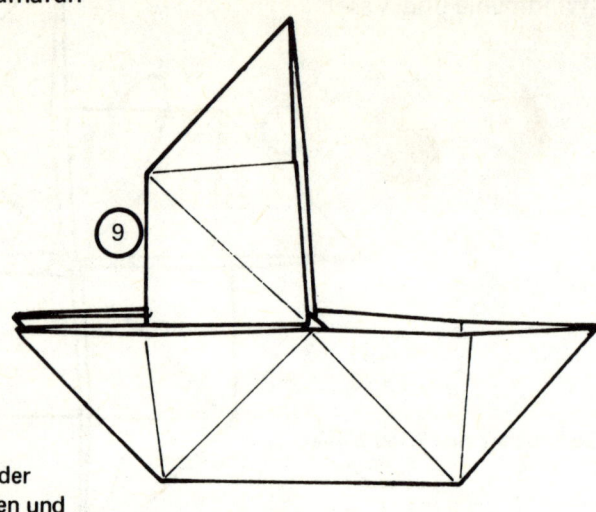

Rechte untere Spitze der "Vase" nach links legen und das Ganze um 45° drehen, ergibt ein Segelboot.

Von Figur 6 ausgehend falten wir beide Hälften nach hinten. So entsteht ein Katamaran.

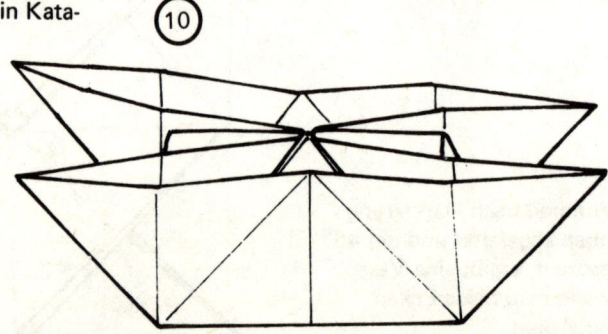

Gondel, auch chinesische Dschunke genannt

Ausgangsform: Mehrzweckform Figur 6!

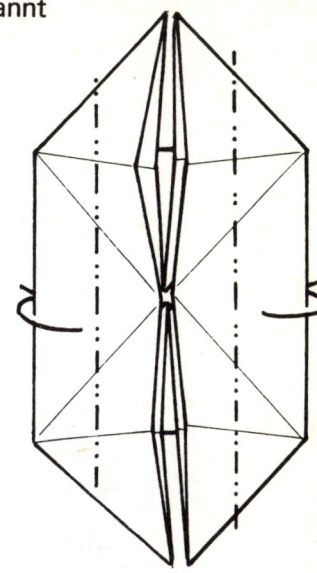

Entlang der Markierung beiderseits zurückfalten!

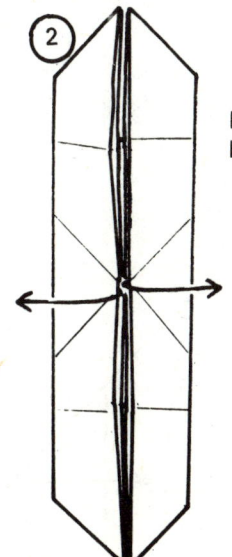

Mit den Daumen von der Mitte her öffnen!

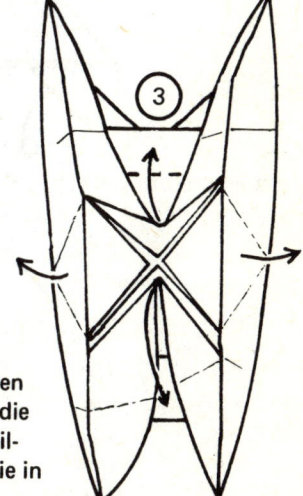

Obere und untere Taschen mit den Zeigefingern in die Breite ziehen und in Pfeilrichtung plattdrücken wie in Abb. 4

Gondel (Fortsetzung)

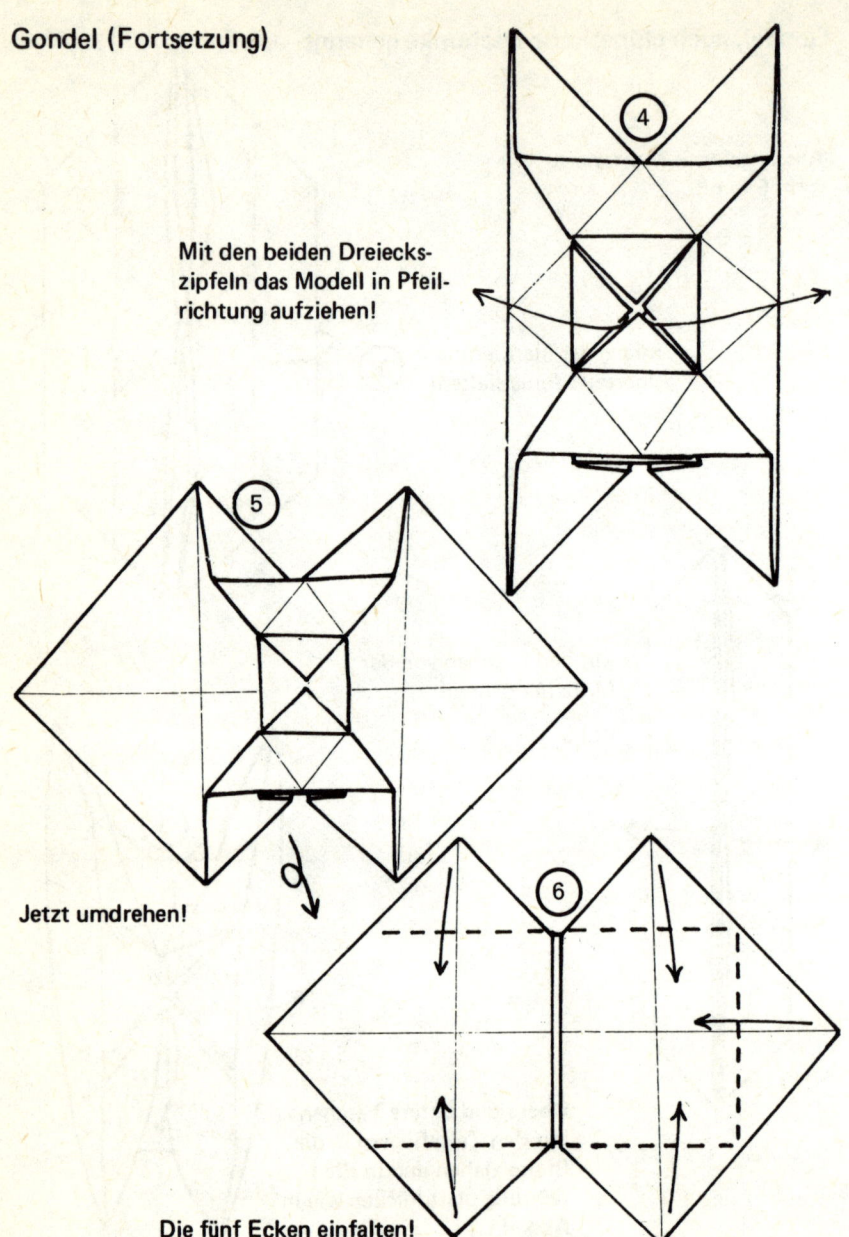

Mit den beiden Dreieckszipfeln das Modell in Pfeilrichtung aufziehen!

Jetzt umdrehen!

Die fünf Ecken einfalten!

Gondel (Fortsetzung)

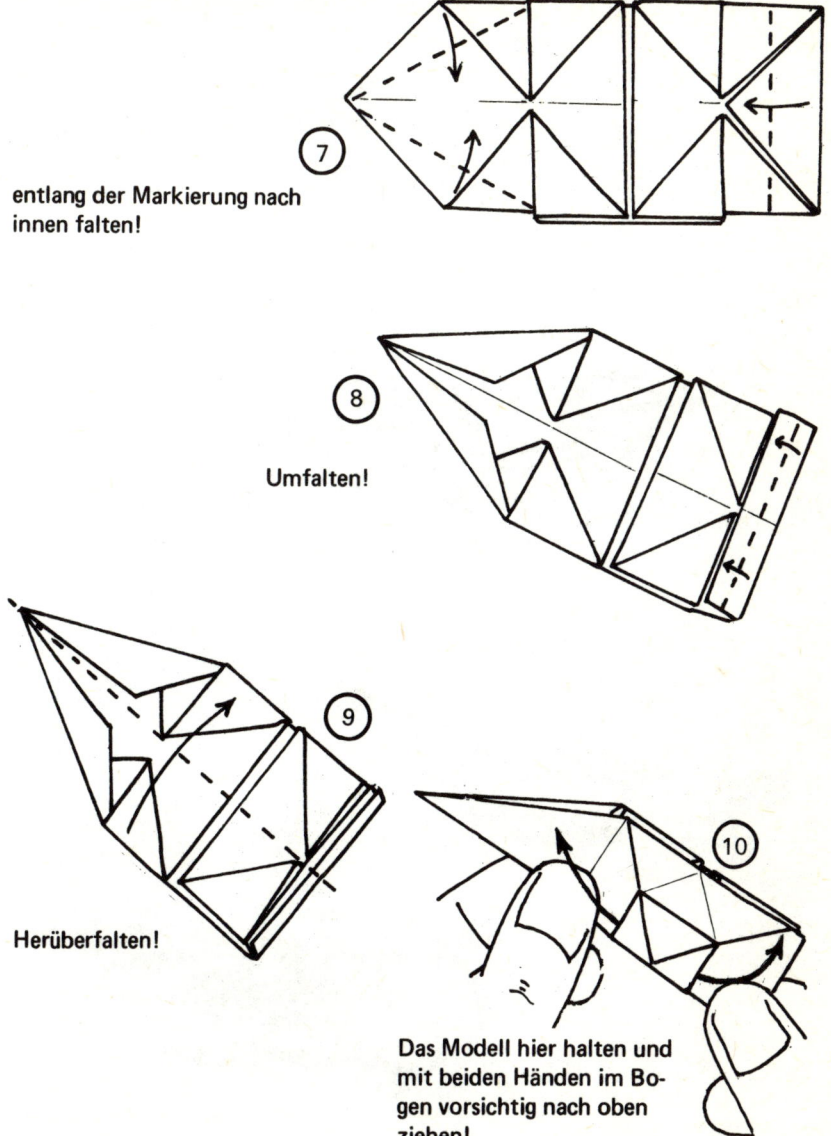

entlang der Markierung nach innen falten!

Umfalten!

Herüberfalten!

Das Modell hier halten und mit beiden Händen im Bogen vorsichtig nach oben ziehen!

Gondel (Fortsetzung)

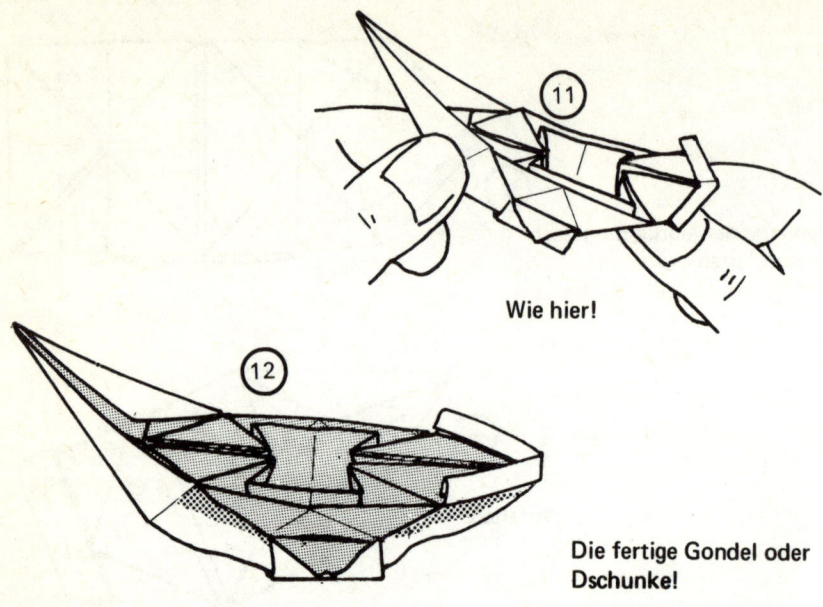

Wie hier!

Die fertige Gondel oder Dschunke!

Grundform eines Vogels

Wichtigstes Grundelement des Origami

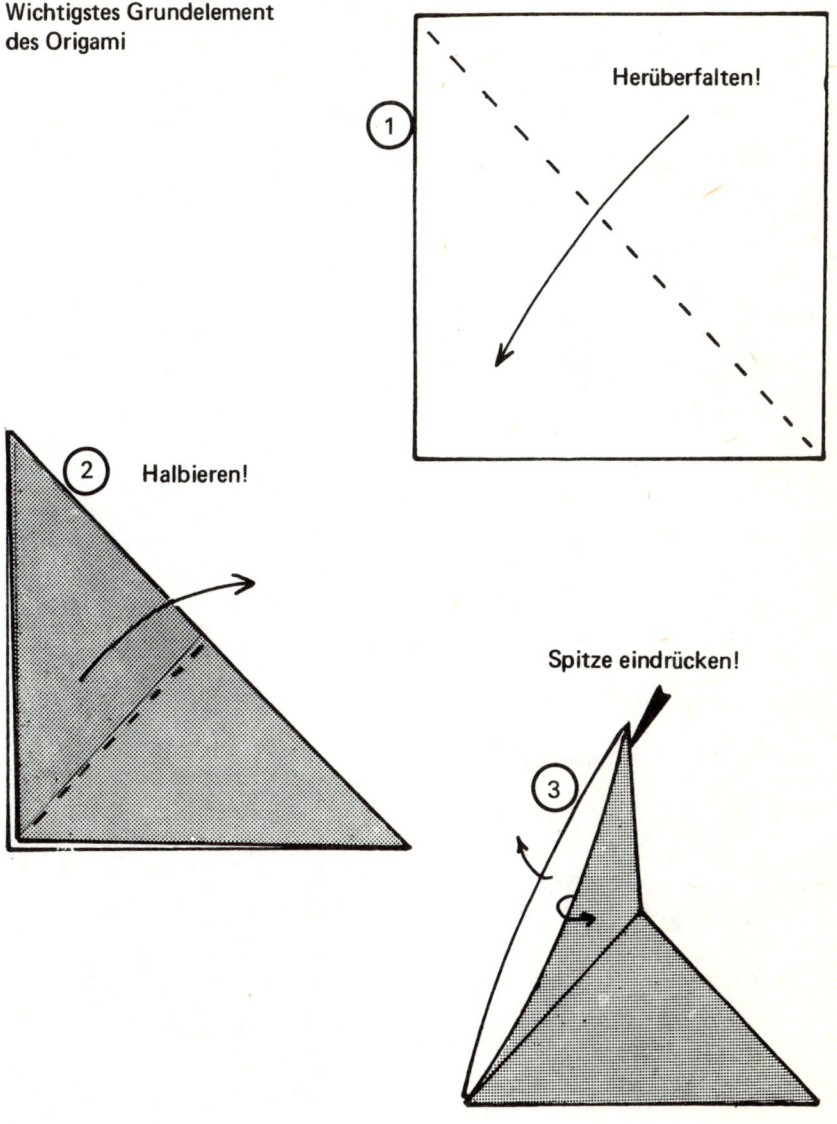

Vogel (Fortsetzung)

Übergangsform

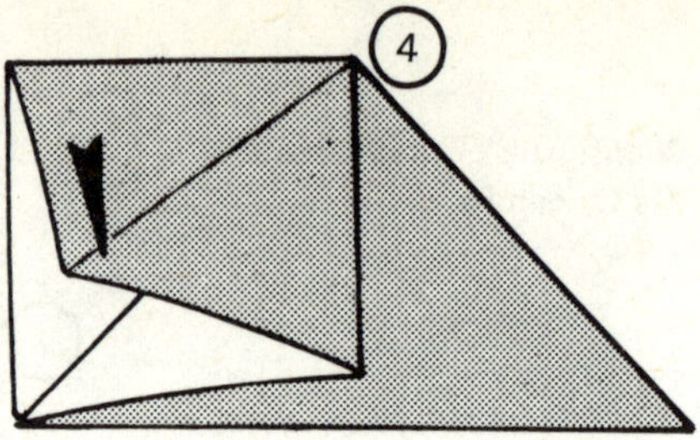

④

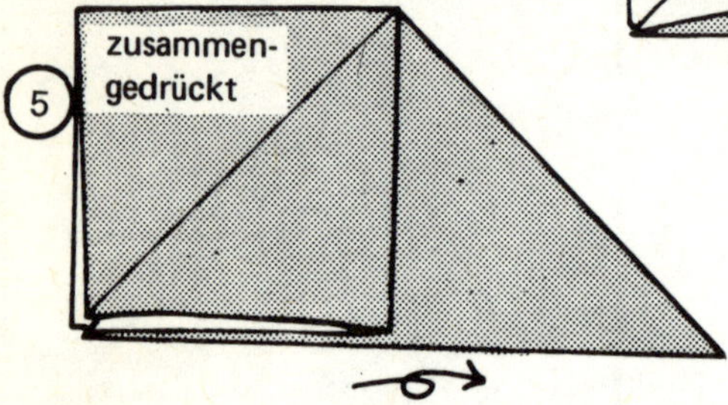

⑤ zusammengedrückt

umwenden!

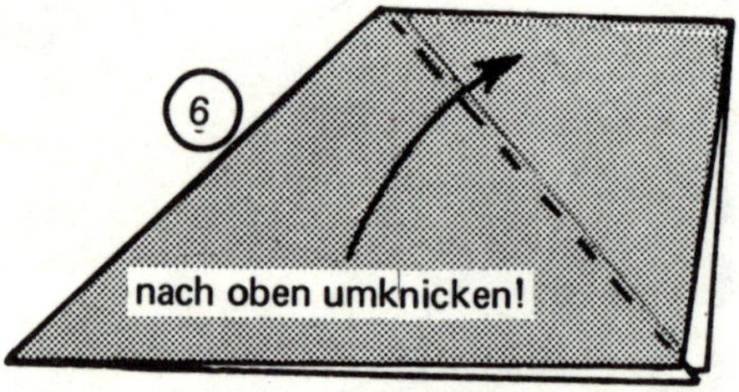

⑥ nach oben umknicken!

Spitze eindrücken!

Vorläufige Grundform!

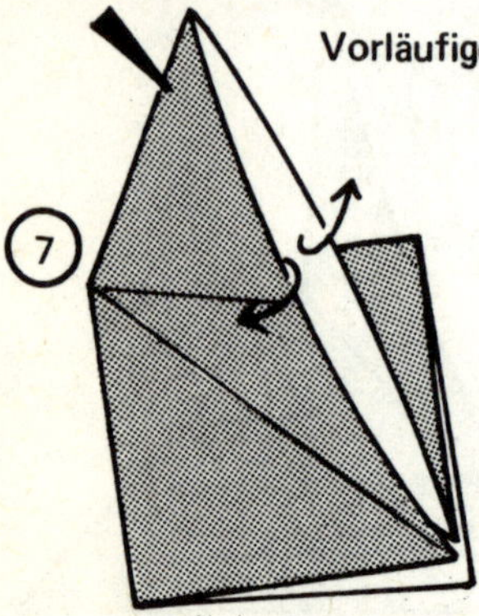

⑦

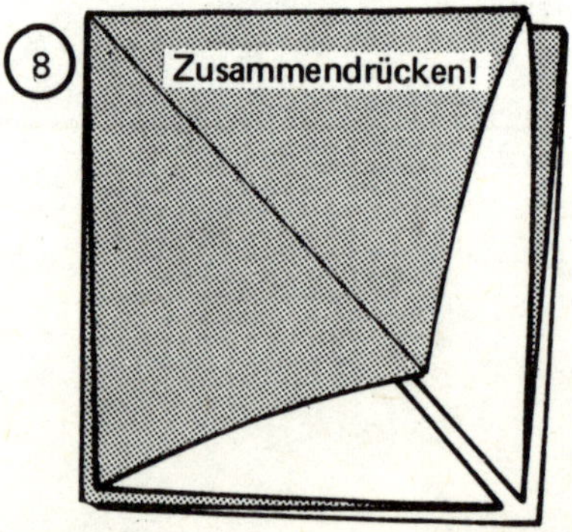

⑧ Zusammendrücken!

Vogel (Fortsetzung)

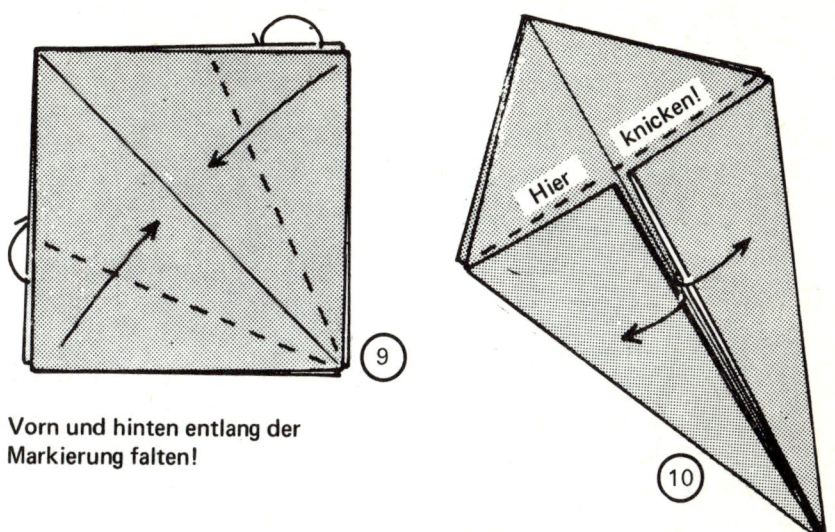

Vorn und hinten entlang der Markierung falten!

Wenn die Taschen nicht seitlich erscheinen, ist bei 9 falsch geknickt worden!
Mit den Daumen links und rechts in die Taschen greifen . . . . .

Vogel (Fortsetzung)
(Die Blumenblattfaltung!)

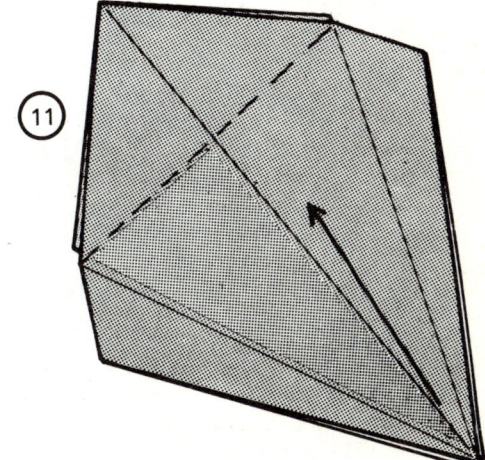

. . . . . auseinanderziehen und die Zunge nach oben aufklappen!

Vogel (Fortsetzung)

(12) Flach pressen wie in 13!

(13) Herumdrehen und den Vorgang wiederholen!

(14) Das ist die eigentliche Grundform!

Fliegender Vogel (altjapanisch)

Ausgangsform: Die vorhergehende Grundform des Vogels

Entlang der Markierung beiderseits umknicken!

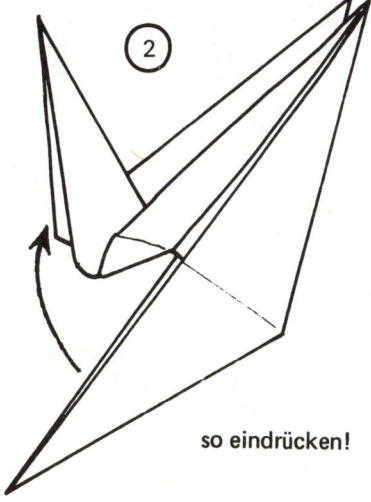

so eindrücken!

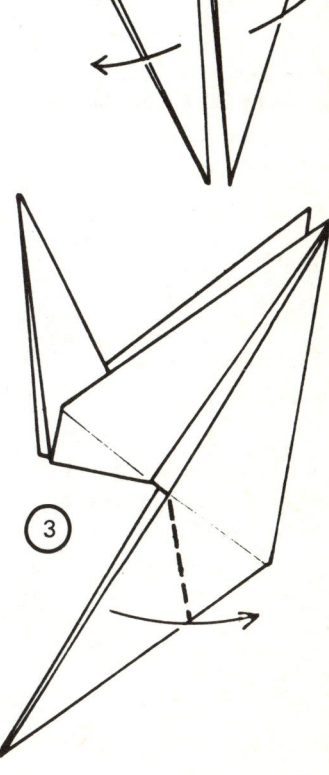

Die andere Seite ebenfalls!

Fliegender Vogel (Fortsetzung)

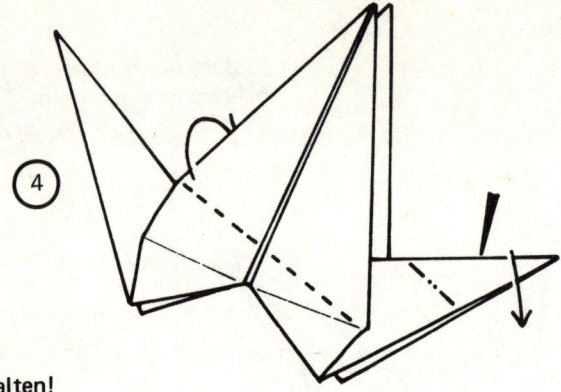

Beide Flügel nach außen knicken und den Kopf falten!

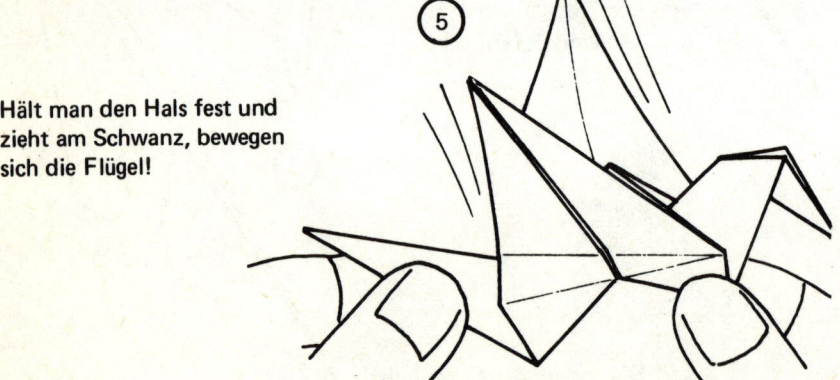

Hält man den Hals fest und zieht am Schwanz, bewegen sich die Flügel!

Gimpel von Akira Yoshizawa, Japan

Ausgangsform: Grundform
des Vogels von Seite 78

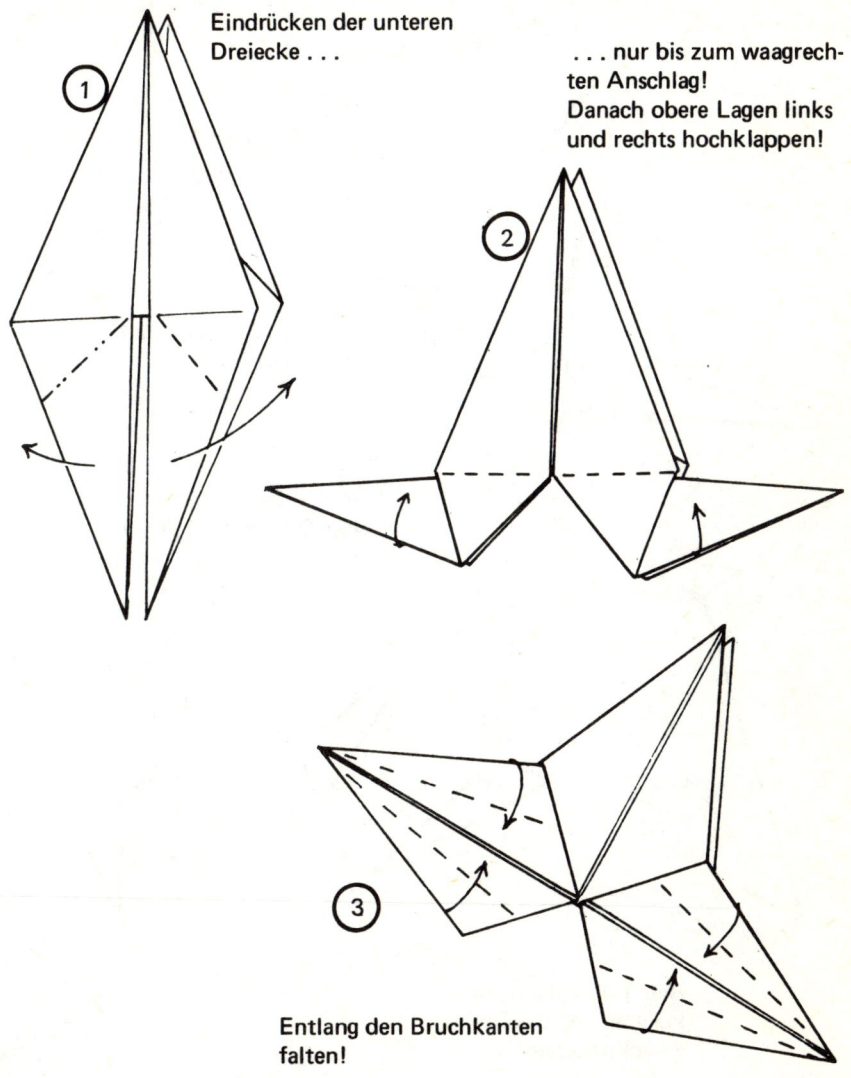

1. Eindrücken der unteren Dreiecke ...

2. ... nur bis zum waagrechten Anschlag! Danach obere Lagen links und rechts hochklappen!

3. Entlang den Bruchkanten falten!

Gimpel (Fortsetzung)

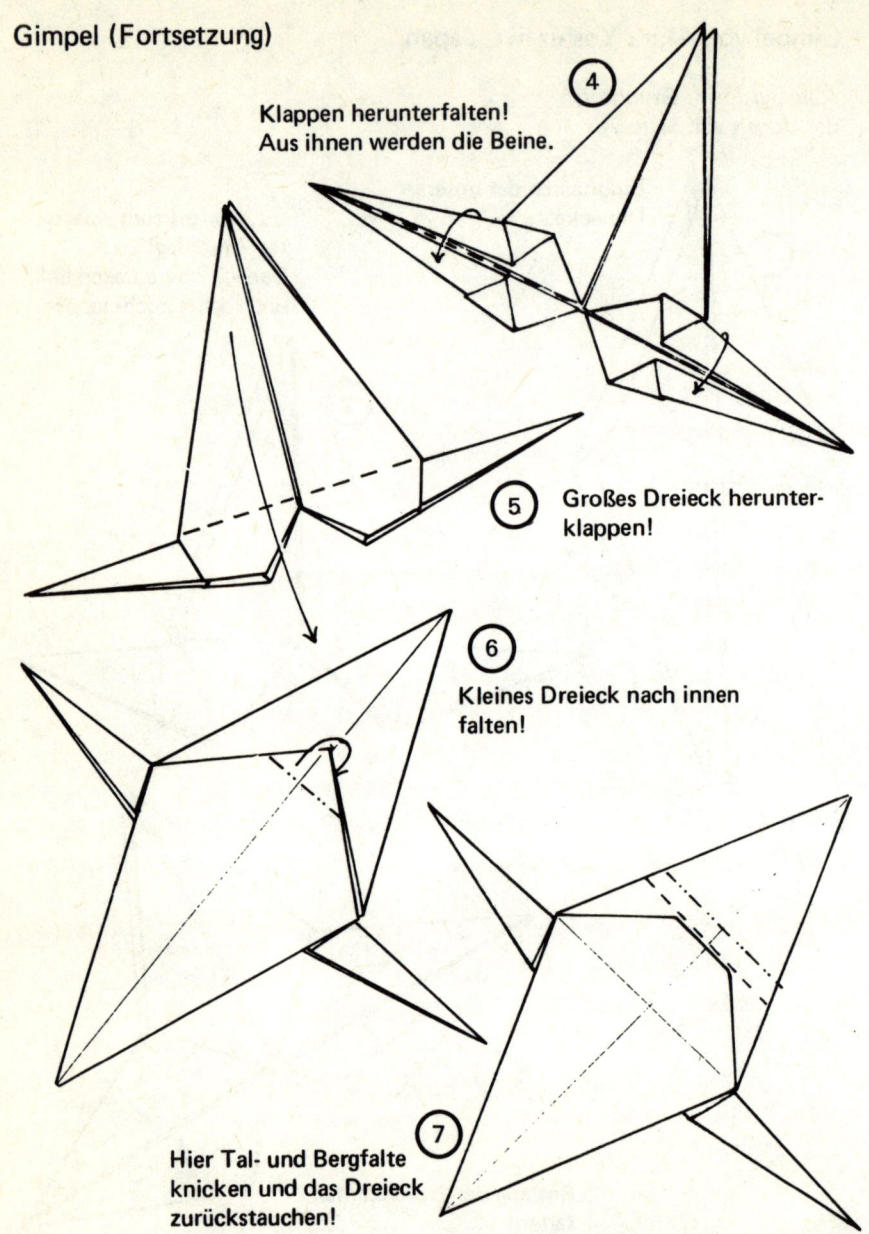

Klappen herunterfalten!
Aus ihnen werden die Beine.

④

⑤ Großes Dreieck herunterklappen!

⑥ Kleines Dreieck nach innen falten!

⑦ Hier Tal- und Bergfalte knicken und das Dreieck zurückstauchen!

Gimpel (Fortsetzung)

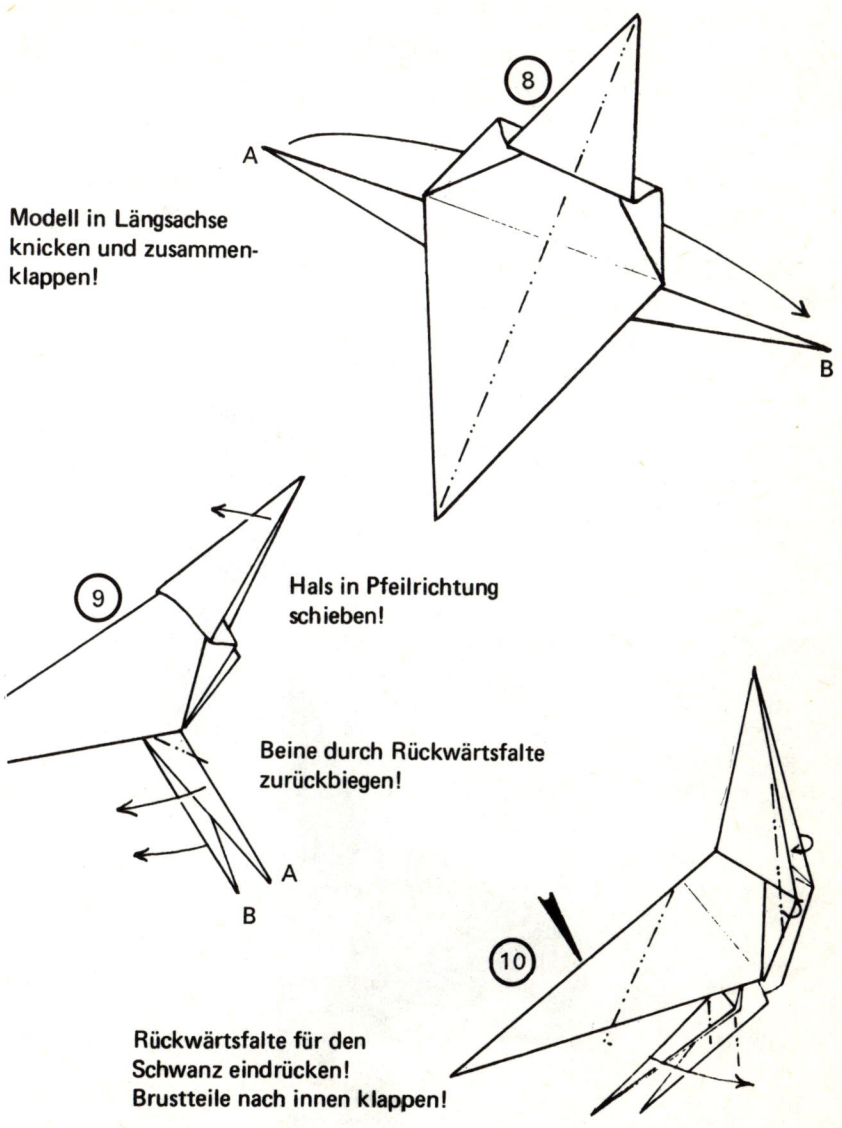

Modell in Längsachse knicken und zusammenklappen!

Hals in Pfeilrichtung schieben!

Beine durch Rückwärtsfalte zurückbiegen!

Rückwärtsfalte für den Schwanz eindrücken!
Brustteile nach innen klappen!

Gimpel (Fortsetzung)

Schwanz und Kopf nach der Zeichnung formen!

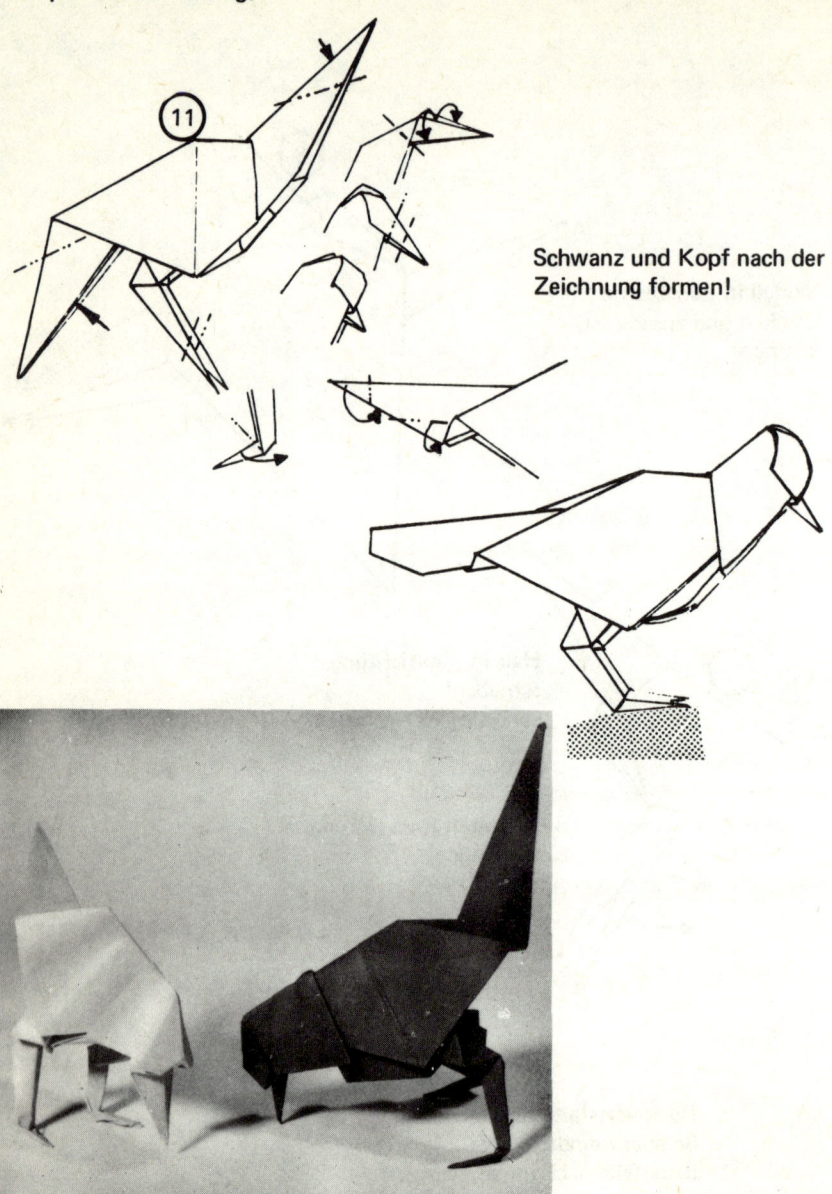

Betender Mohammedaner (spanischen Ursprungs)

Ausgangsform: Grundkörper
des Vogels wie auf Seite 76

Vor- und zurückfalten!

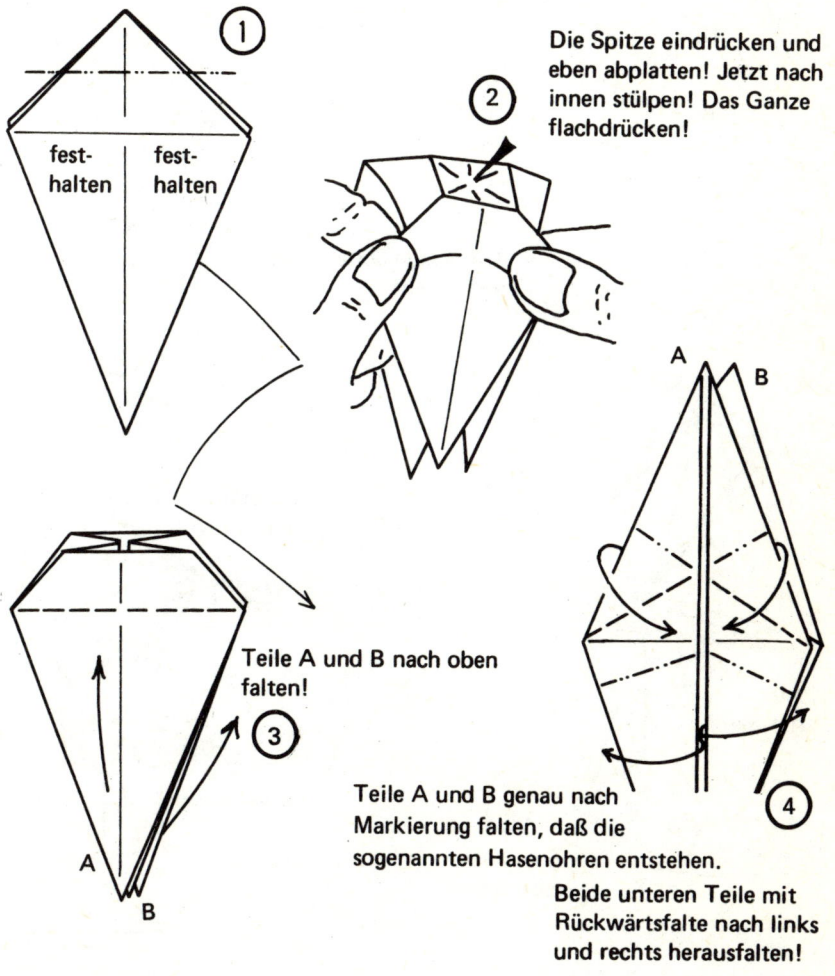

Betender Mohammedaner (Fortsetzung)

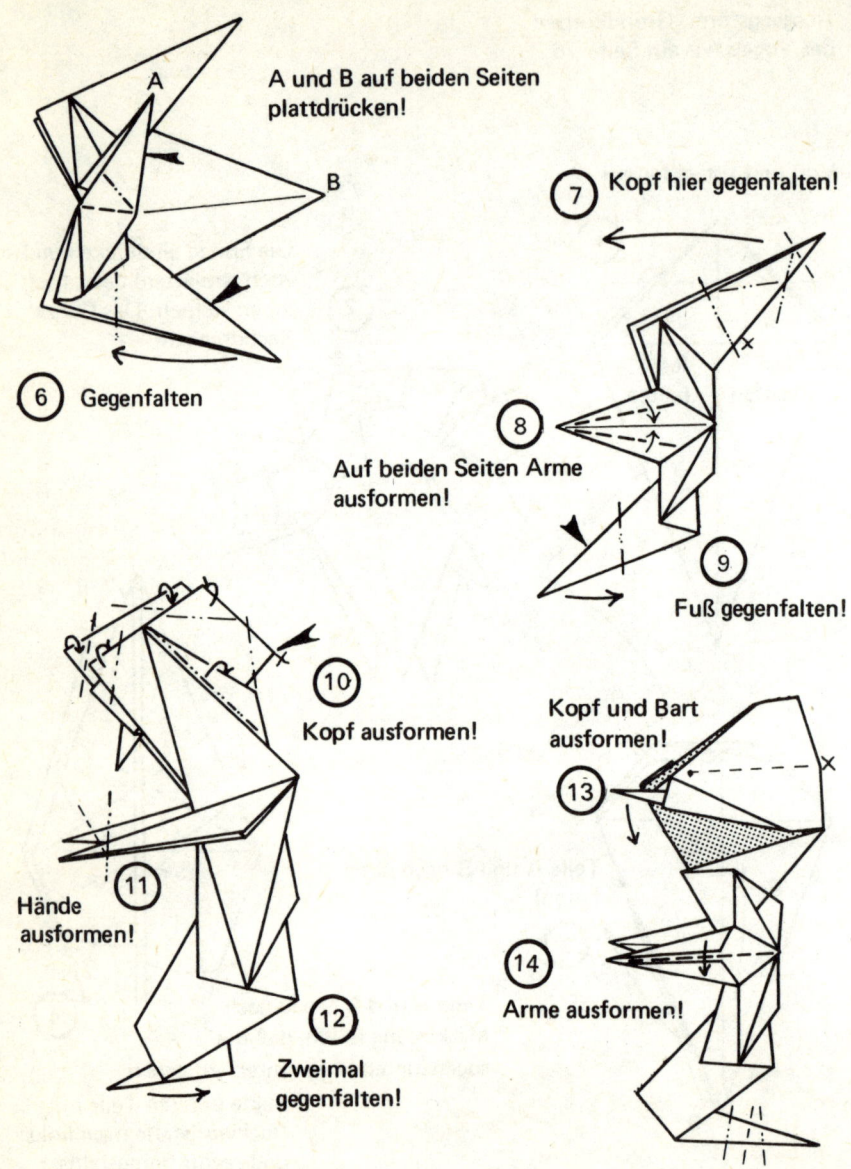

Betender Mohammedaner (Fortsetzung)

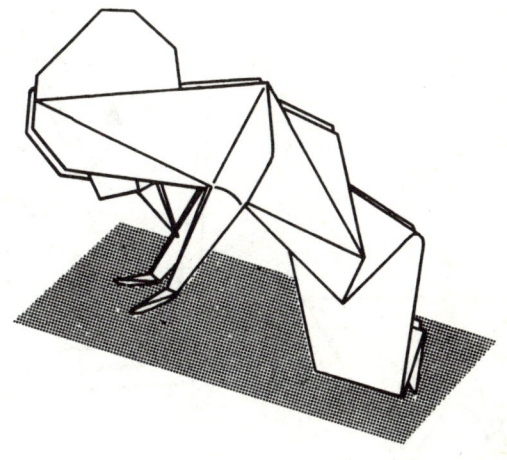

So sieht der fertige Mohammedaner aus!

Frosch

Ausgangsform: Vogelgrundform auf Seite 76

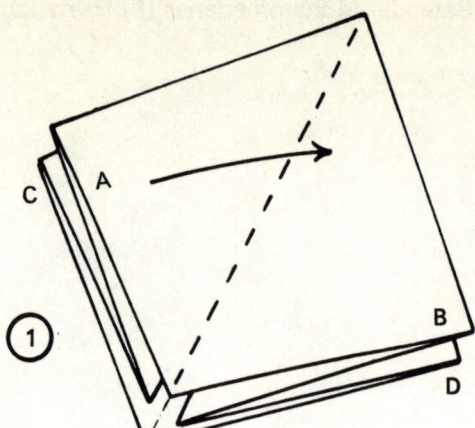

Teil A senkrecht hochziehen .....

... und über der Markierung nach unten plattdrücken! (Abb. 3!)

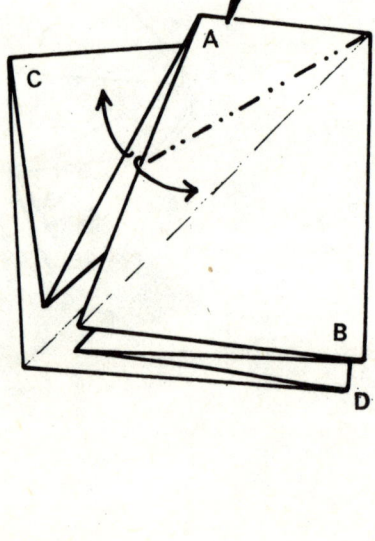

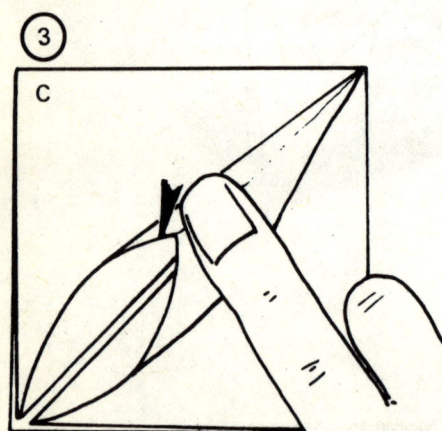

Frosch (Fortsetzung)

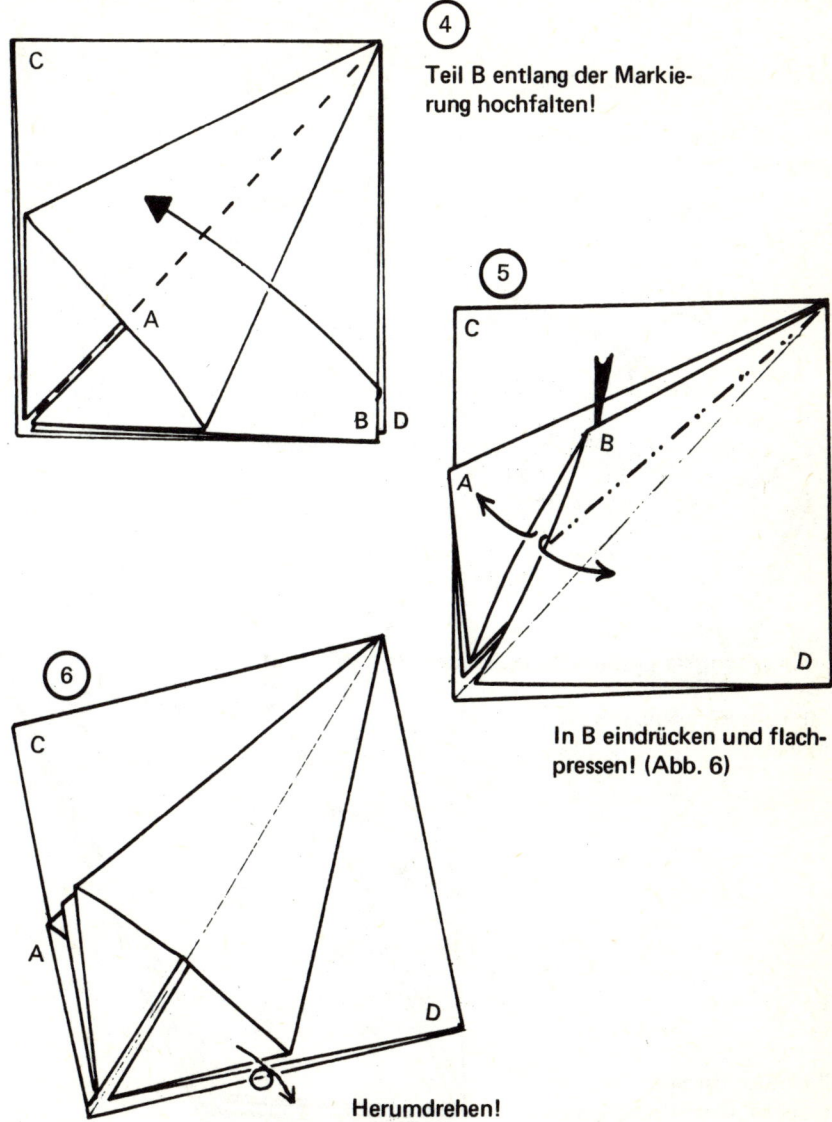

④ Teil B entlang der Markierung hochfalten!

⑤ In B eindrücken und flachpressen! (Abb. 6)

⑥ Herumdrehen!

Frosch (Fortsetzung)

Teil C senkrecht hochfalten und an der Spitze eindrücken. Dann flachpressen! (Abb. 8)

Mit dem Rest genau so verfahren!

Teil D an der Spitze eindrücken, dann flachpressen!

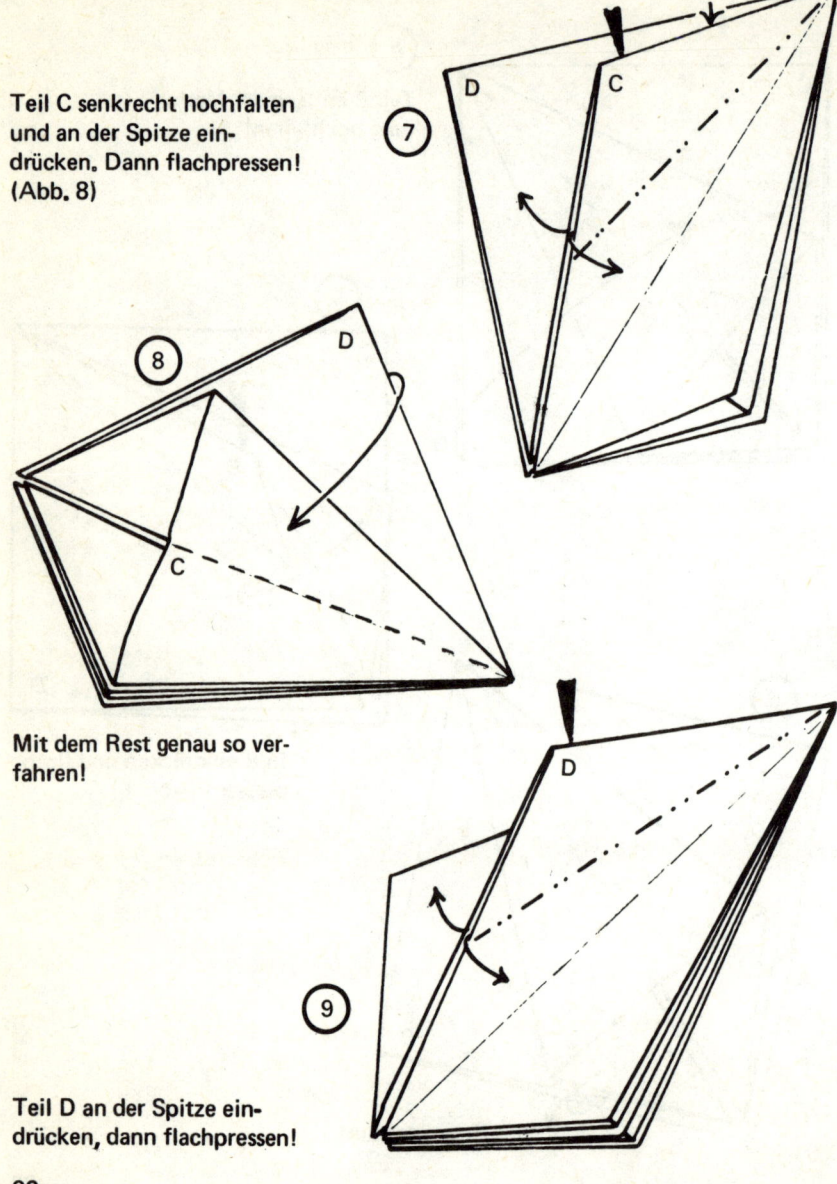

Frosch (Fortsetzung)

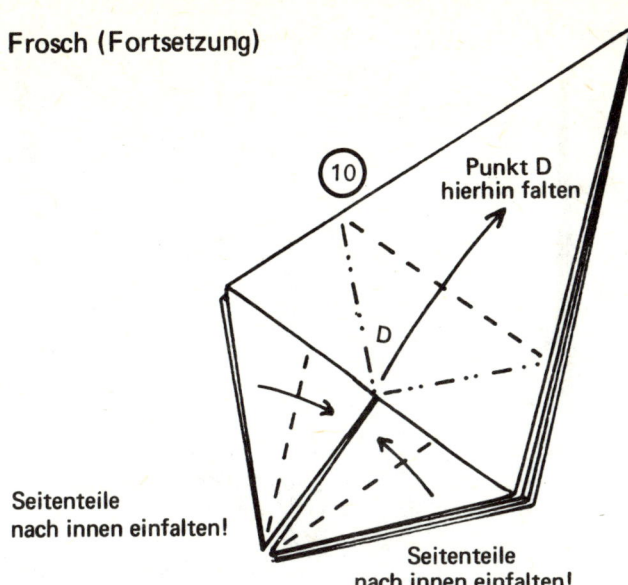

⑩ Punkt D hierhin falten

Seitenteile nach innen einfalten!

Seitenteile nach innen einfalten!

(Blumenblattfaltung zu Ende gefaltet)

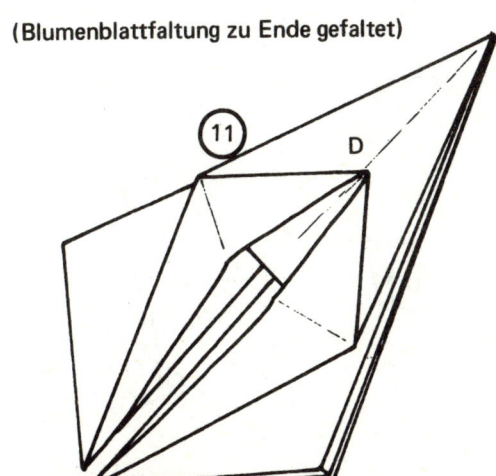

⑪

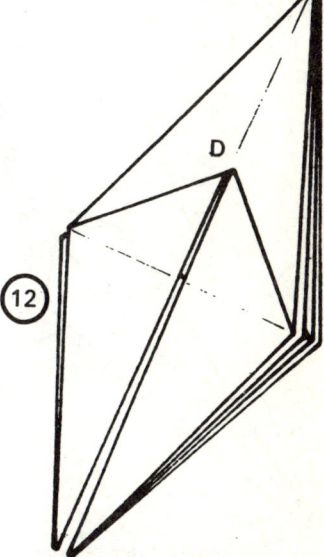

⑫

So soll es aussehen!
Jetzt die drei anderen Seiten in gleicher Weise falten!

Diese Form muß entstehen!
Bitte umblättern!

Frosch (Grundkörper)

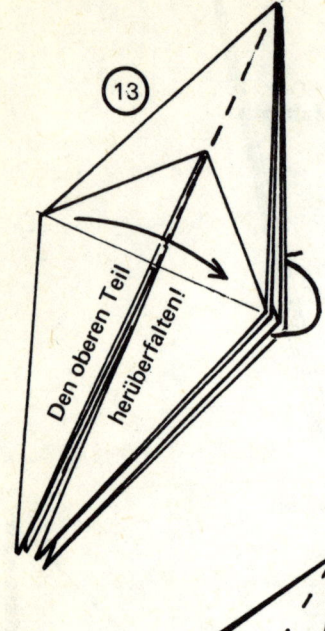

Den oberen Teil herüberfalten!

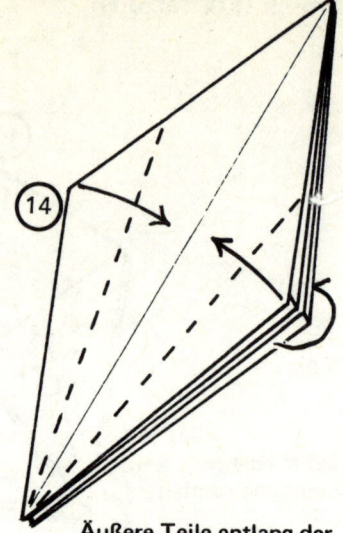

Äußere Teile entlang der Markierung nach innen falten. Das gleiche auf der Rückseite!

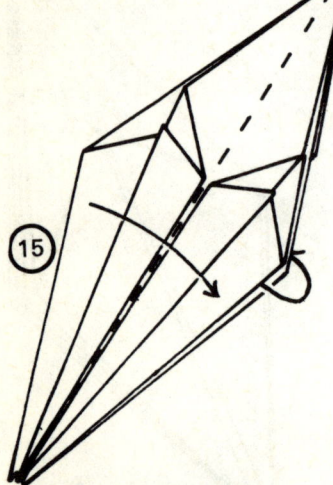

Linken Teil der oberen Lage längs der Markierung nach rechts falten!

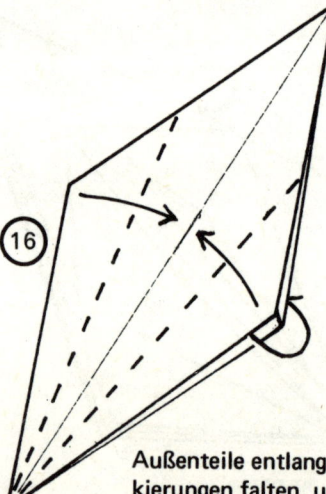

Außenteile entlang der Markierungen falten, umdrehen und auf der Rückseite das gleiche wiederholen!

Frosch (Fortsetzung)

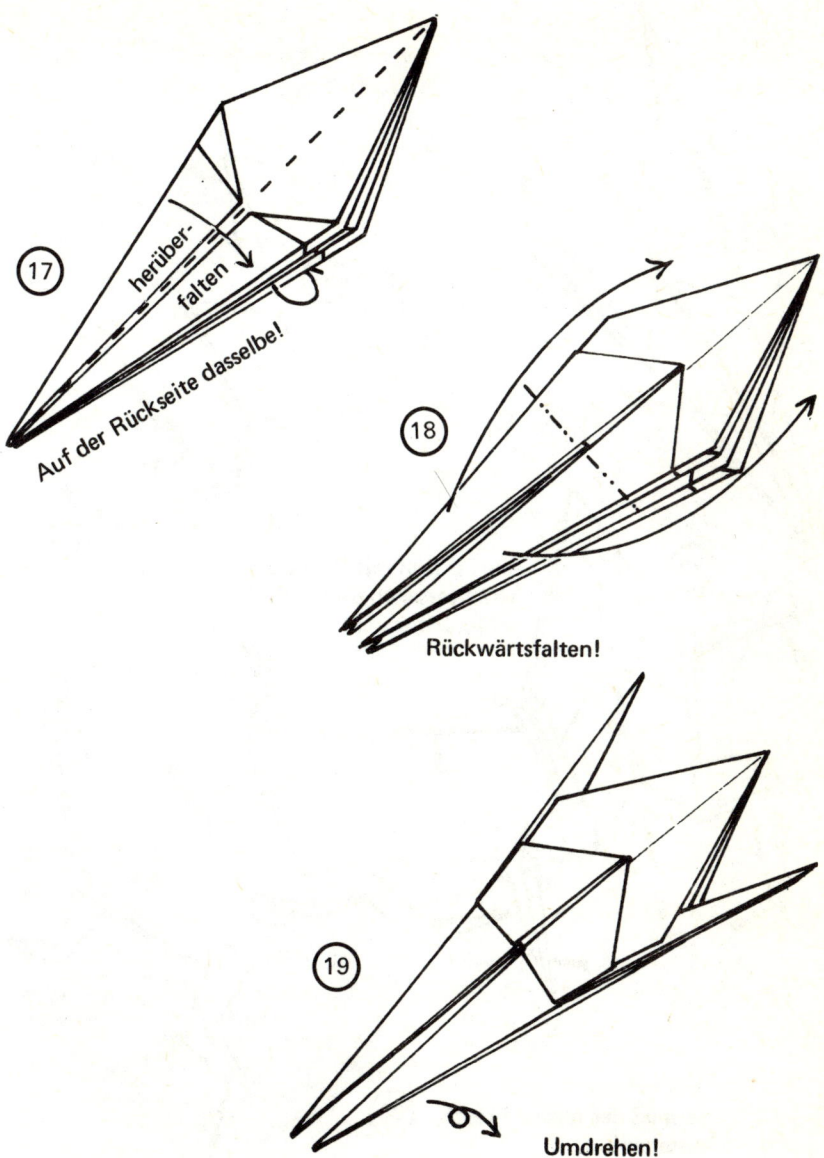

Frosch (Fortsetzung)

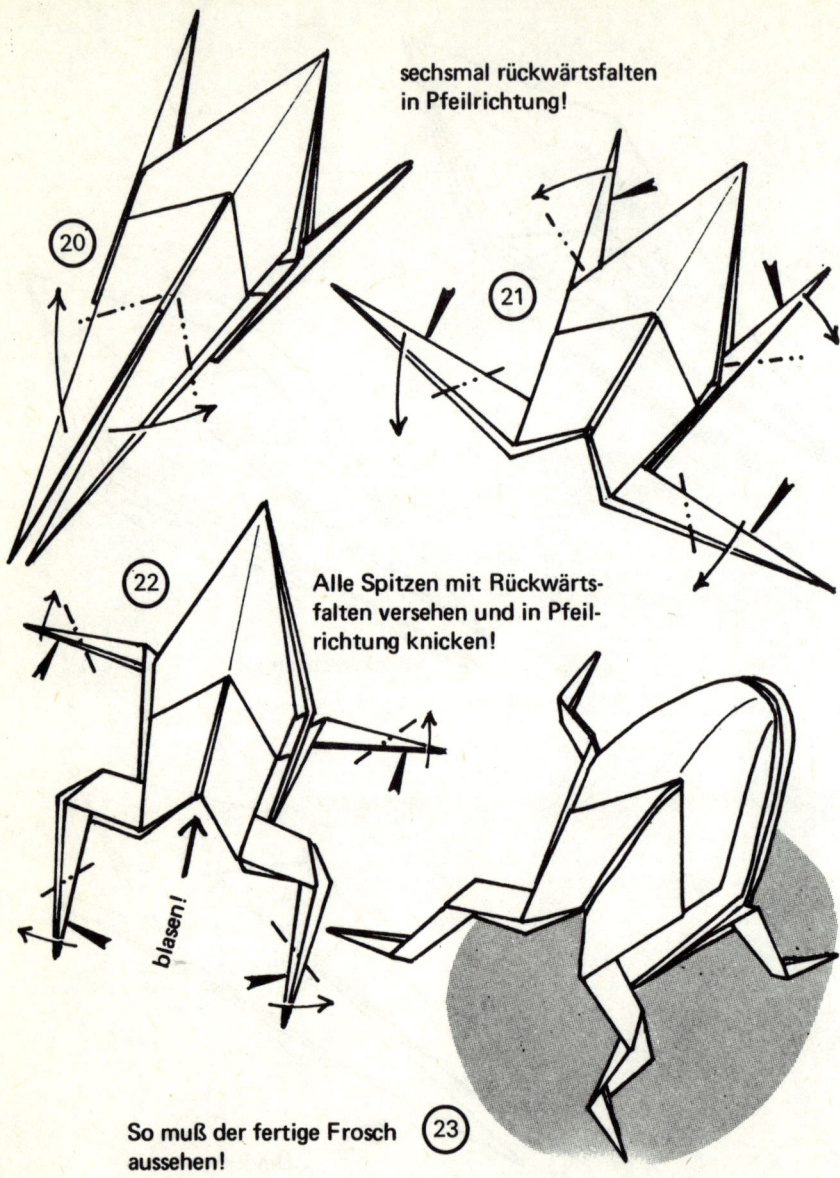

sechsmal rückwärtsfalten in Pfeilrichtung!

Alle Spitzen mit Rückwärtsfalten versehen und in Pfeilrichtung knicken!

blasen!

So muß der fertige Frosch aussehen!

Kricket-Maske von Peter van Note, New York

Ausgangsform: Quadrat auf die Spitze gestellt.

Diagonalfalte!

Ecken nach innen klappen!

Teile A und B der Markierung nach oben falten!

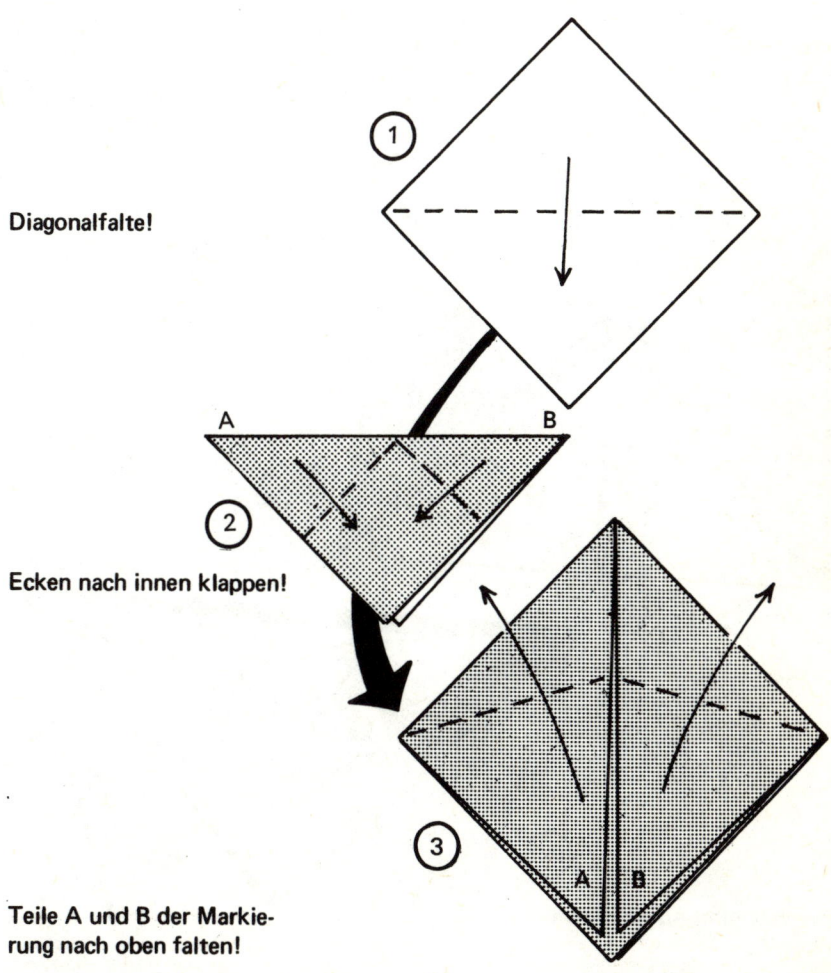

Kricket-Maske (Fortsetzung)

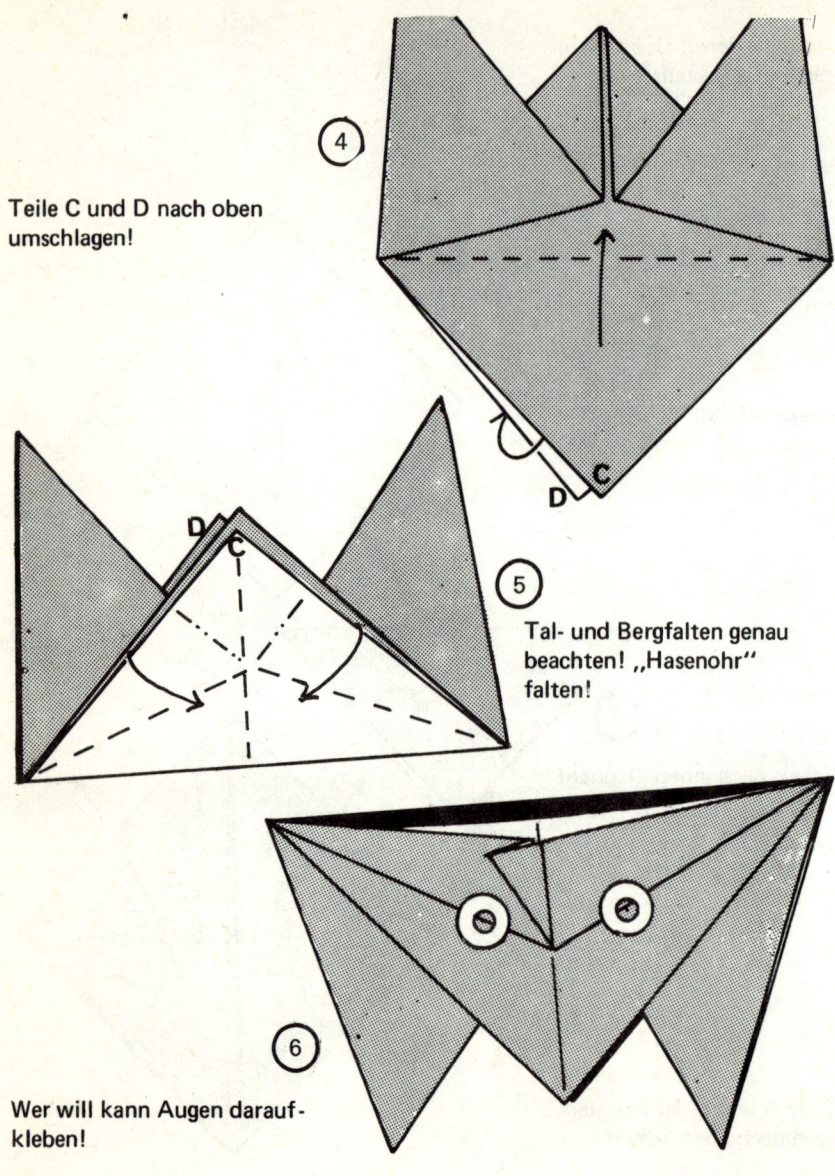

④ Teile C und D nach oben umschlagen!

⑤ Tal- und Bergfalten genau beachten! „Hasenohr" falten!

⑥ Wer will kann Augen daraufkleben!

Pinguine von Robert Harbin, London

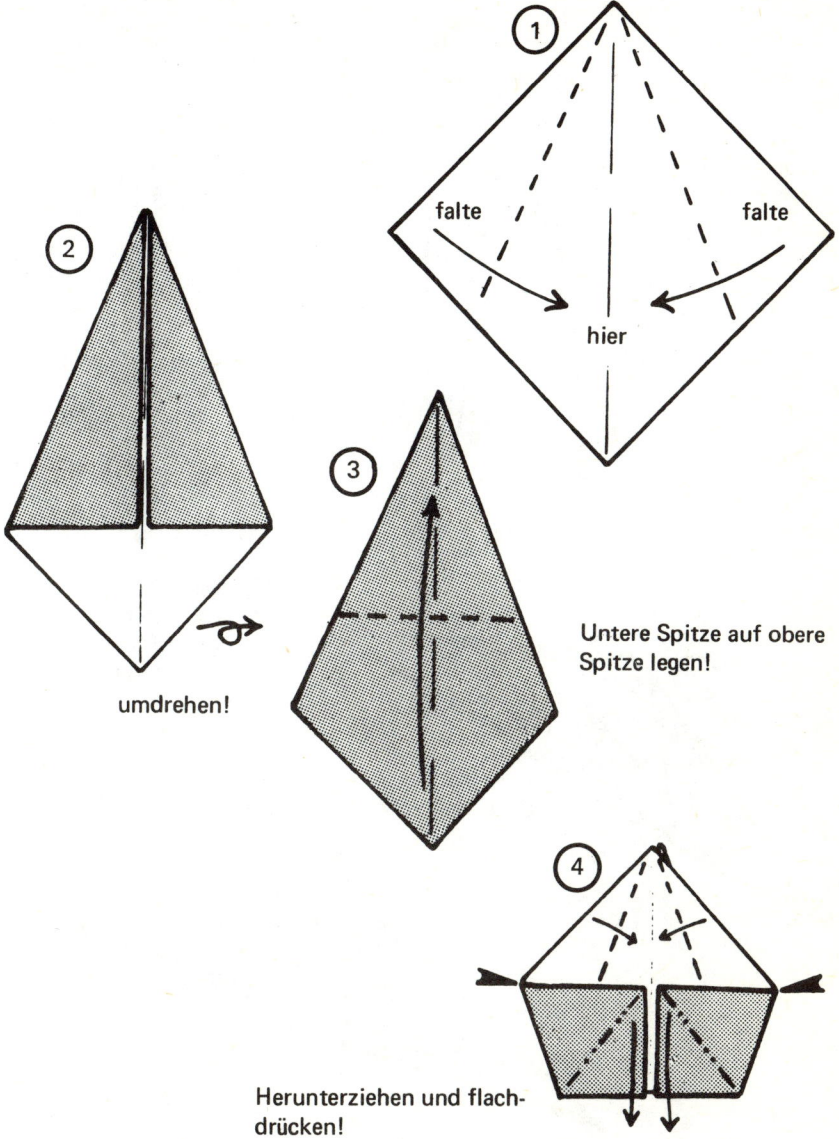

Pinguine (Fortsetzung)
(auch Grundform des Fisches)

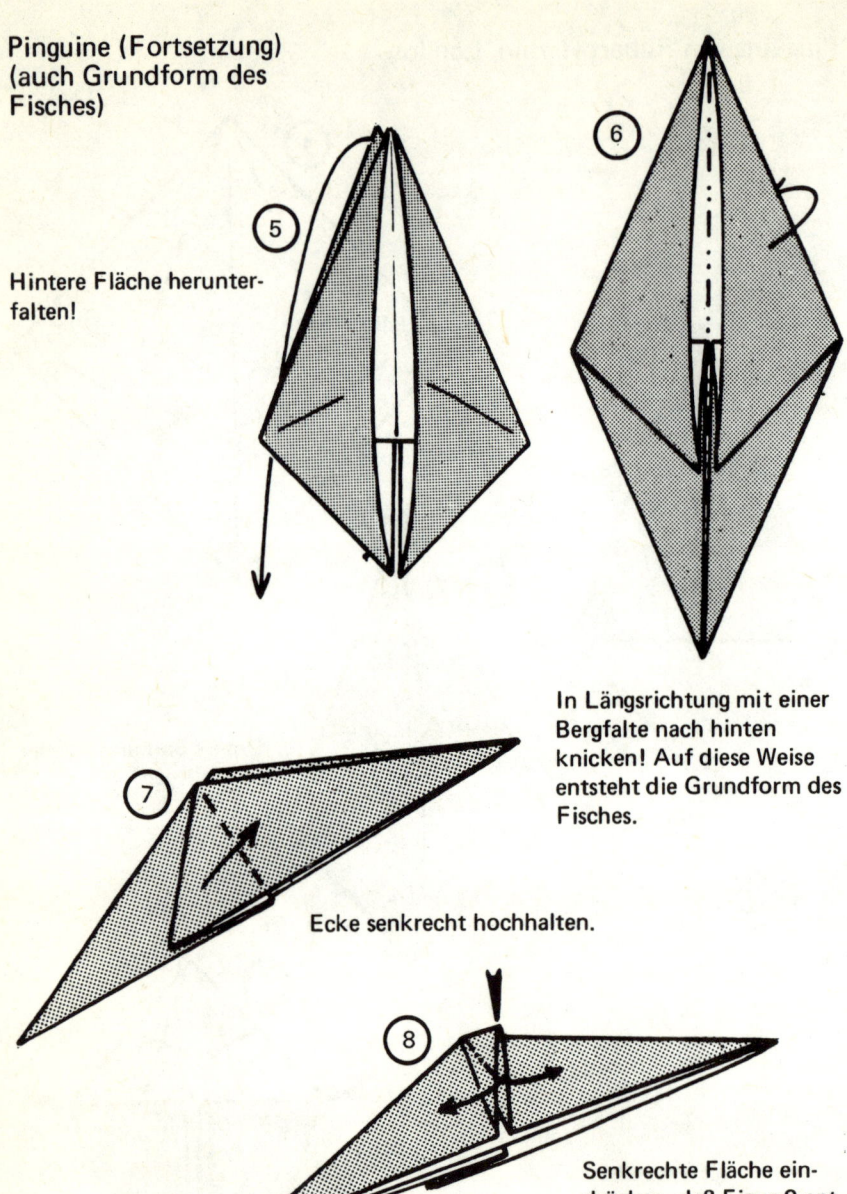

5 Hintere Fläche herunterfalten!

6 In Längsrichtung mit einer Bergfalte nach hinten knicken! Auf diese Weise entsteht die Grundform des Fisches.

7 Ecke senkrecht hochhalten.

8 Senkrechte Fläche eindrücken, daß Figur 9 entsteht!

Pinguine (Fortsetzung)

Beide Flügel zurückfalten!

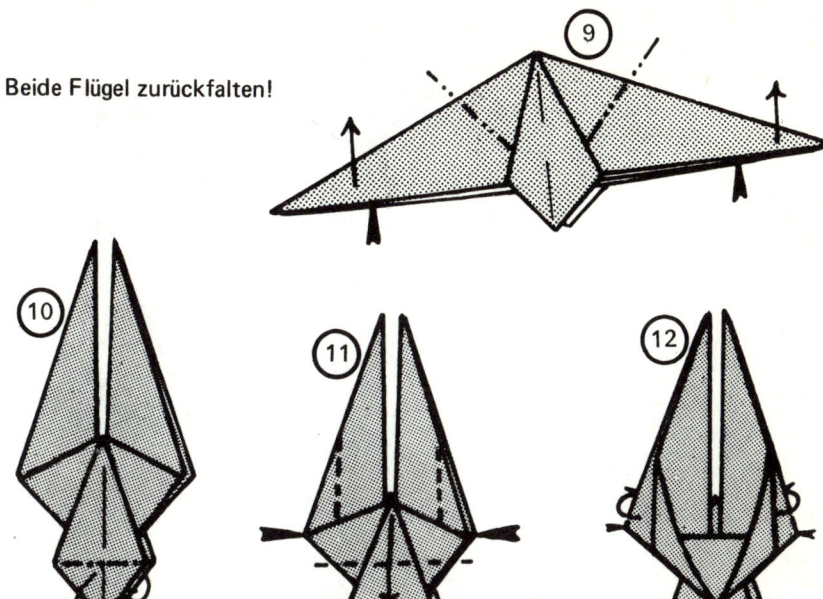

Untere Spitzen nach innen einfalten!

Vorder- und Hinterfläche in Pfeilrichtung herunterziehen!

Ecken abflachen!

Beide Spitzen gegenfalten!

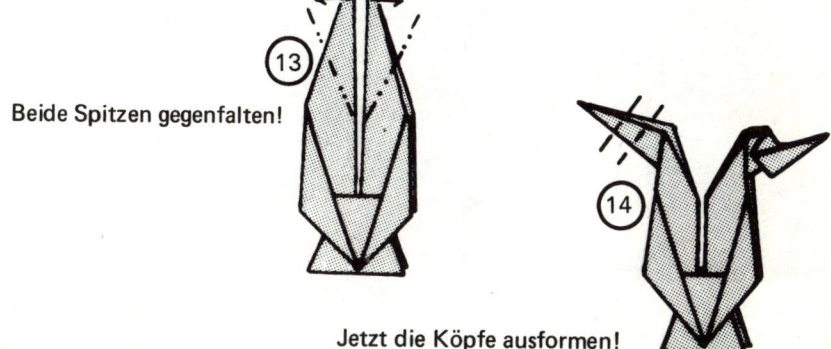

Jetzt die Köpfe ausformen!

Pinguine (Fortsetzung)

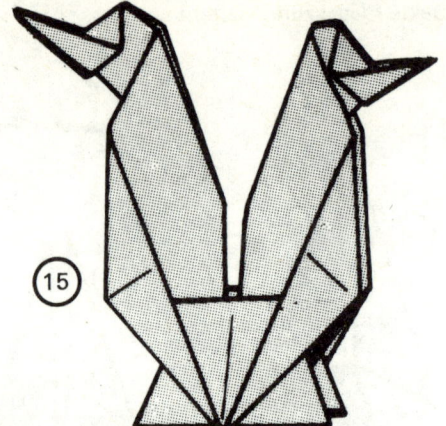

Ergebnis: ein Pinguinpärchen.

(15)

Pinguine: Siehe auch die folgenden Seiten

Pinguin I von Eric Bird, Leicester, England

Ausgangsform: Quadrat

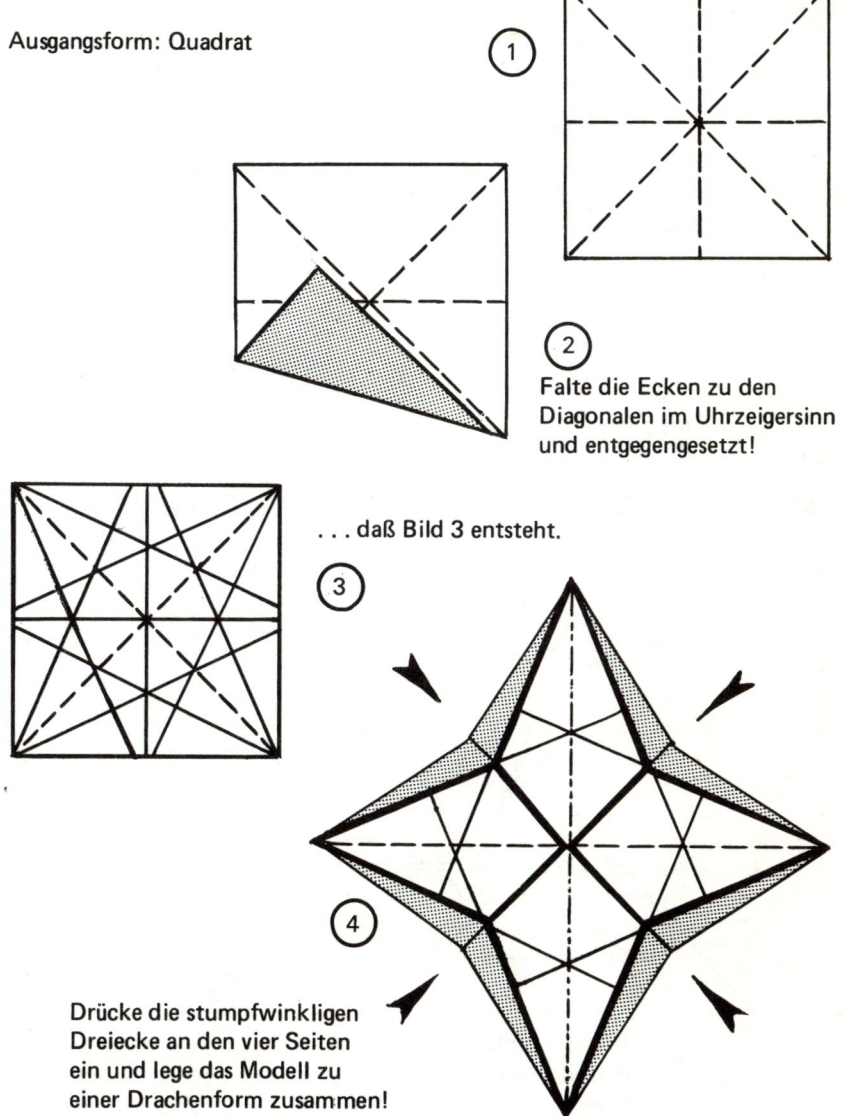

② Falte die Ecken zu den Diagonalen im Uhrzeigersinn und entgegengesetzt!

... daß Bild 3 entsteht.

Drücke die stumpfwinkligen Dreiecke an den vier Seiten ein und lege das Modell zu einer Drachenform zusammen!

Pinguin I (Fortsetzung)

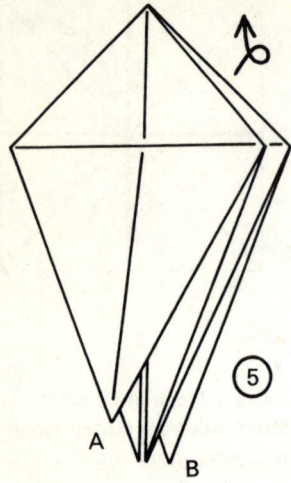

⑤ Spitze nach unten drehen und A und B festhalten!

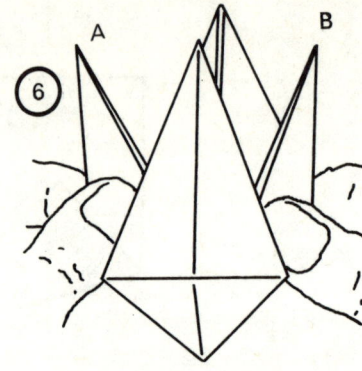

⑥ Hier fest ziehen und dabei untere Spitze eindrücken!

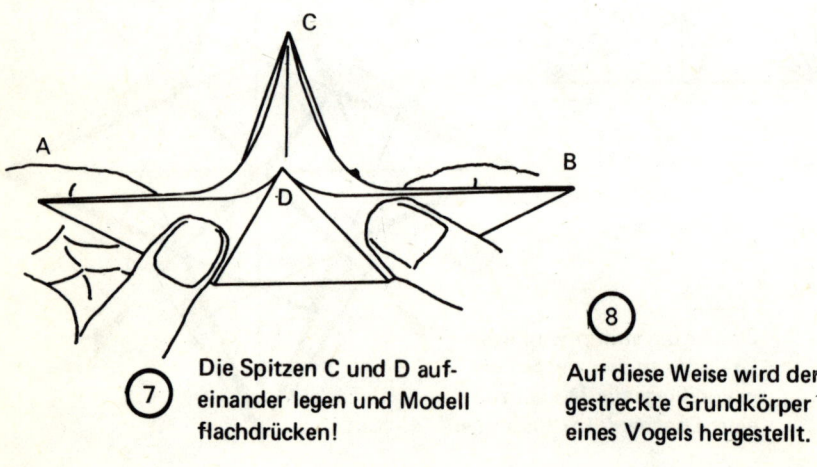

⑦ Die Spitzen C und D aufeinander legen und Modell flachdrücken!

⑧ Auf diese Weise wird der gestreckte Grundkörper eines Vogels hergestellt.

Pinguin I (Fortsetzung)
(gestreckte Vogelgrundform)

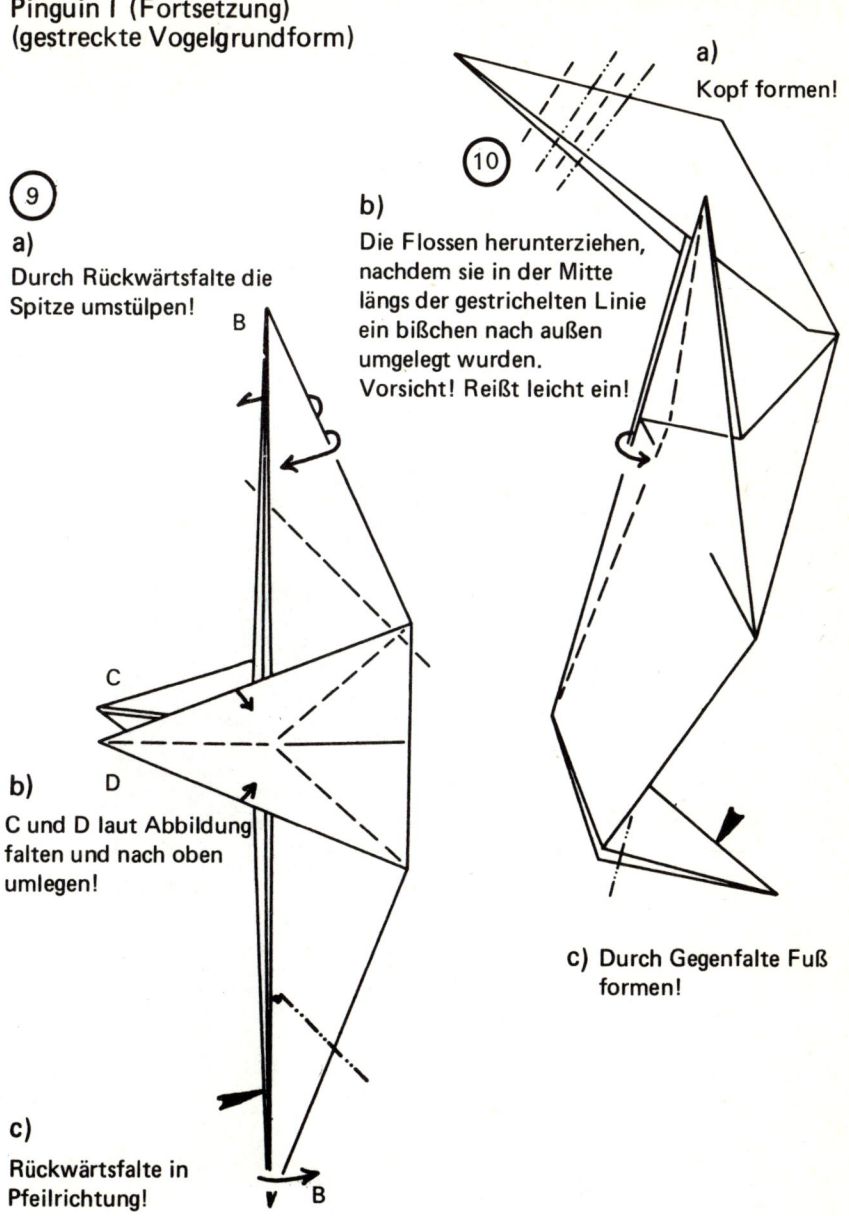

⑨
a) Durch Rückwärtsfalte die Spitze umstülpen!

b) C und D laut Abbildung falten und nach oben umlegen!

c) Rückwärtsfalte in Pfeilrichtung!

⑩
a) Kopf formen!

b) Die Flossen herunterziehen, nachdem sie in der Mitte längs der gestrichelten Linie ein bißchen nach außen umgelegt wurden. Vorsicht! Reißt leicht ein!

c) Durch Gegenfalte Fuß formen!

Pinguin I (Fortsetzung)

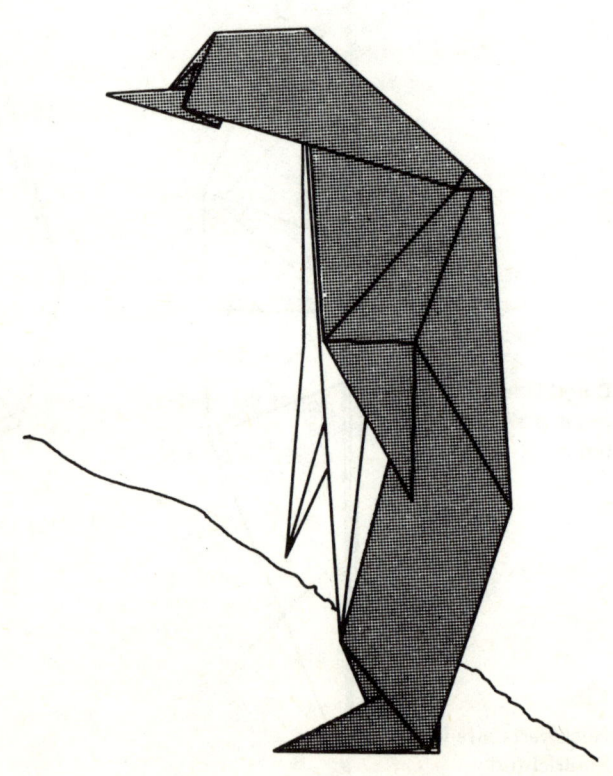

Pinguin II von Robert Harbin, London

Ausgangsform: Quadrat

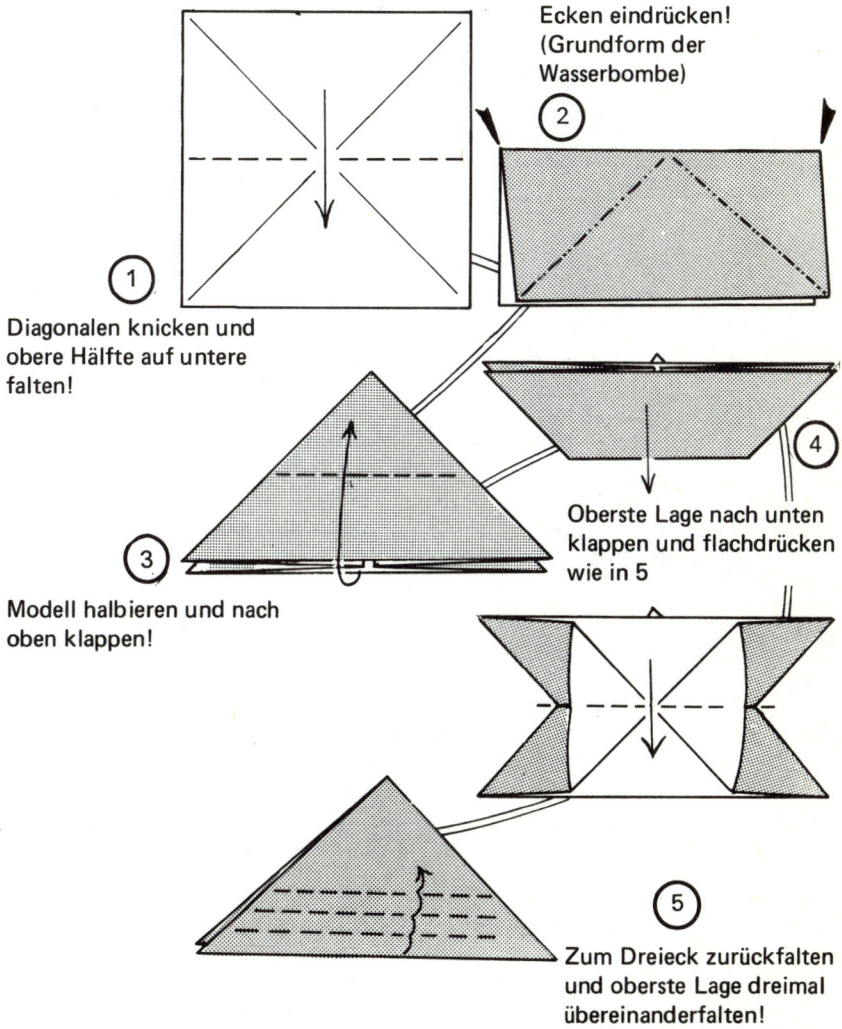

Ecken eindrücken!
(Grundform der
Wasserbombe)

Diagonalen knicken und obere Hälfte auf untere falten!

Modell halbieren und nach oben klappen!

Oberste Lage nach unten klappen und flachdrücken wie in 5

Zum Dreieck zurückfalten und oberste Lage dreimal übereinanderfalten!

Pinguin II (Fortsetzung)

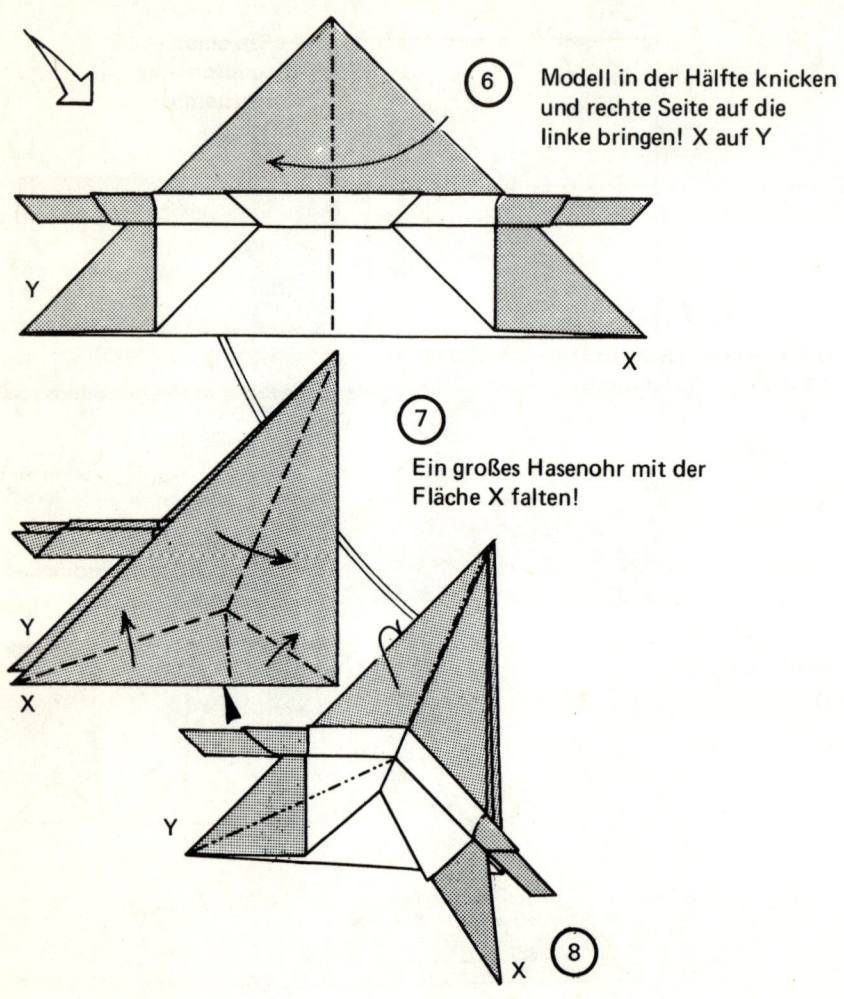

⑥ Modell in der Hälfte knicken und rechte Seite auf die linke bringen! X auf Y

⑦ Ein großes Hasenohr mit der Fläche X falten!

⑧ Das gleiche mit der Fläche Y

Pinguin II (Fortsetzung)

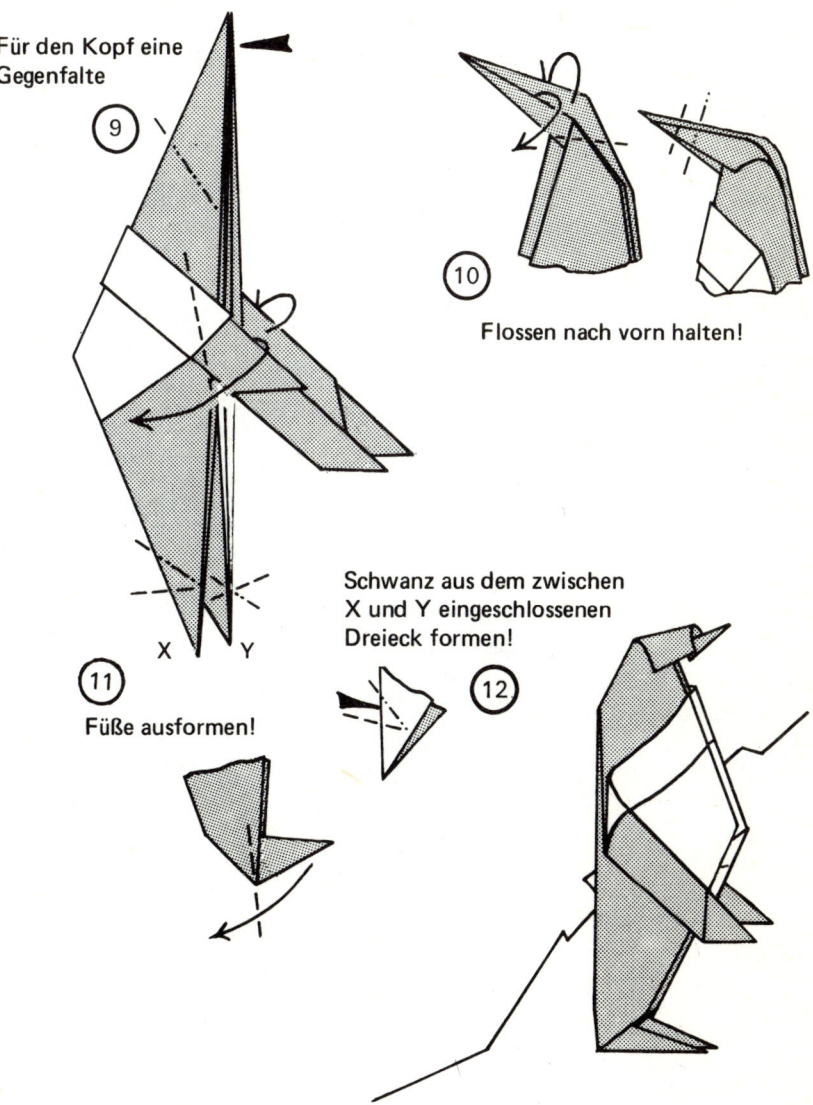

Für den Kopf eine Gegenfalte

⑨

⑩ Flossen nach vorn halten!

⑪ Füße ausformen!

Schwanz aus dem zwischen X und Y eingeschlossenen Dreieck formen! ⑫

Kaninchen von Michael P. Guy, Birmingham, England
Ausgangsform: die gestreckte Form des Vogelgrundkörpers wie Seite 103

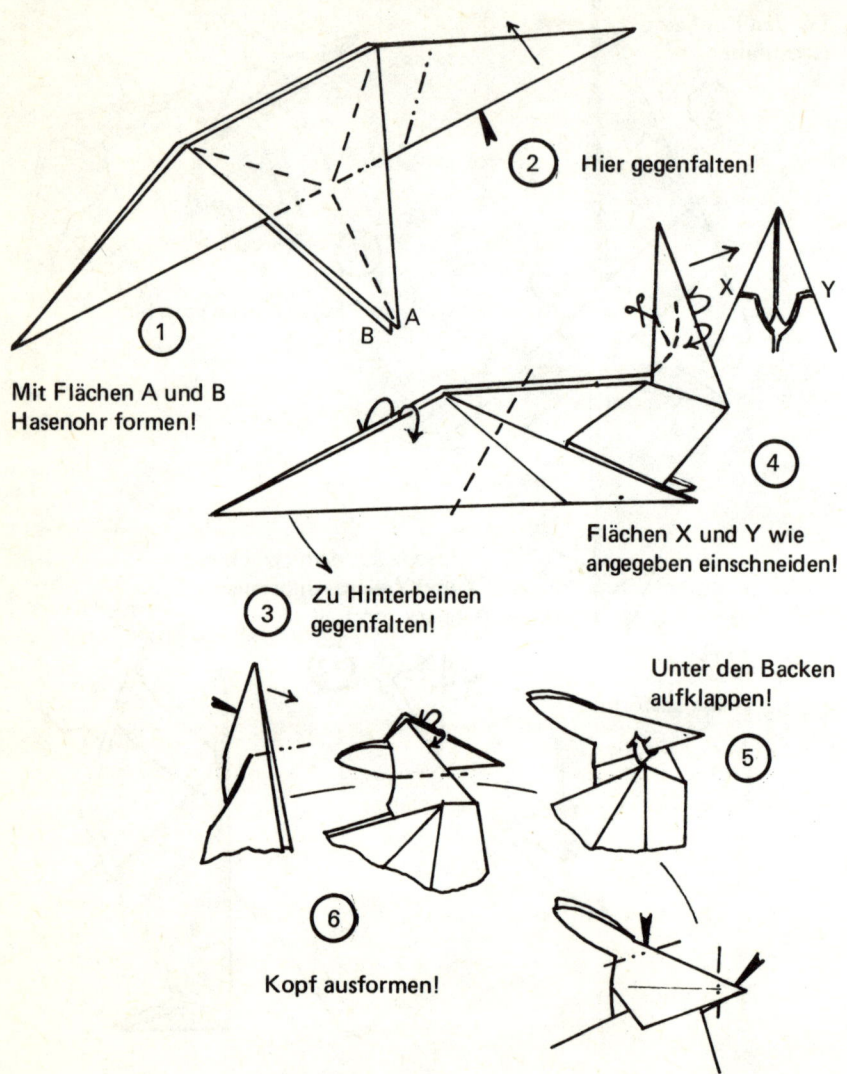

Kaninchen (unter Verwendung der gestreckten Vogelgrundform)

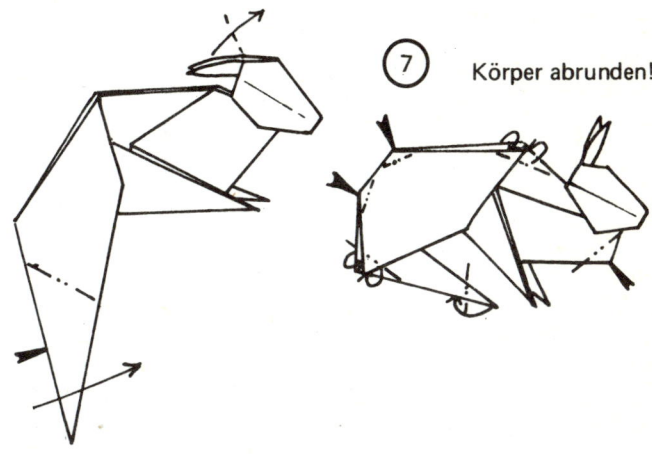

⑦ Körper abrunden!

Tropenvogel I von Ligia Montoya, Argentinien

Ausgangsform:
Fischgrundform

Modell in Längsachse nach hinten klappen!

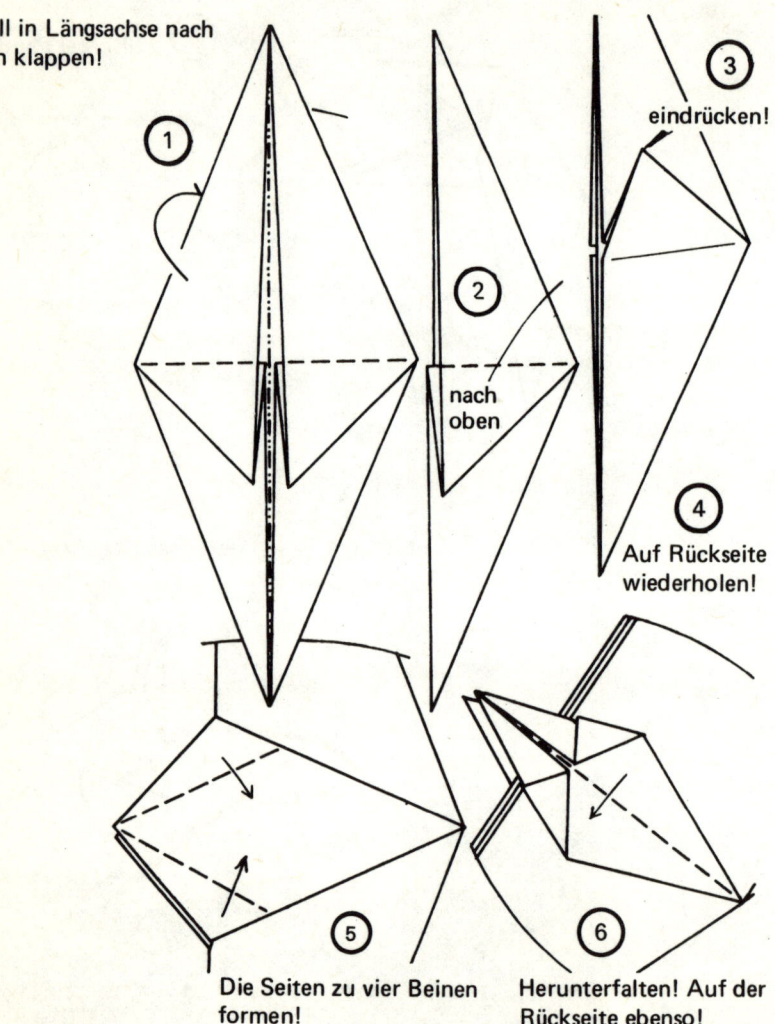

1

2 nach oben

3 eindrücken!

4 Auf Rückseite wiederholen!

5 Die Seiten zu vier Beinen formen!

6 Herunterfalten! Auf der Rückseite ebenso!

Tropenvogel I (Fortsetzung)

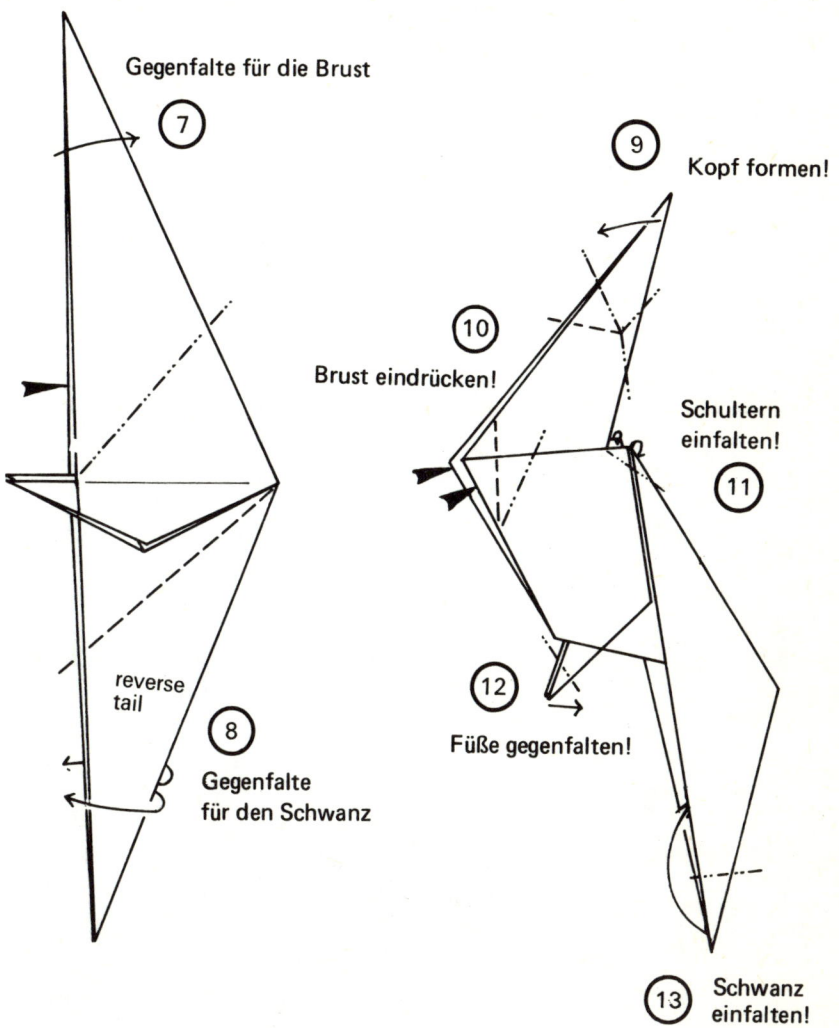

Tropenvogel I (Fortsetzung)

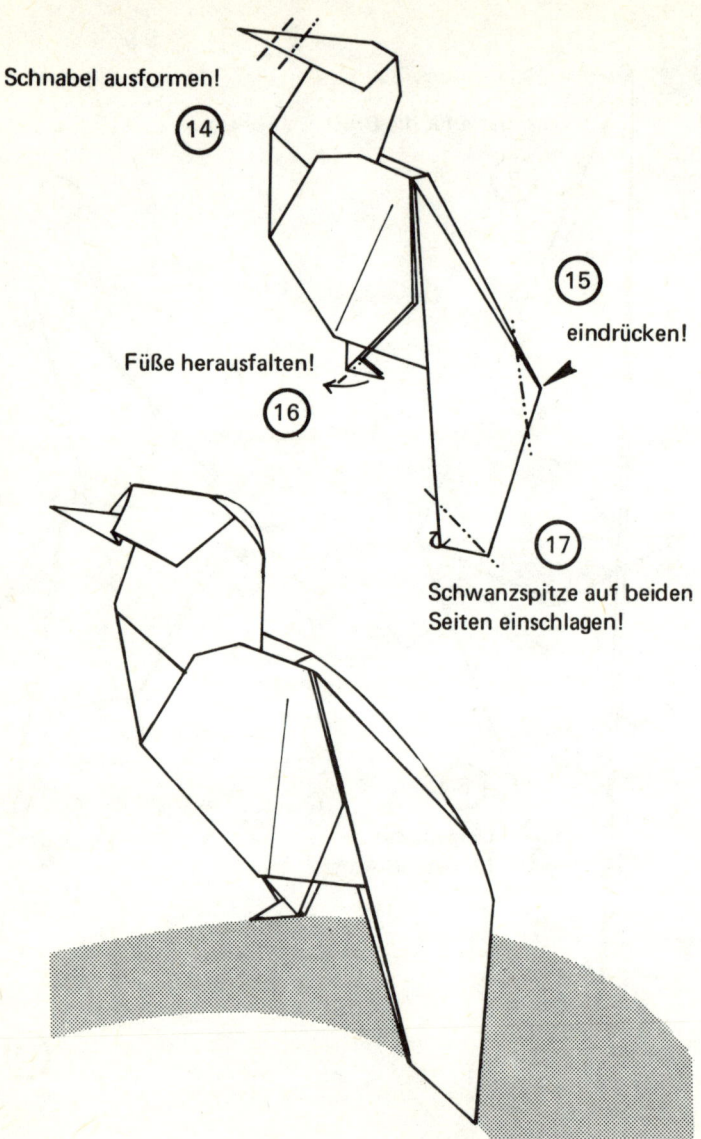

Tropenvogel II von Ligia Montoya, Argentinien

Ausgangsform: Grundkörper des Fisches

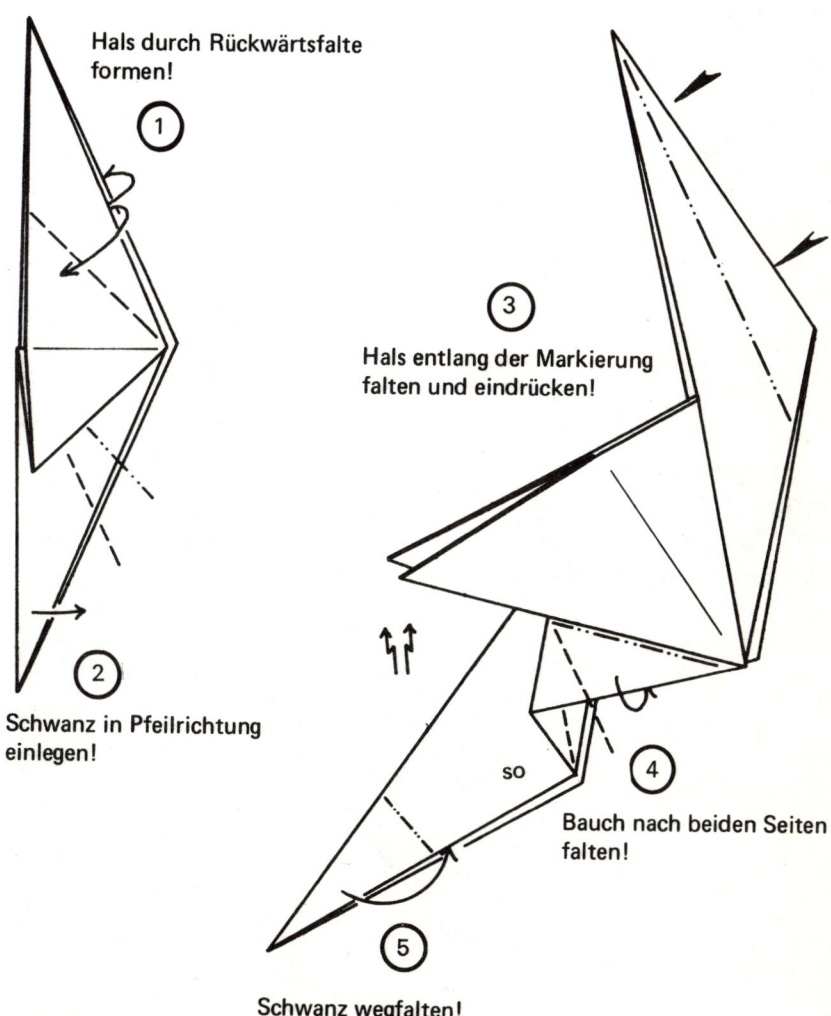

Tropenvogel II (Fortsetzung)

Gegenfalte für Hals

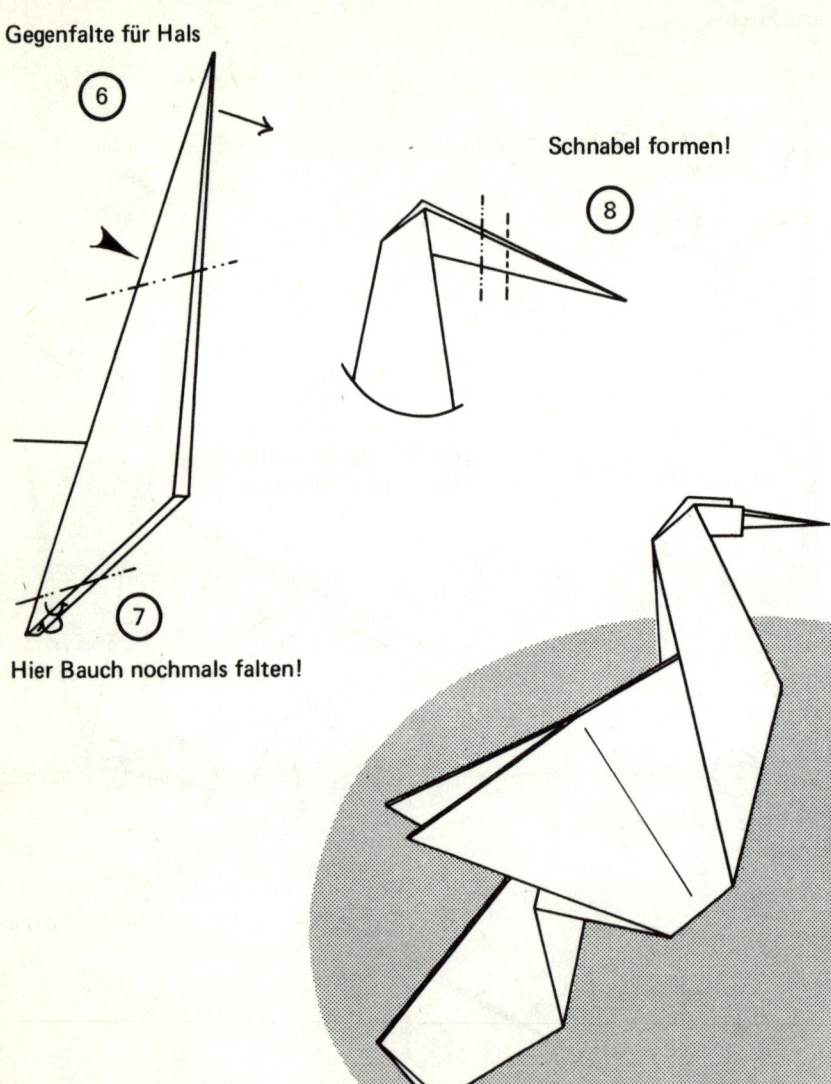

⑥

Schnabel formen!

⑧

⑦

Hier Bauch nochmals falten!

Mutter Hubbard's Hund
von Eric Kenneway, London

Ausgangsform: ein Quadrat

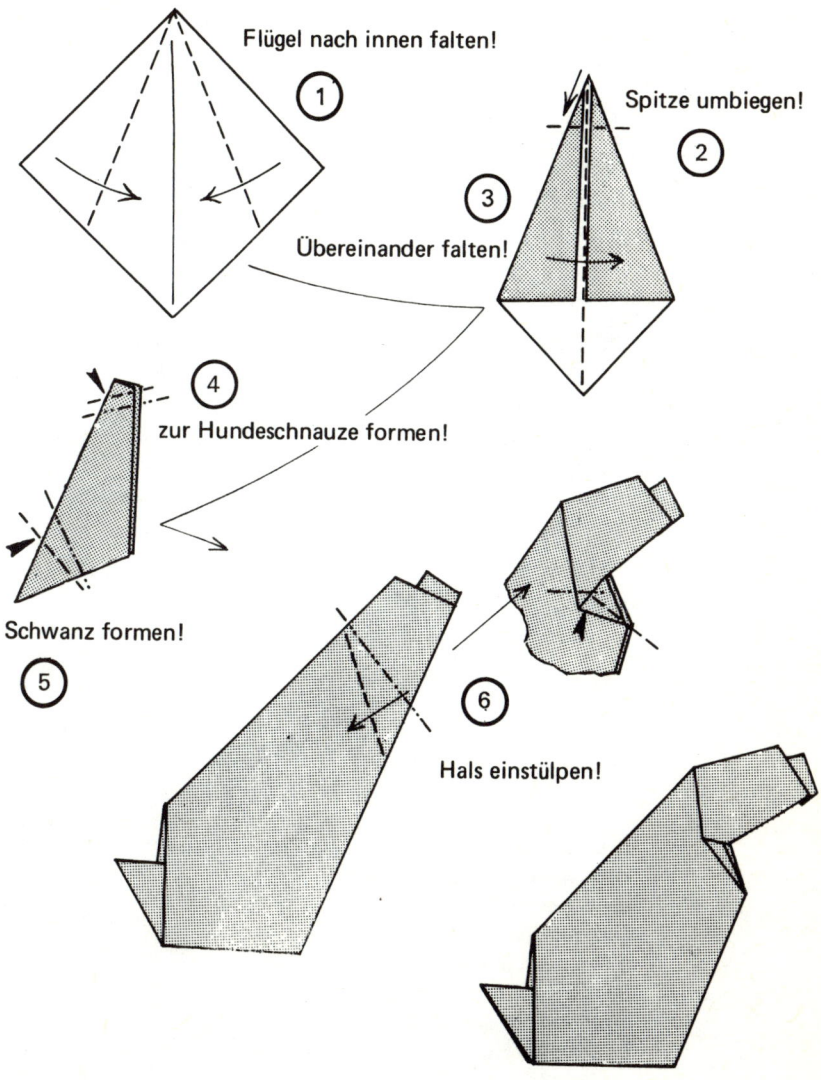

Mutter Hubbard von Eric Kenneway, London

Ausgangsform: ein Quadrat

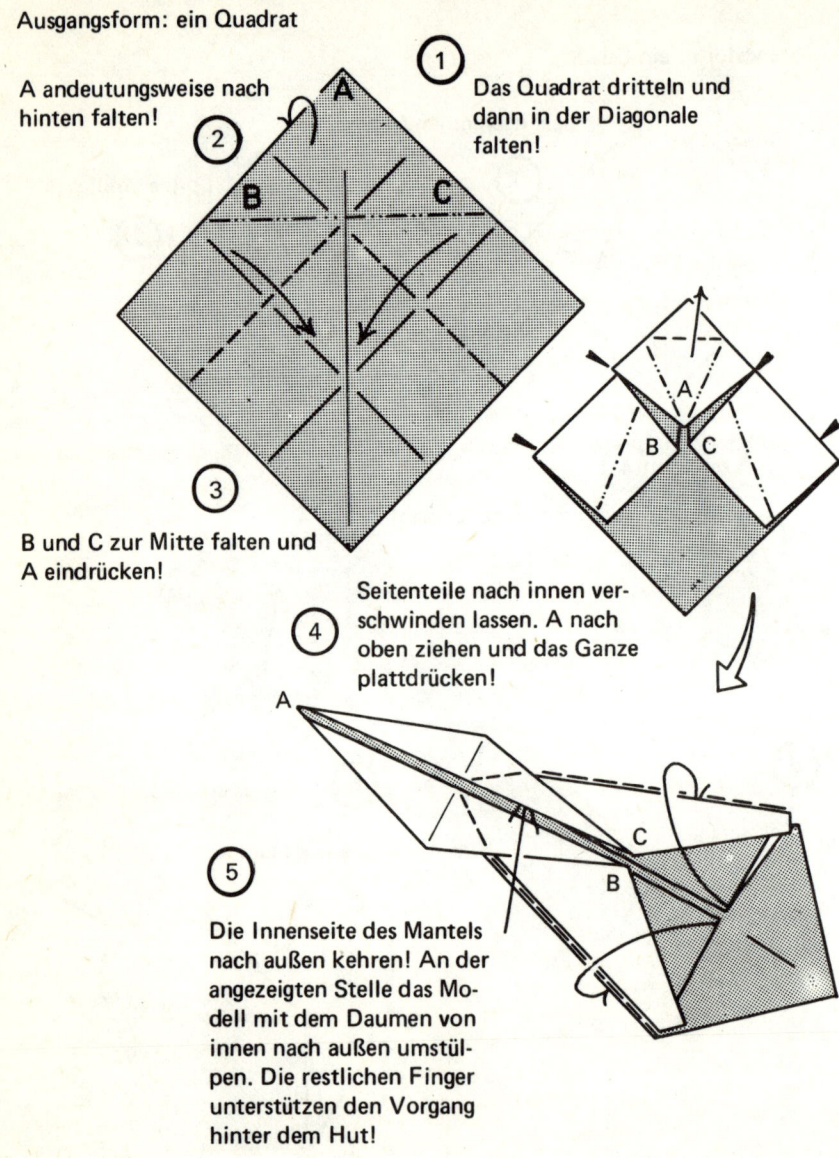

① Das Quadrat dritteln und dann in der Diagonale falten!

② A andeutungsweise nach hinten falten!

③ B und C zur Mitte falten und A eindrücken!

④ Seitenteile nach innen verschwinden lassen. A nach oben ziehen und das Ganze plattdrücken!

⑤ Die Innenseite des Mantels nach außen kehren! An der angezeigten Stelle das Modell mit dem Daumen von innen nach außen umstülpen. Die restlichen Finger unterstützen den Vorgang hinter dem Hut!

Mutter Hubbard (Fortsetzung)

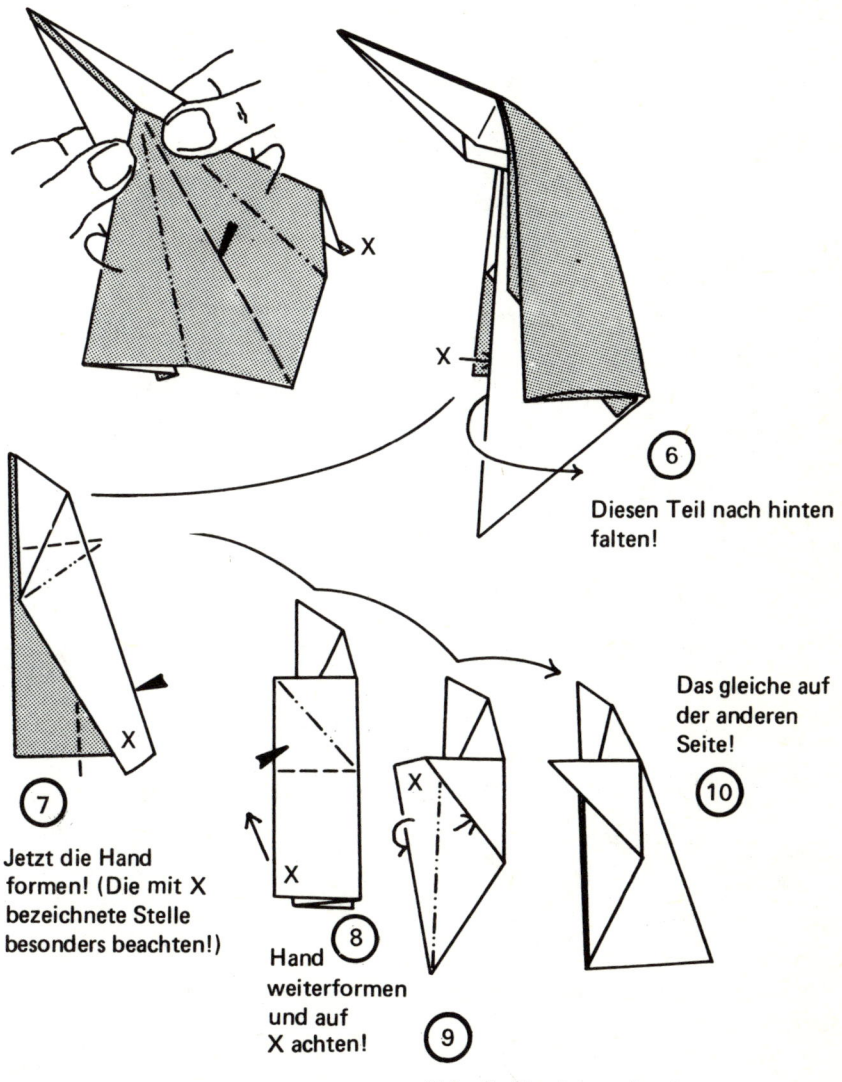

⑥ Diesen Teil nach hinten falten!

⑦ Jetzt die Hand formen! (Die mit X bezeichnete Stelle besonders beachten!)

⑧ Hand weiterformen und auf X achten!

⑨ X in die Tasche stecken!

⑩ Das gleiche auf der anderen Seite!

117

Mutter Hubbard (Fortsetzung)

An den Schultern halten!

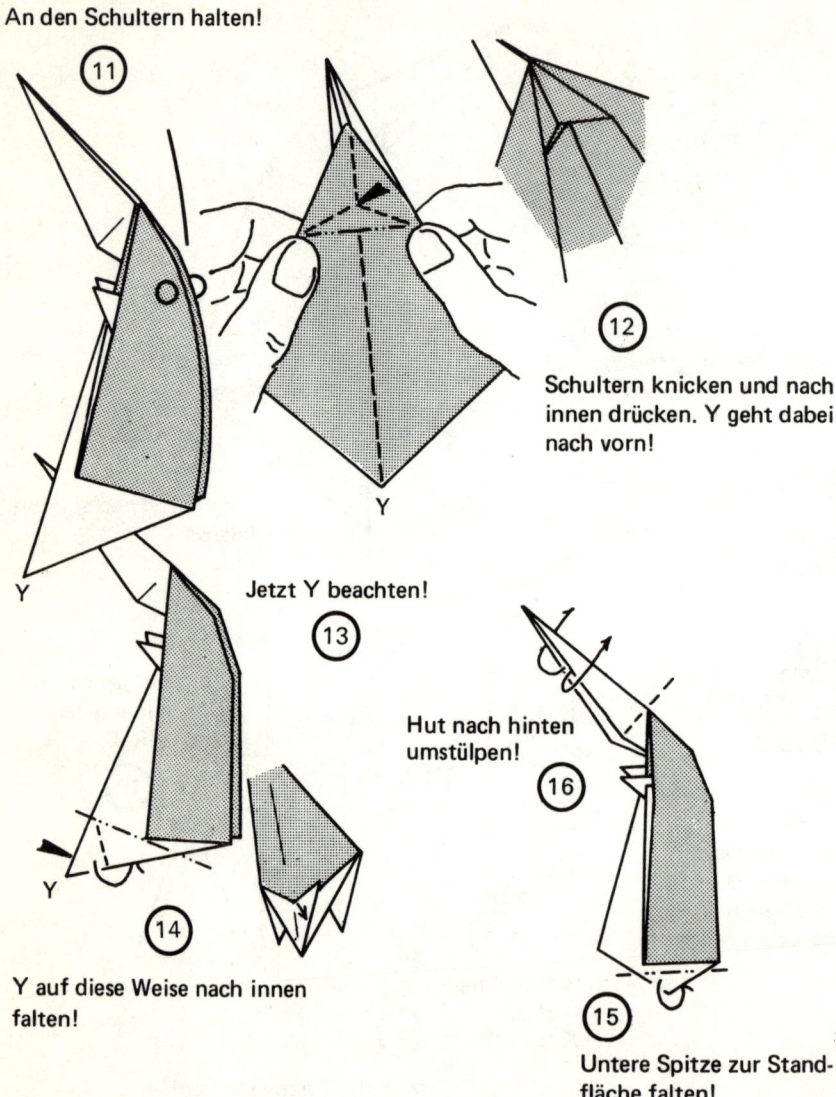

Schultern knicken und nach innen drücken. Y geht dabei nach vorn!

Jetzt Y beachten!

Hut nach hinten umstülpen!

Y auf diese Weise nach innen falten!

Untere Spitze zur Standfläche falten!

Mutter Hubbard (Fortsetzung)

der zurückgefaltete Hut

(17)

Spitze des Hutes nach innen einlegen!

(18)

(19)

Das Falten des Hundes wurde bereits beschrieben.

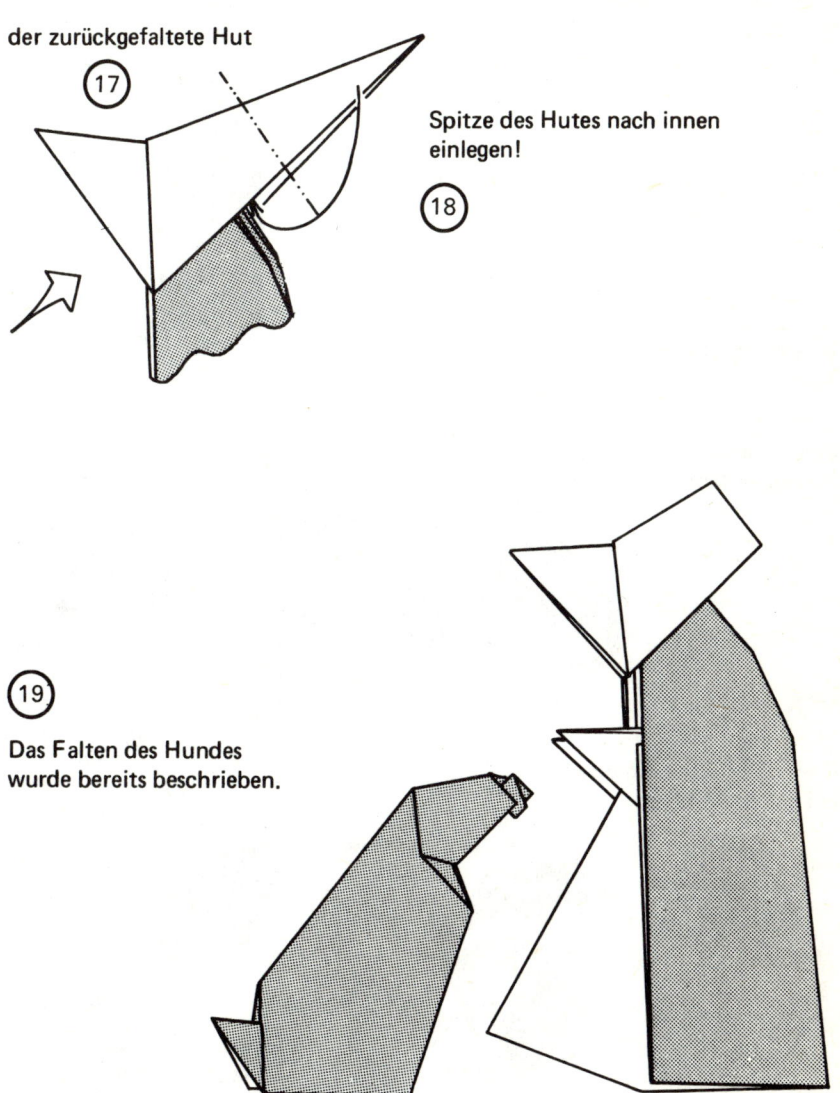

Der Mönch von Eric Kenneway, London

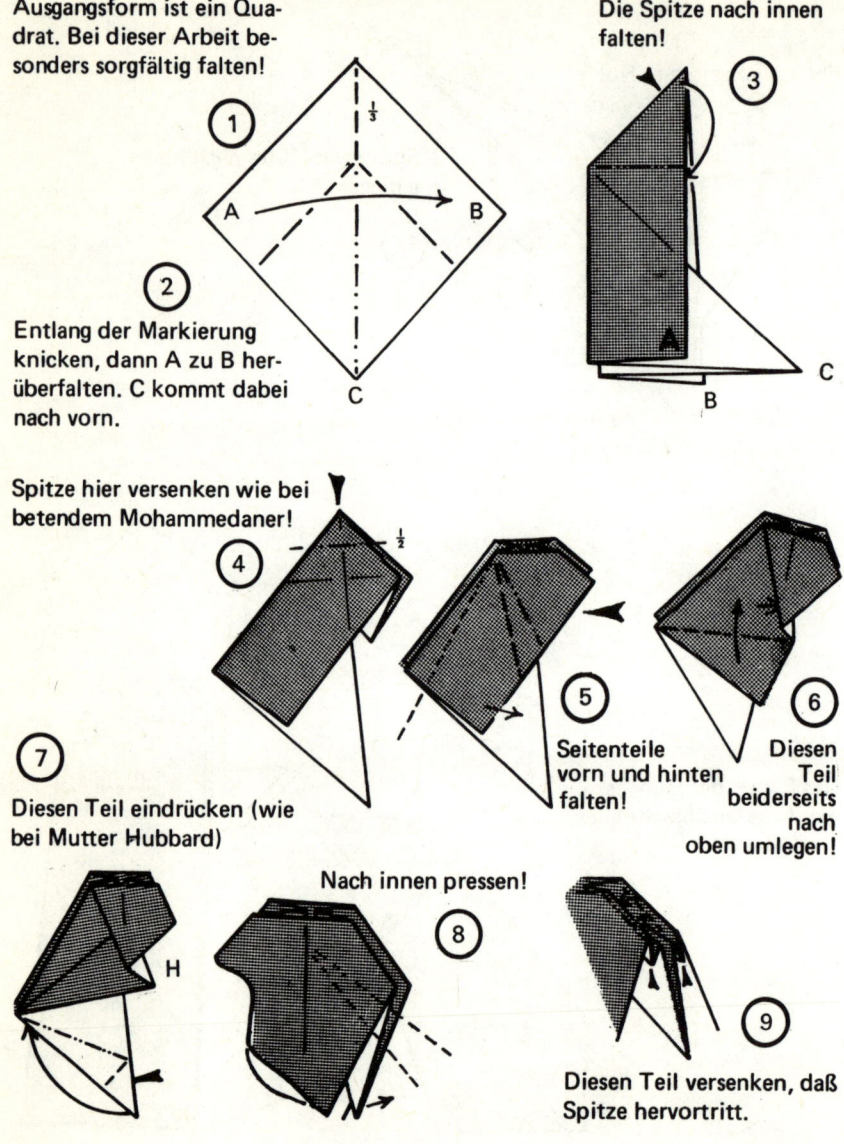

Ausgangsform ist ein Quadrat. Bei dieser Arbeit besonders sorgfältig falten!

①

② Entlang der Markierung knicken, dann A zu B herüberfalten. C kommt dabei nach vorn.

Die Spitze nach innen falten!

③

④ Spitze hier versenken wie bei betendem Mohammedaner!

⑤ Seitenteile vorn und hinten falten!

⑥ Diesen Teil beiderseits nach oben umlegen!

⑦ Diesen Teil eindrücken (wie bei Mutter Hubbard)

⑧ Nach innen pressen!

⑨ Diesen Teil versenken, daß Spitze hervortritt.

Der Mönch

Versteckt sich vielleicht darunter Robin Hood?

Gesicht falten!

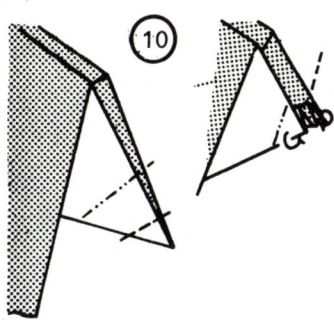

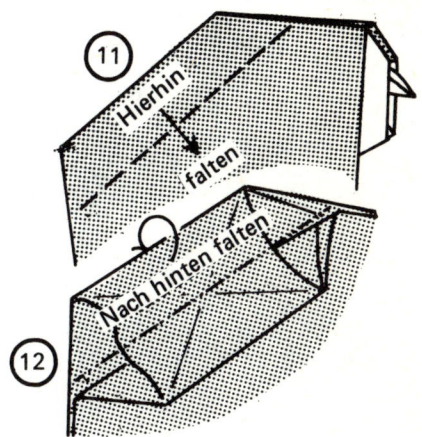

Hand zurechtfalten

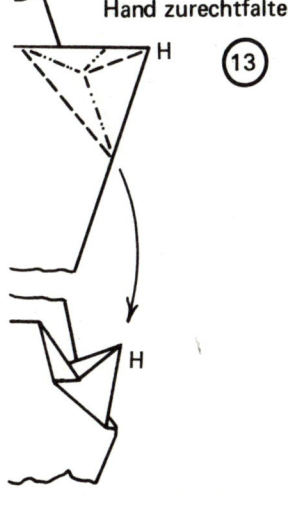

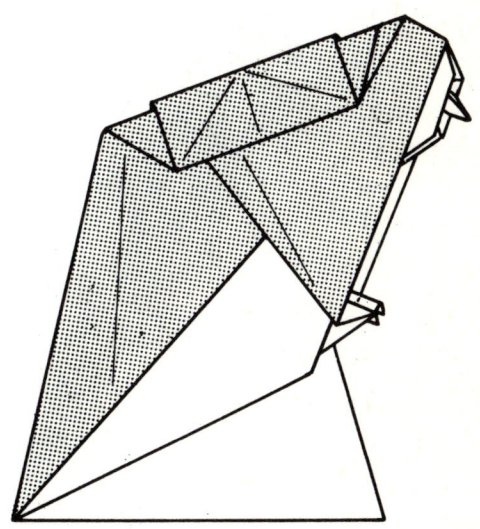

Eichhörnchen von Merton H. Wolfmann, Liverpool, England
Ausgangsform wie bei Pinguin I (Seite 101)

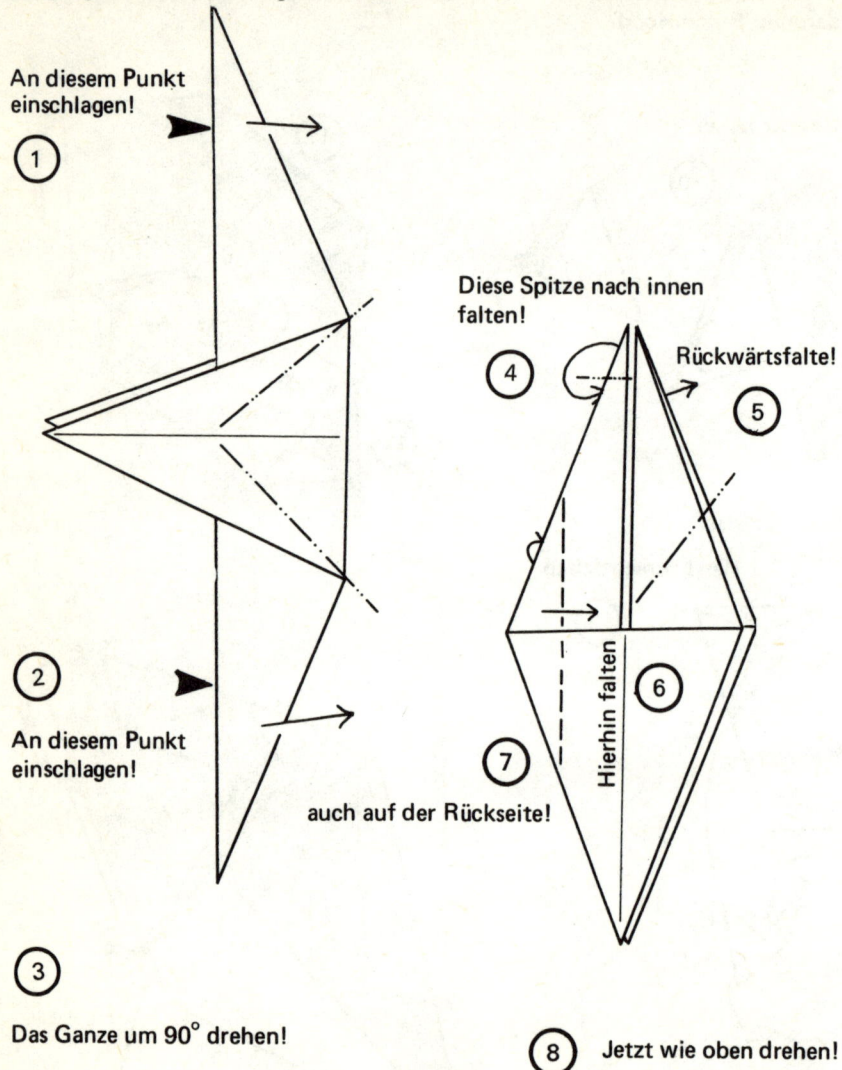

Eichhörnchen (nach gestreckter Vogelform)

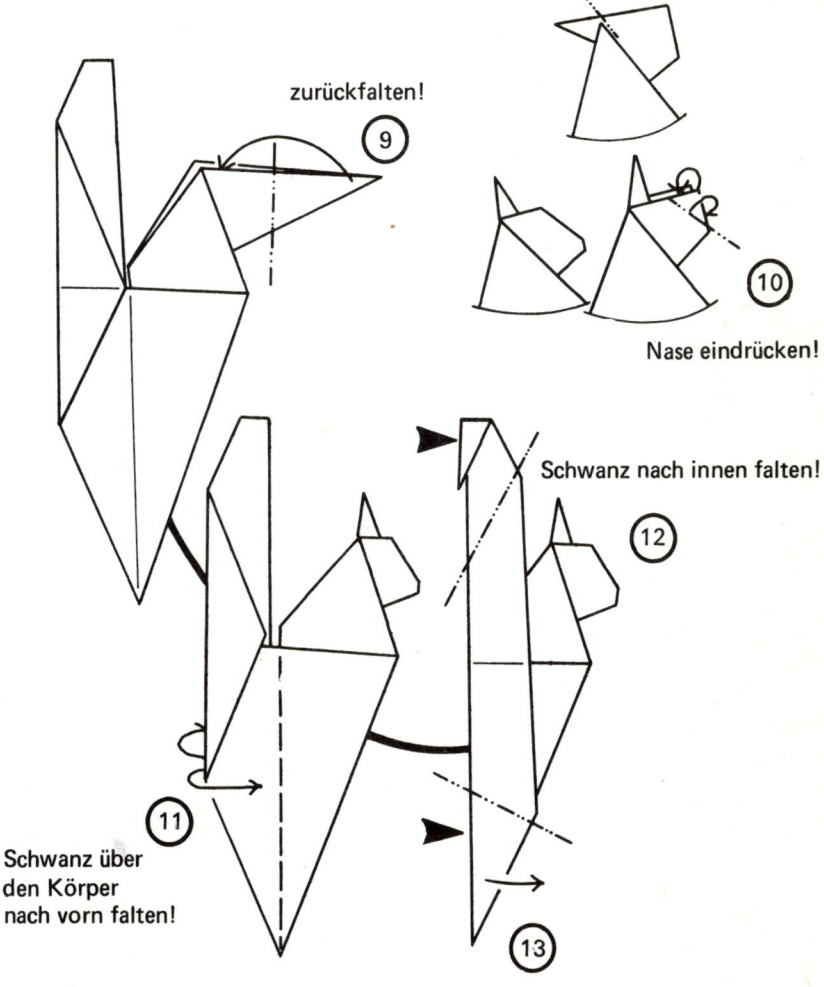

zurückfalten!

Nase eindrücken!

Schwanz nach innen falten!

Schwanz über den Körper nach vorn falten!

Beide Spitzen zurückfalten und nach vorn drücken!

Eichhörnchen (Fortsetzung)

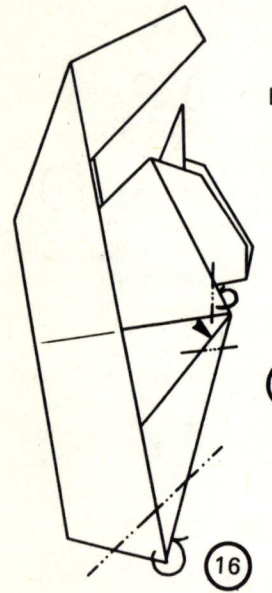

Brust einfalten!

Pfötchen herausfalten!

Spitze zum besseren Stand eindrücken!

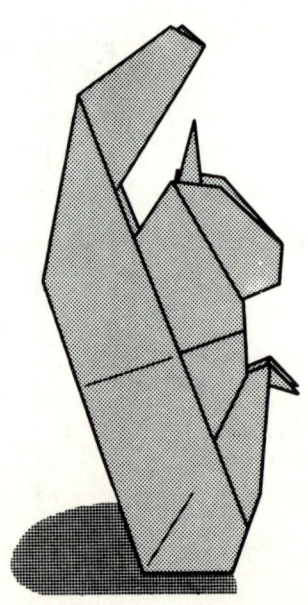

Anstreichermütze von Al Koenig und Mike Modrako, USA
Ausgangsform: ein Zeitungsbogen

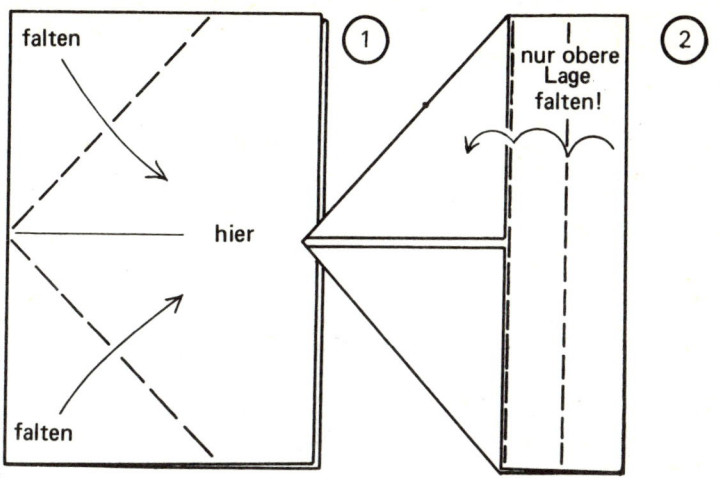

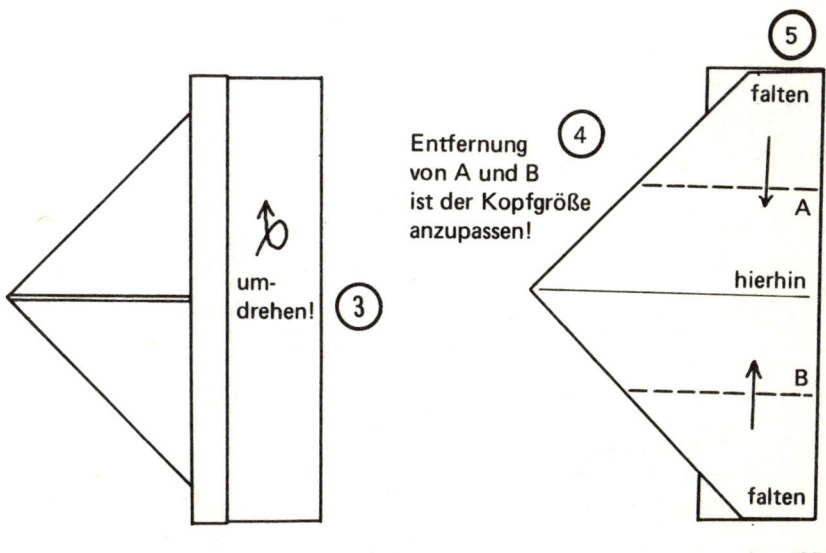

Anstreichermütze (Fortsetzung)
(veröffentlicht in der New Phönix, New York)

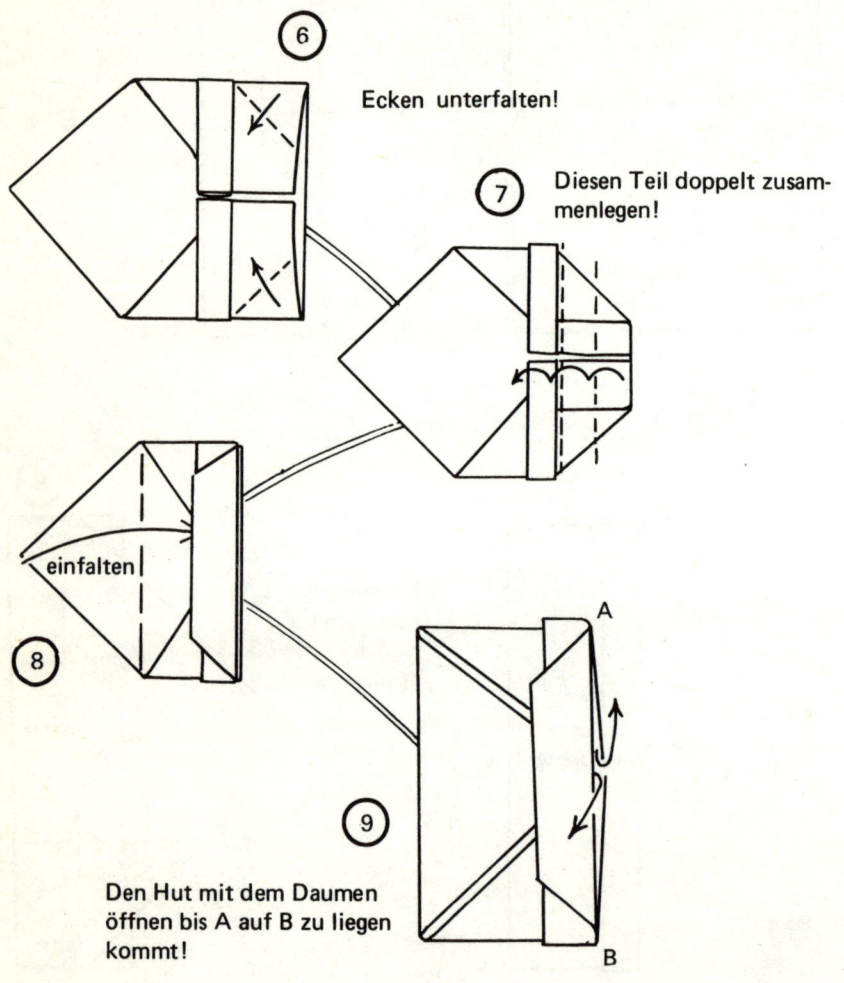

Anstreichermütze (Fortsetzung)
(mit freundlicher Genehmigung des Herausgebers) Jay Marschall

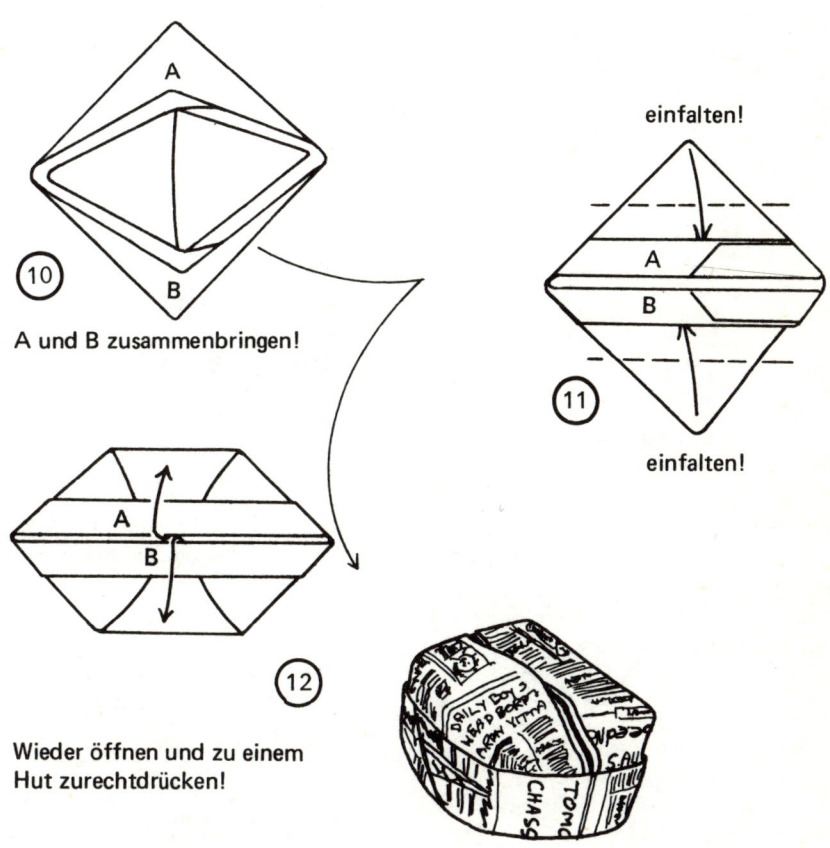

⑩ A und B zusammenbringen!

⑪ einfalten! einfalten!

⑫ Wieder öffnen und zu einem Hut zurechtdrücken!

Dekoration I von Robert Harbin, London. Siehe Mehrzweckform!

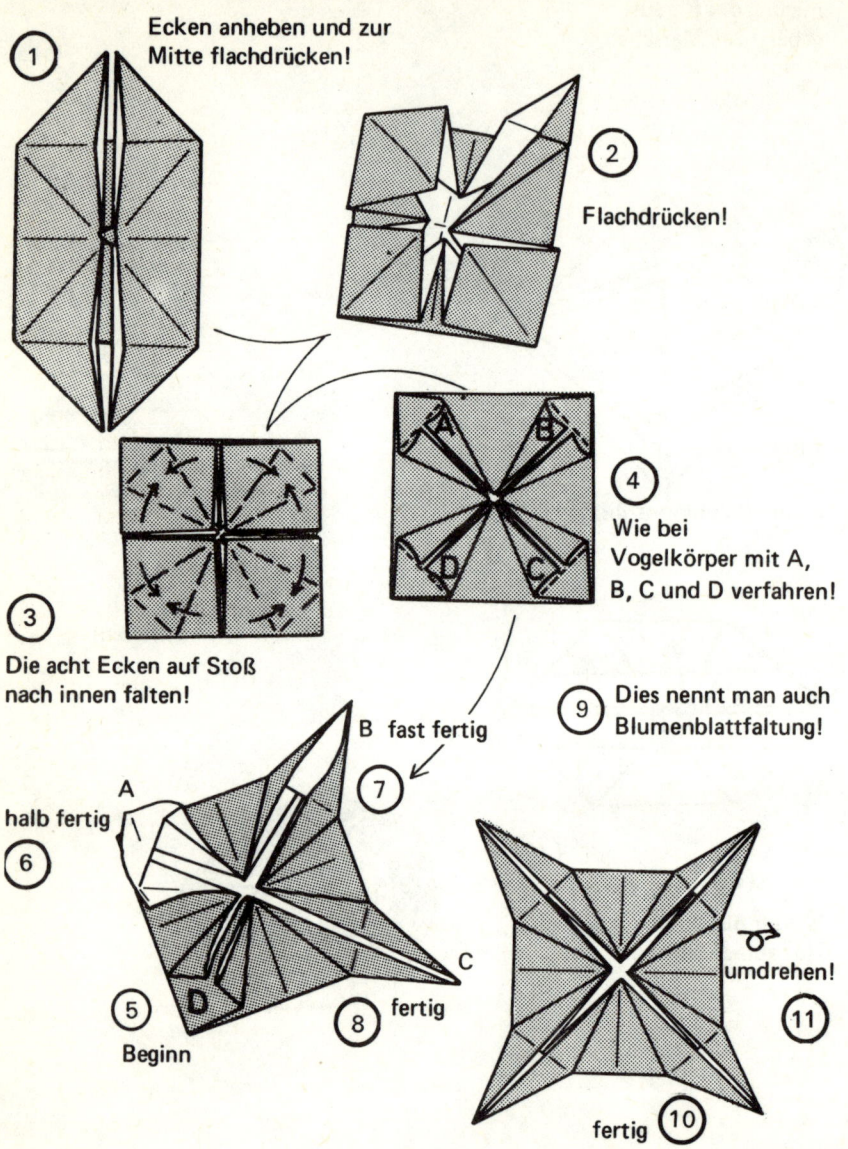

Dekoration I (Fortsetzung)

A B C D zur Mitte auf Stoß falten, daß sich die vier Spitzen aufrichten! ⑫

An den Ecken A B C D etwas drücken! ⑬

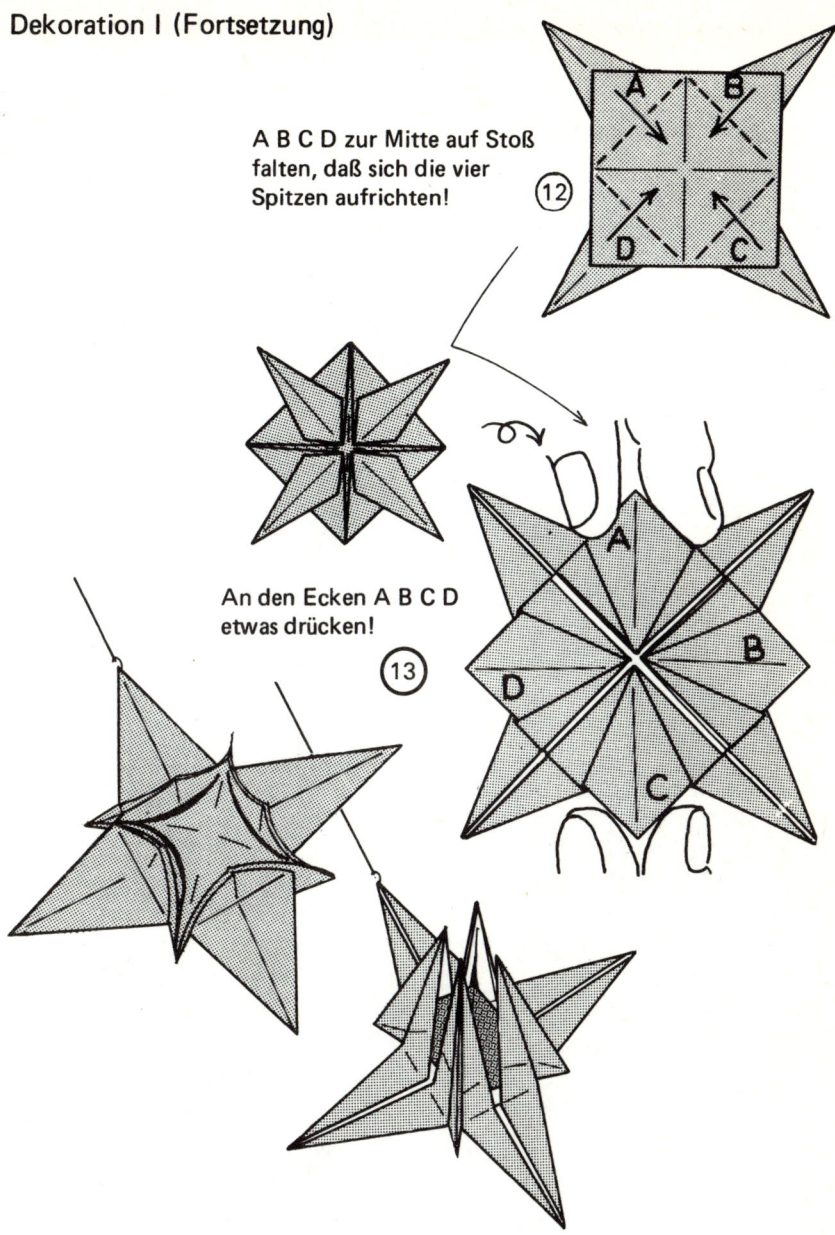

Dekoration II (Von verschiedenen Anhängern des Origami entdeckt)

Ausgangsform: ein Quadrat

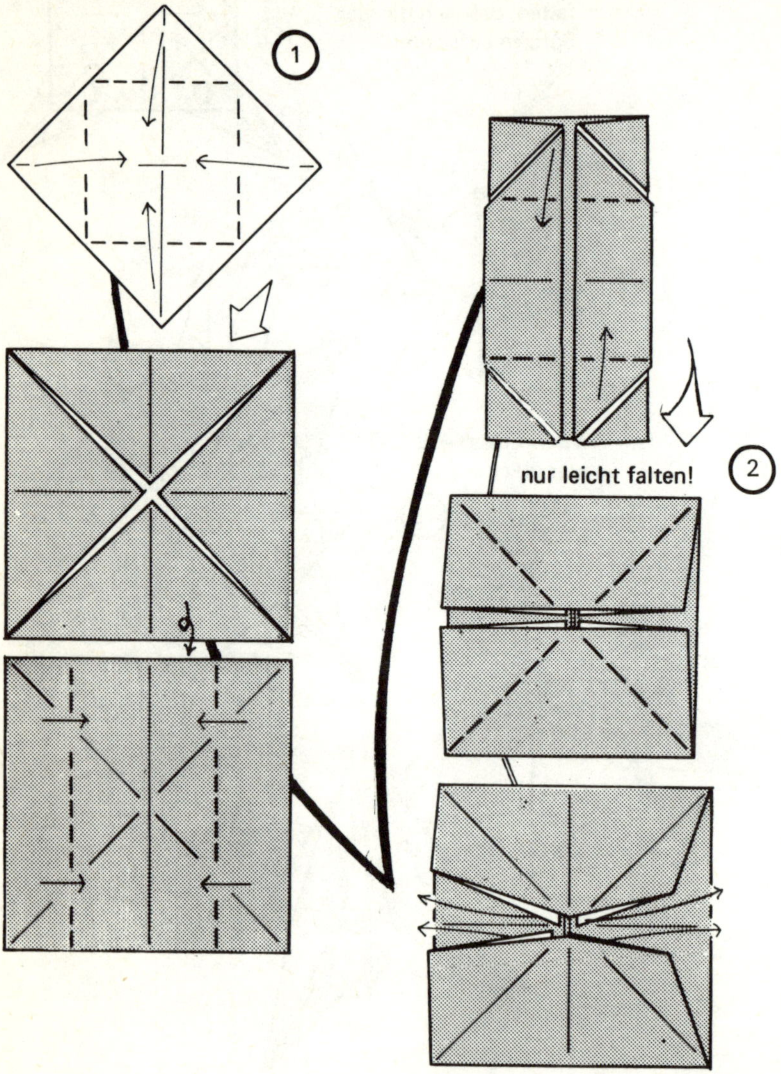

nur leicht falten!

Dekoration II (Fortsetzung)

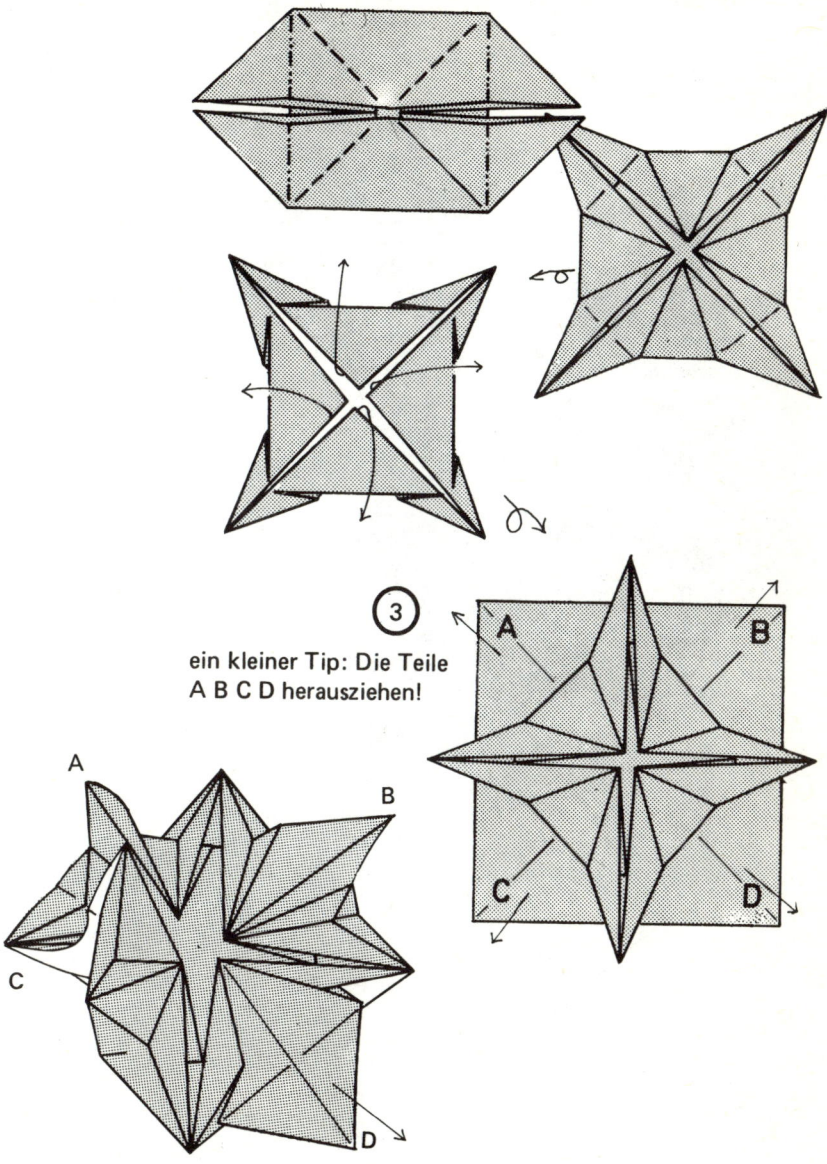

③ ein kleiner Tip: Die Teile A B C D herausziehen!

Dekoration II
(Fortsetzung)

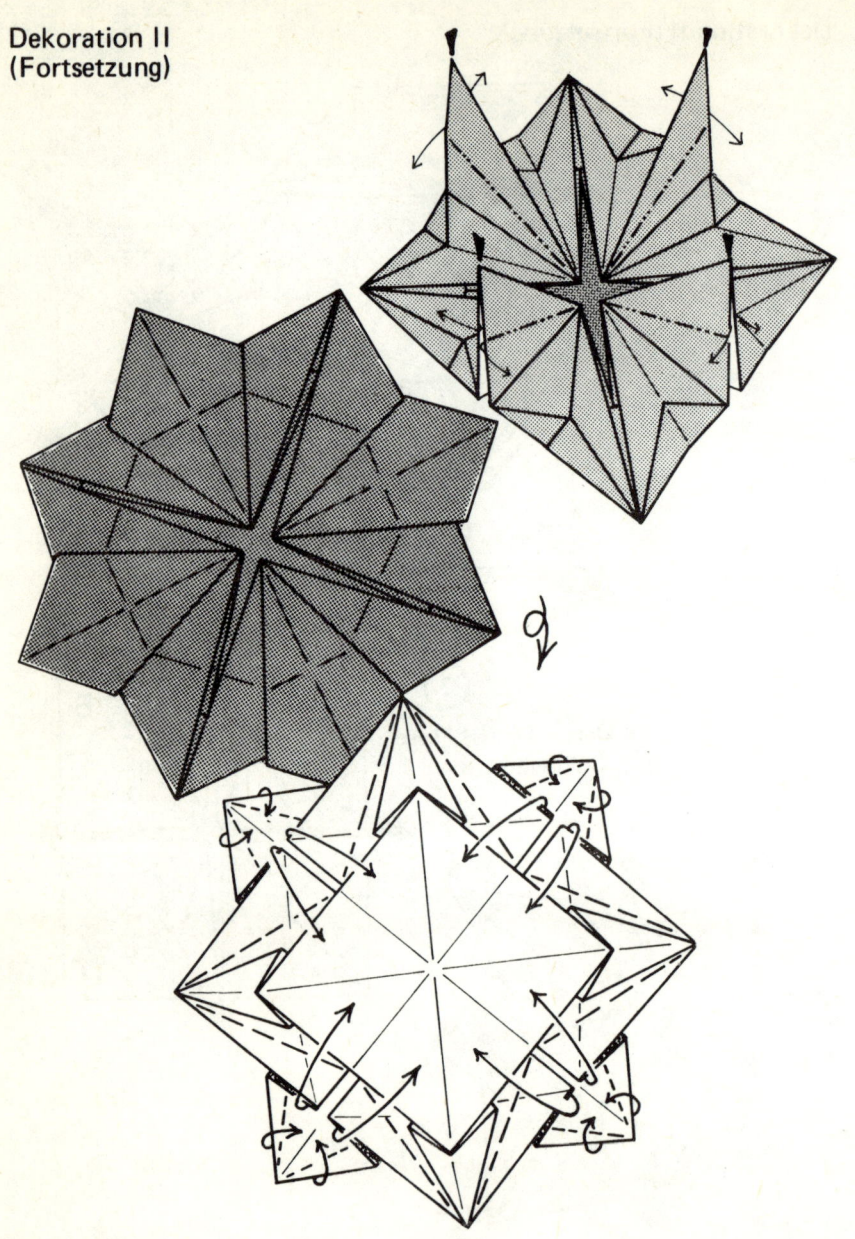

Dekoration II (Fortsetzung)

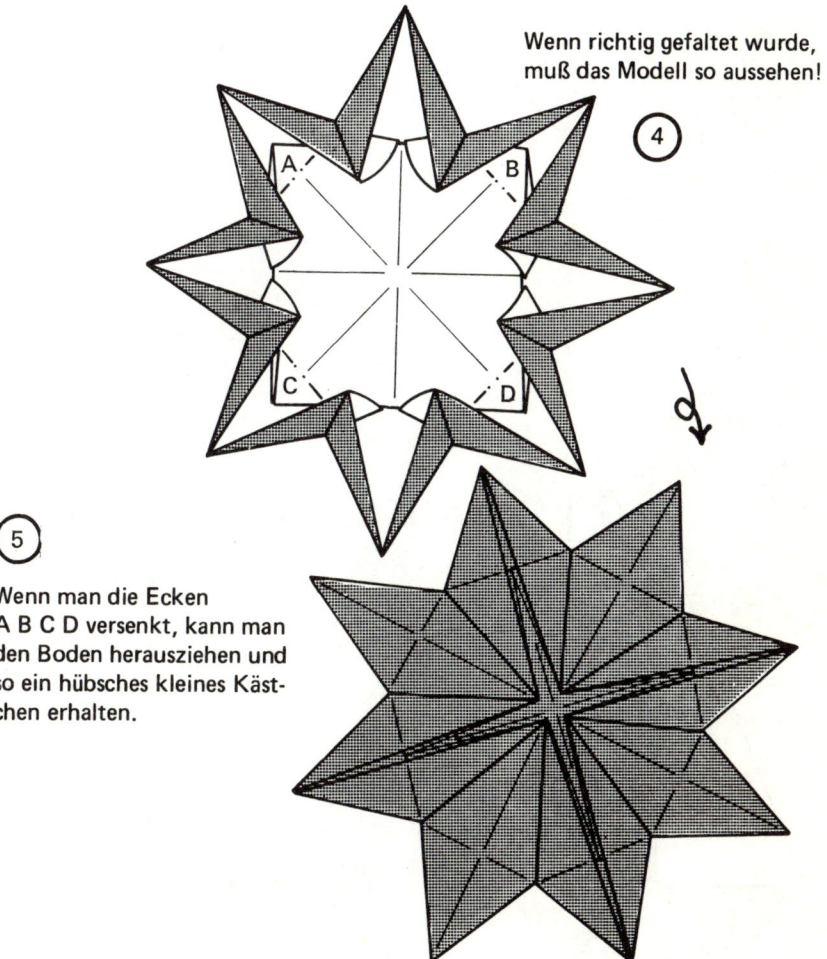

Wenn richtig gefaltet wurde, muß das Modell so aussehen!

Wenn man die Ecken A B C D versenkt, kann man den Boden herausziehen und so ein hübsches kleines Kästchen erhalten.

Japanischer Herr von Robert Harbin, London

Ausgangsform: ein Quadrat

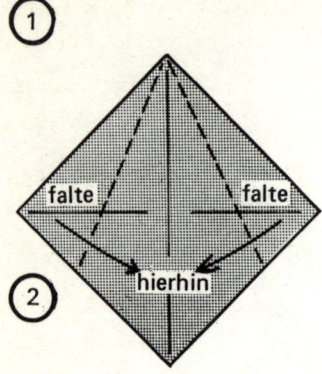

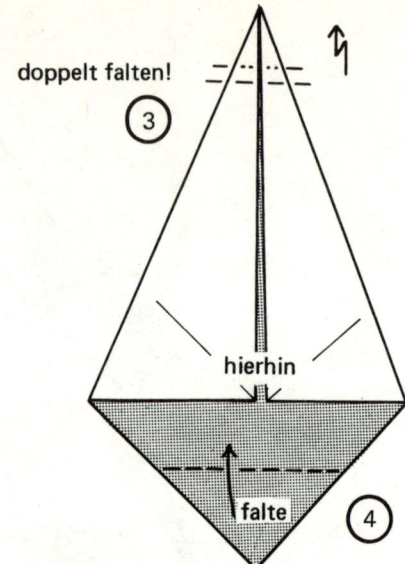

doppelt falten!

Kopf so formen!

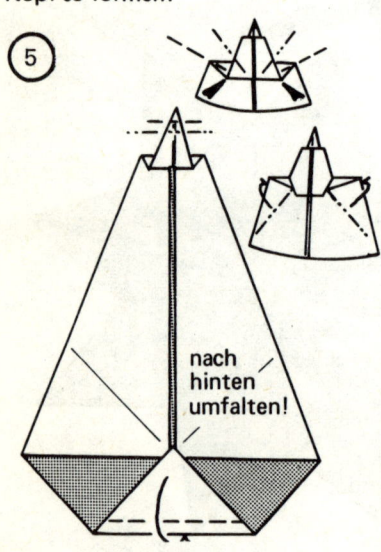

nach hinten umfalten!

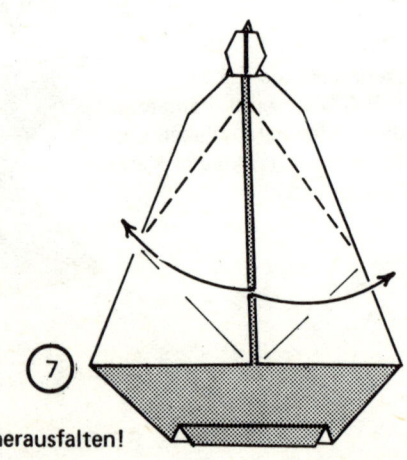

herausfalten!

Japanischer Herr (Fortsetzung)

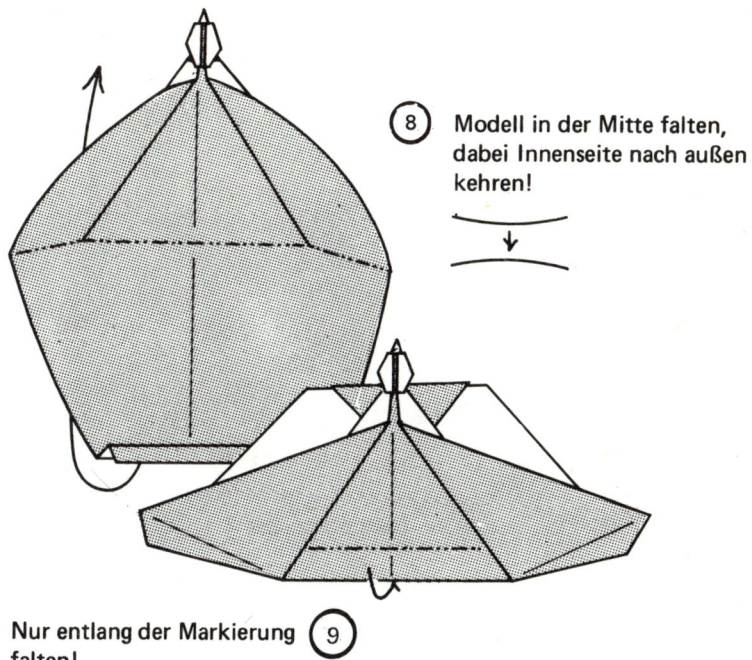

⑧ Modell in der Mitte falten, dabei Innenseite nach außen kehren!

Nur entlang der Markierung ⑨ falten!

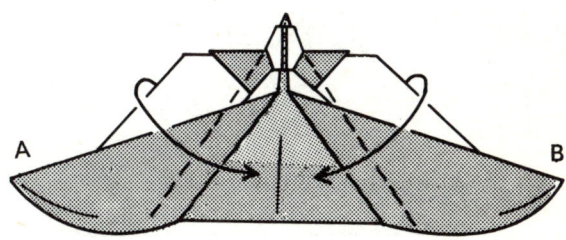

⑩ Entlang der Markierung falten, dabei richten sich A und B auf

Japanischer Herr (Fortsetzung)

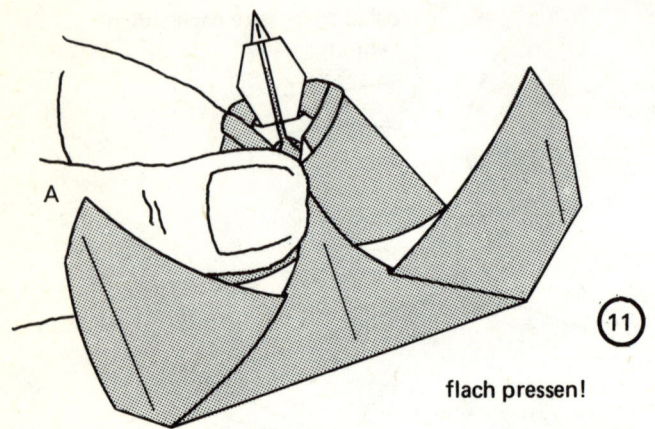

⑪ flach pressen!

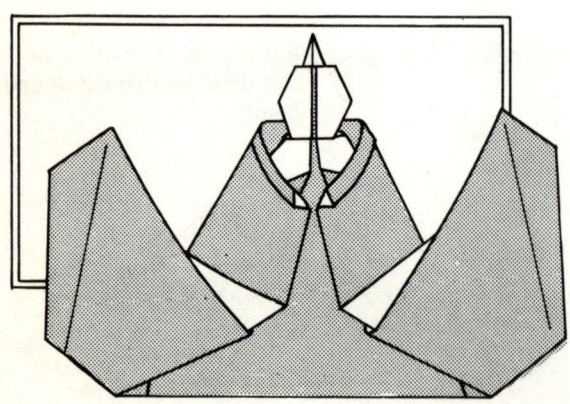

Japanische Dame

Anfangsformen wie bei dem japanischen Herrn

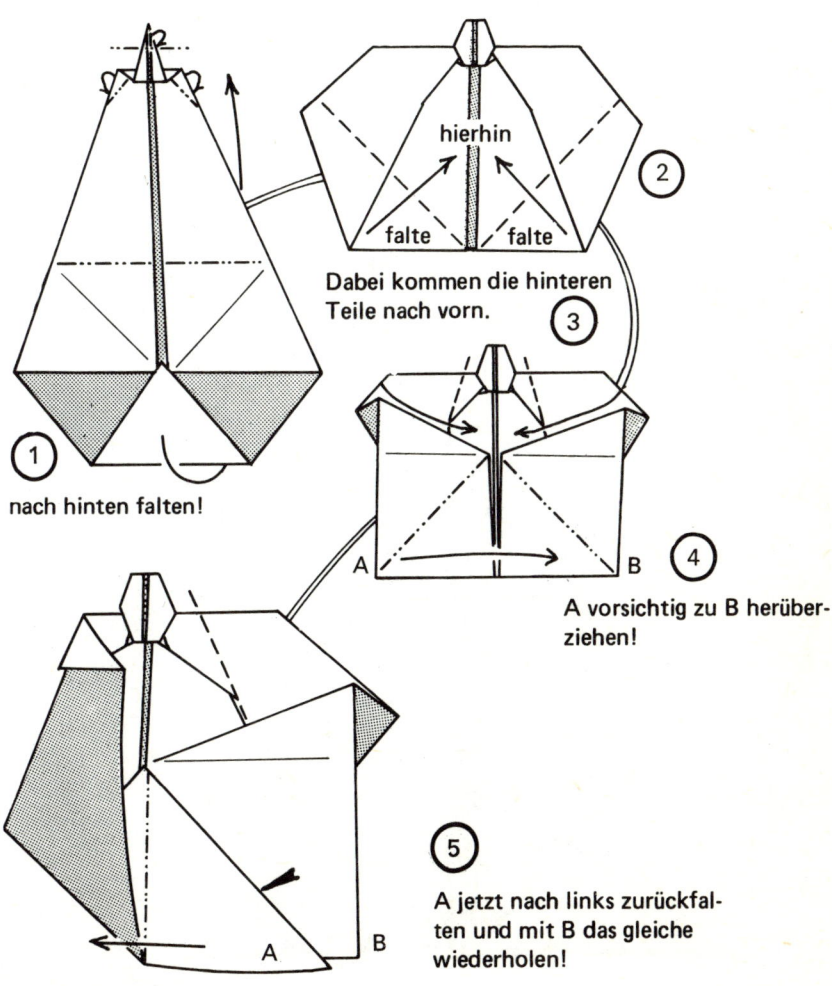

Japanische Dame (Fortsetzung)

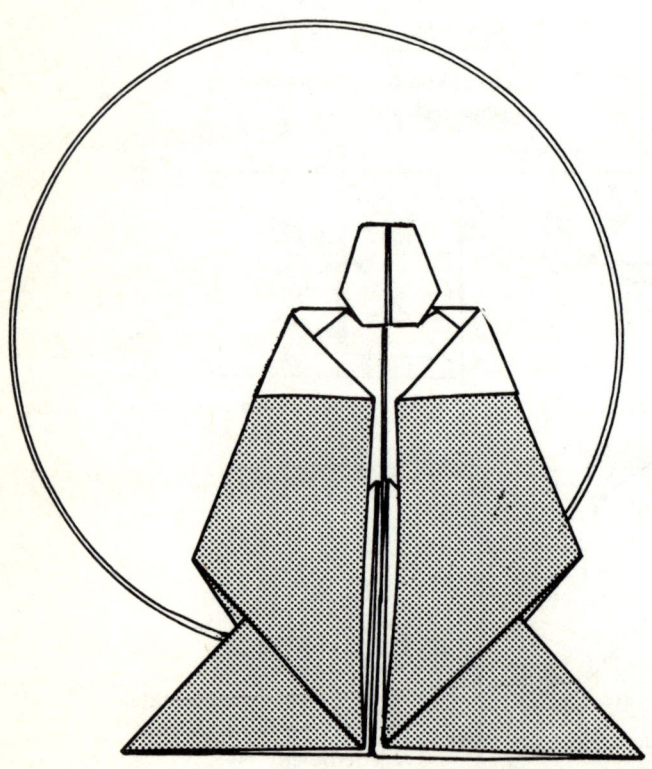

Fisch von Samuel Randlett, Illinois, USA

Ausgangsform Pinguine (Seite 97 u. 98)

① A auf D falten!

② Wieder zurückbiegen und B auf C falten!

③ F hintenherum nach links falten

④ F öffnen!

⑤ Modell mit Bergfalte halbieren

Fisch (Fortsetzung)

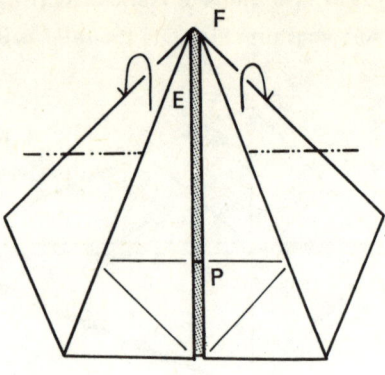

Teil F auf die Rückseite bis zu den Spitzen der hier liegenden Teile falten!

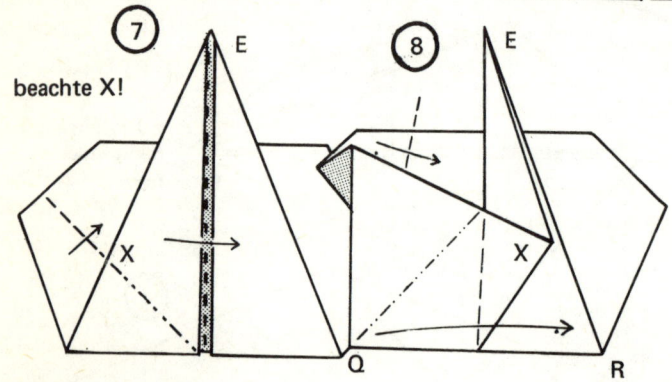

beachte X!

Genau nach Markierung falten und vor allem auf die Berg- und Talfalten achten! Hinterer Teil überdeckt ein umgeklapptes Dreieck!

Q aus dem Versteck hervorholen und auf R klappen! Dort Q mit dem Daumen festhalten und die gespannte Fläche so zurückdrücken, daß Abb. 9 entsteht!

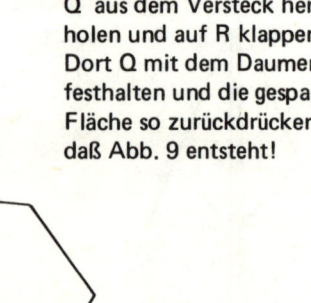

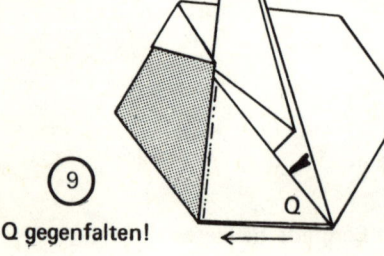

Q gegenfalten!

Fisch (Fortsetzung)

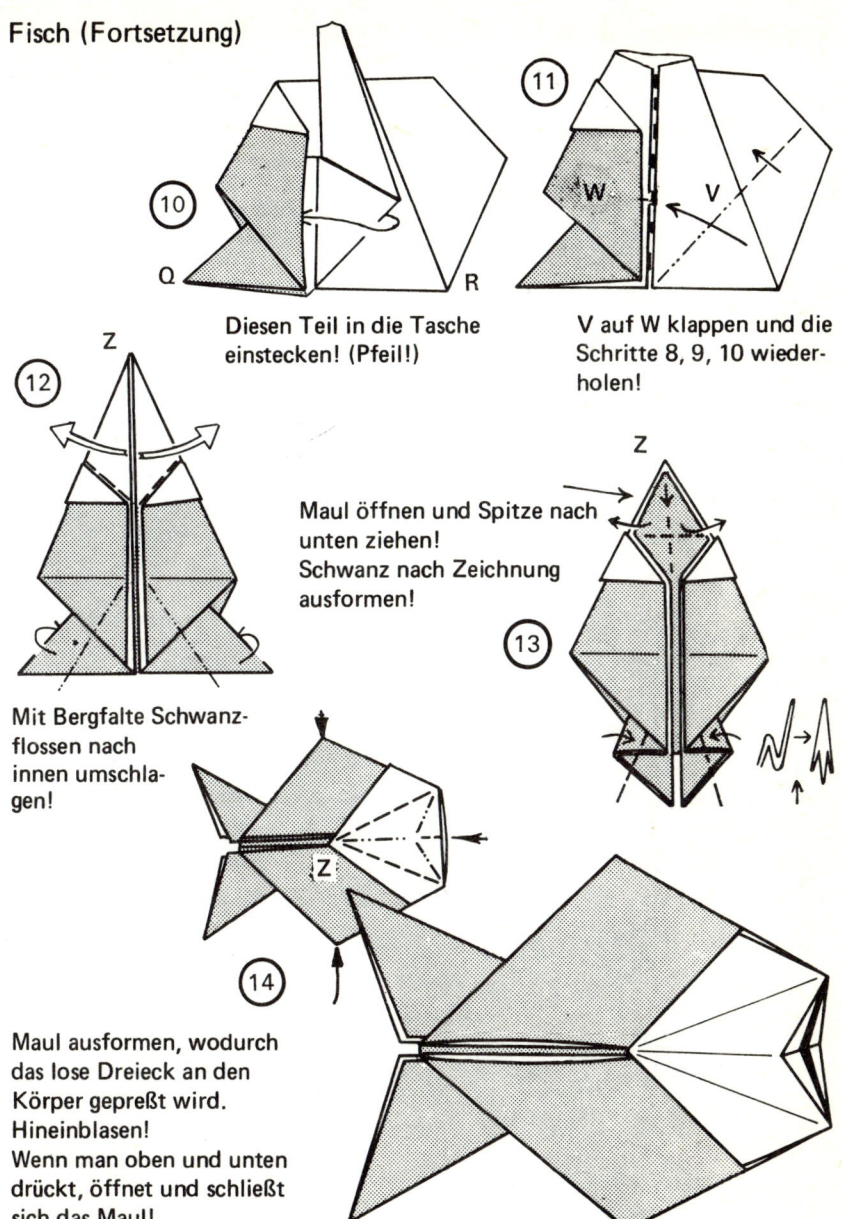

Diesen Teil in die Tasche einstecken! (Pfeil!)

V auf W klappen und die Schritte 8, 9, 10 wiederholen!

Maul öffnen und Spitze nach unten ziehen! Schwanz nach Zeichnung ausformen!

Mit Bergfalte Schwanzflossen nach innen umschlagen!

Maul ausformen, wodurch das lose Dreieck an den Körper gepreßt wird. Hineinblasen!
Wenn man oben und unten drückt, öffnet und schließt sich das Maul!

Dinosaurier von Sidney French, St. Leonard's – on Sea, England

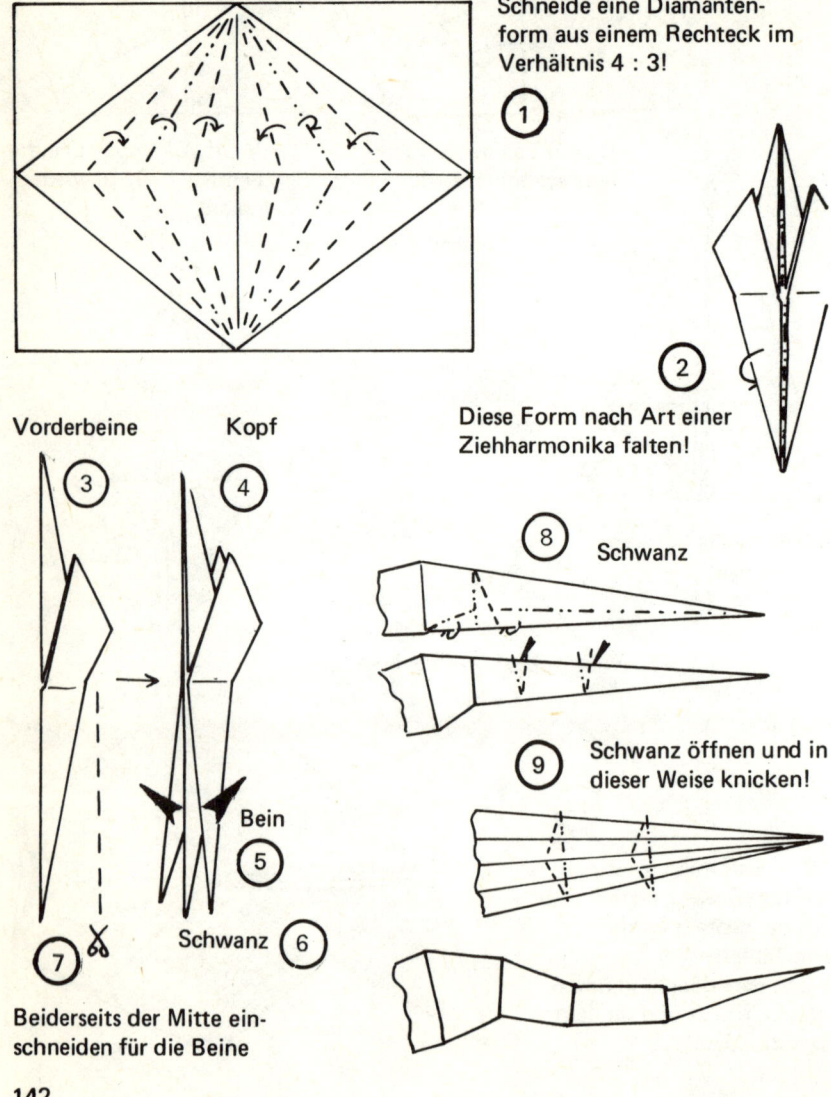

Schneide eine Diamantenform aus einem Rechteck im Verhältnis 4 : 3!

Diese Form nach Art einer Ziehharmonika falten!

Vorderbeine Kopf

Bein

Schwanz

Schwanz öffnen und in dieser Weise knicken!

Beiderseits der Mitte einschneiden für die Beine

Dinosaurier (Fortsetzung)

Kopf und Hals ⑩

öffnen! ⑪

Hinterbeine ⑫

Rückwärtsfalte ⑬

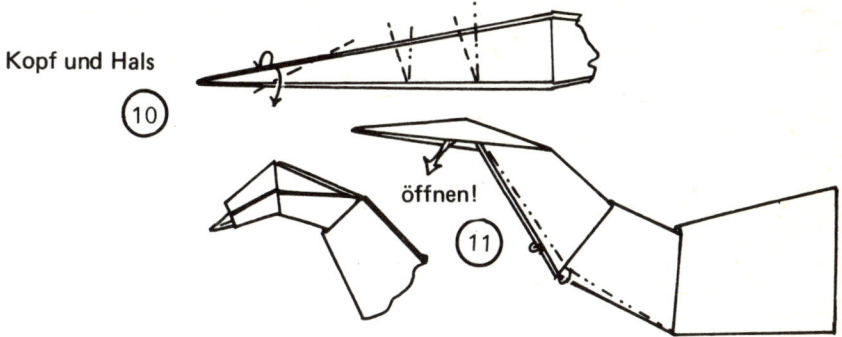
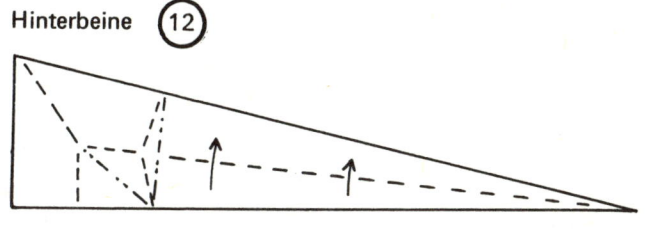
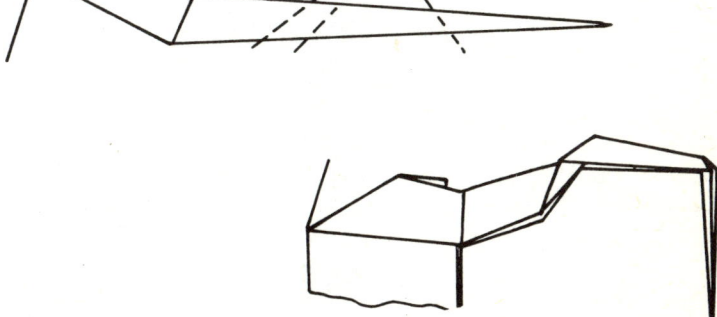

Dinosaurier (Fortsetzung)

Vorderbeine (14)

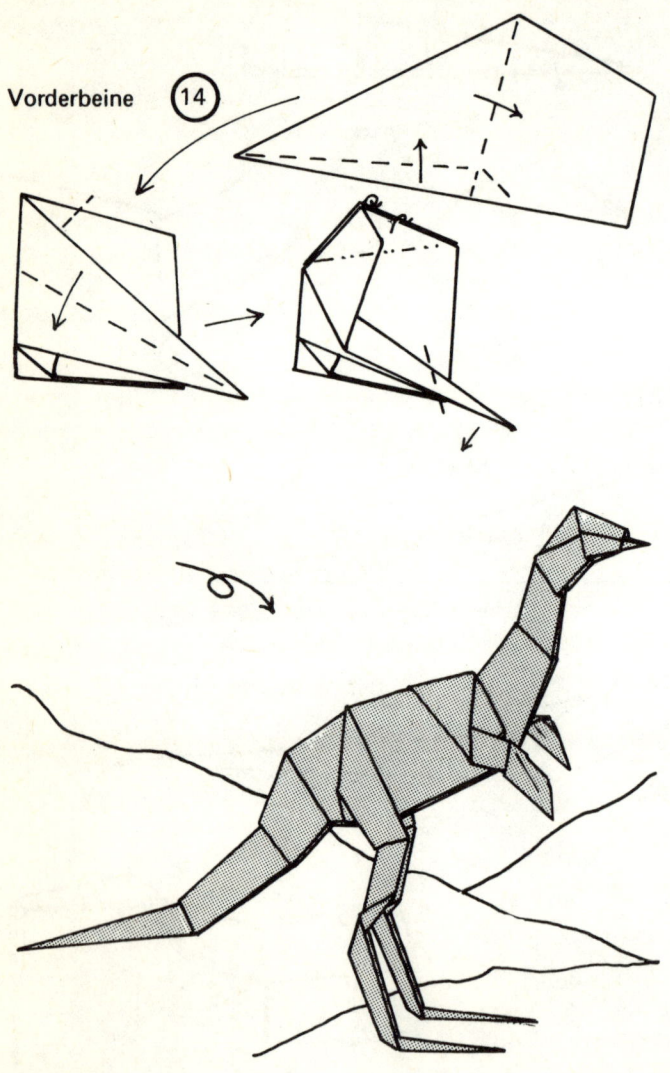

Aladins Wunderlampe von Neale Elias, Ohio, USA

Ausgangsform: ein aus zwei Quadraten bestehendes Rechteck, das in der Mitte angeschnitten ist.

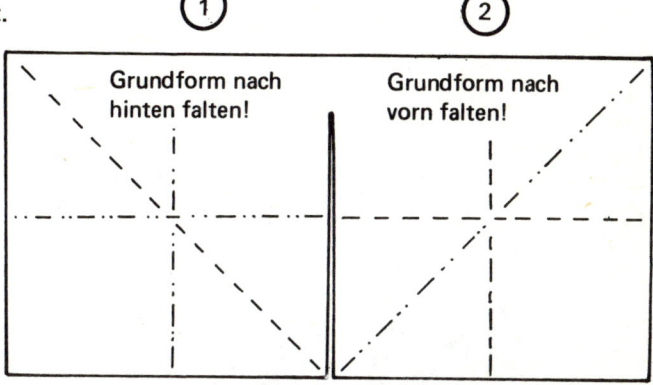

① Grundform nach hinten falten!

② Grundform nach vorn falten!

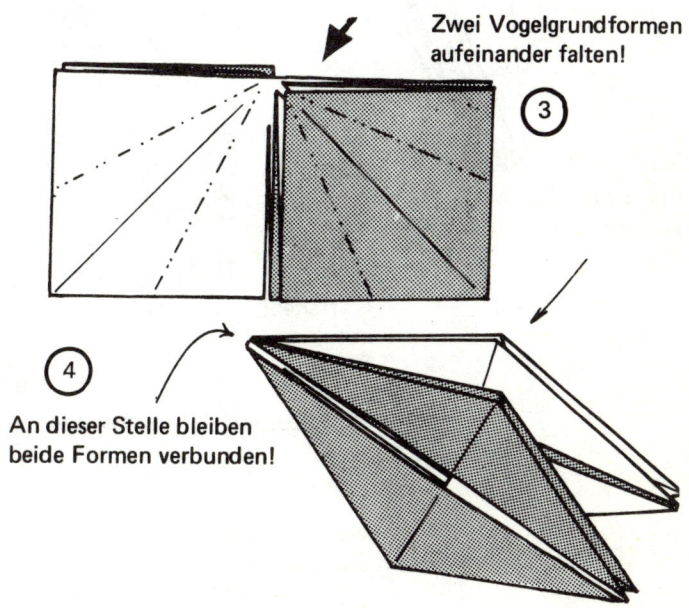

③ Zwei Vogelgrundformen aufeinander falten!

④ An dieser Stelle bleiben beide Formen verbunden!

Aladins Wunderlampe (Fortsetzung)

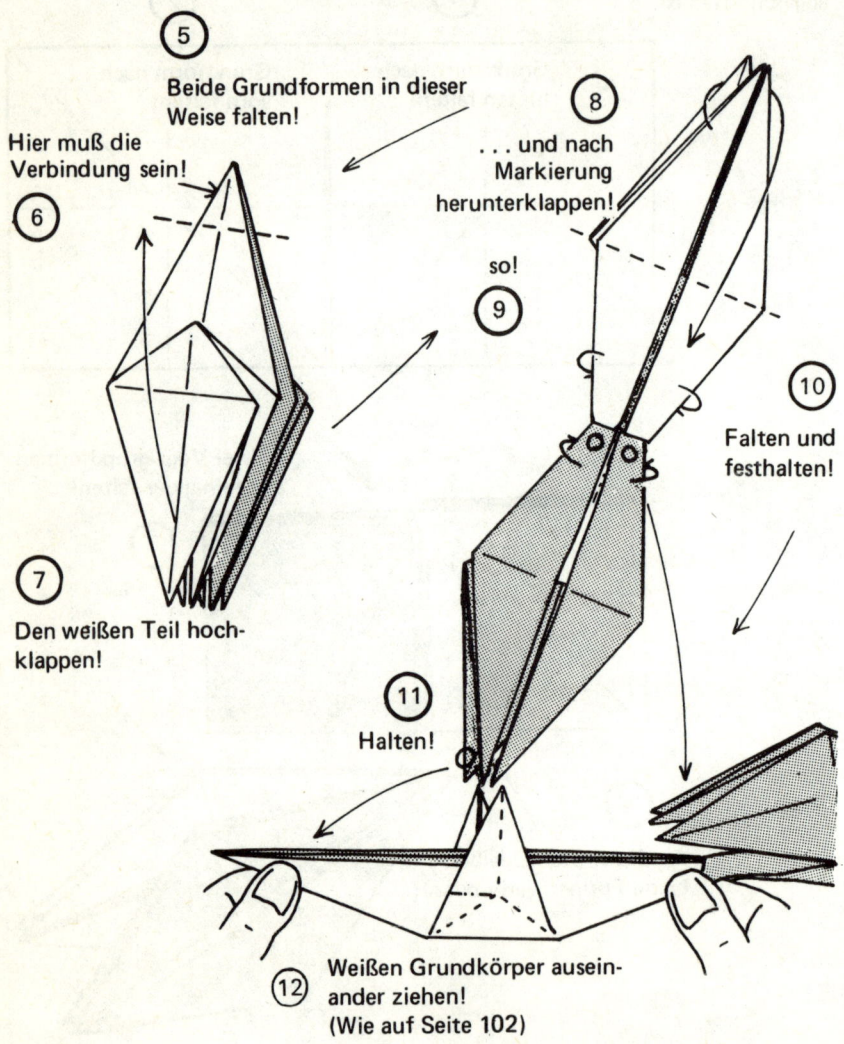

Aladins Wunderlampe (Fortsetzung)

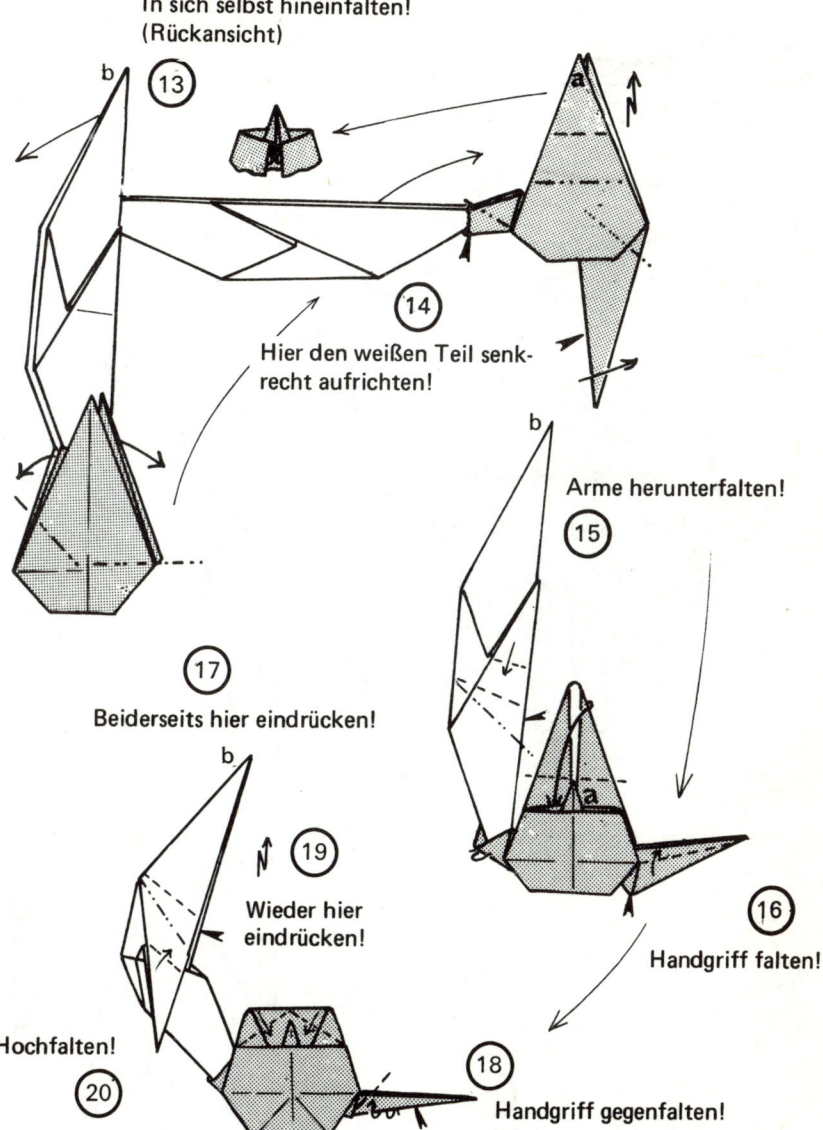

Aladins Wunderlampe (Fortsetzung)

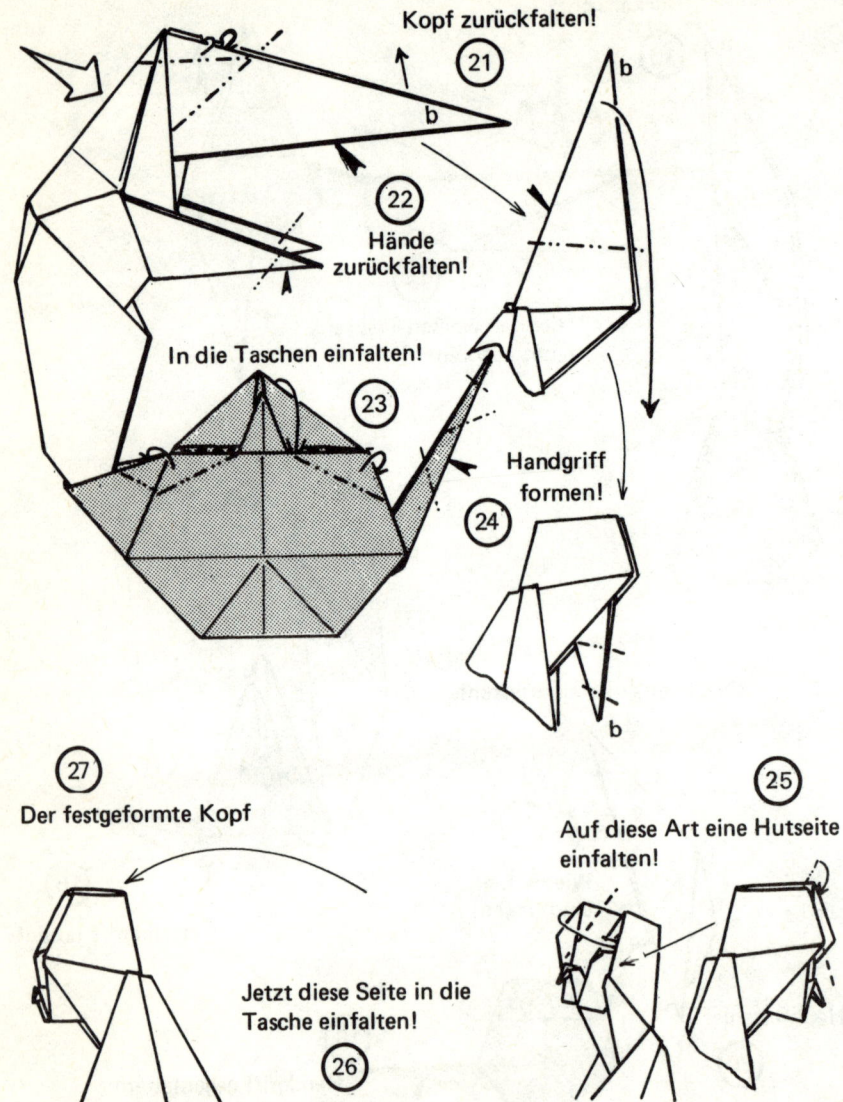

Aladins Wunderlampe (Fortsetzung)

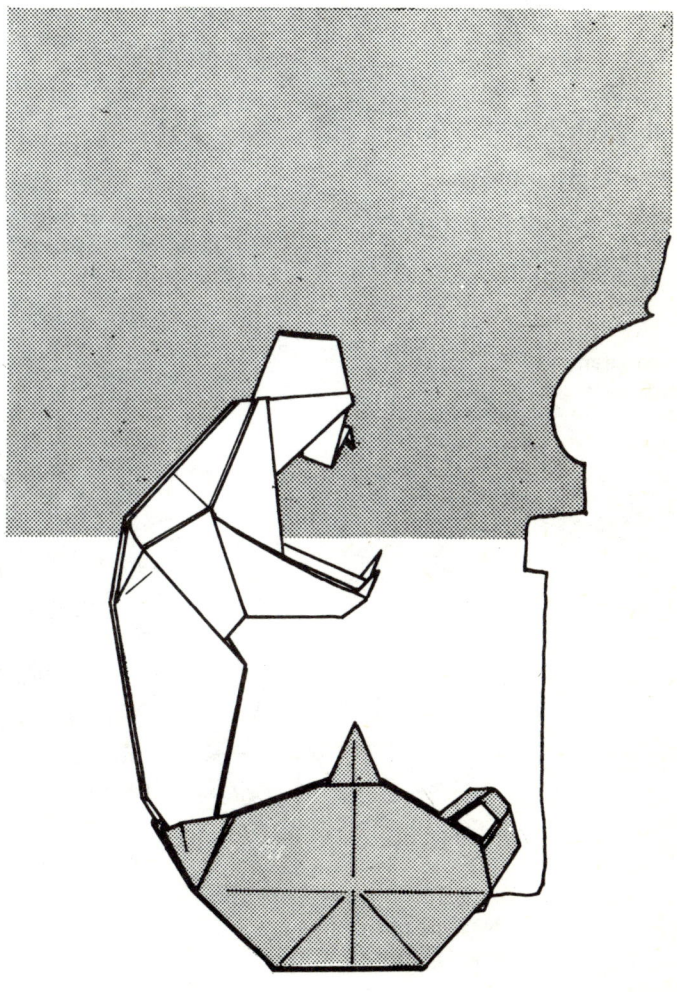

Straußenvogel mit Reiter von Robert Harbin, London

Ausgangsform: Grundkörper des Vogels

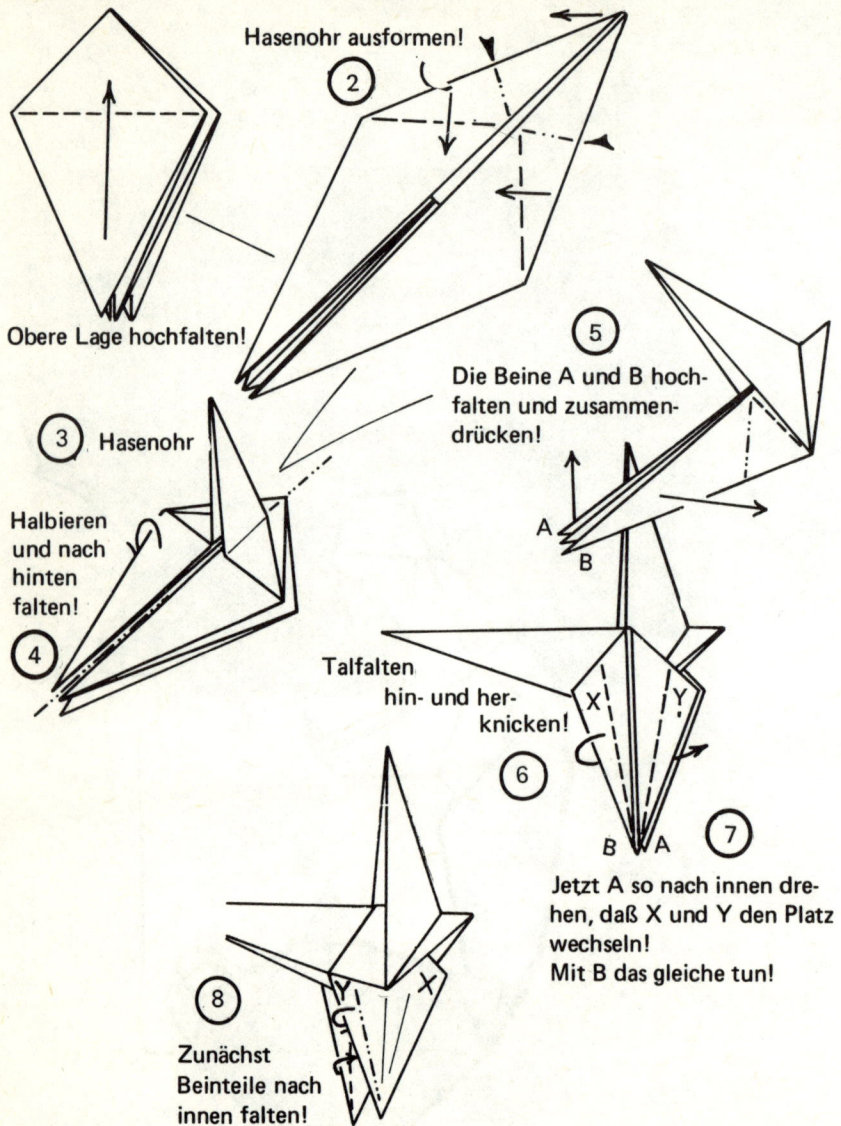

Straußenvogel (Fortsetzung)

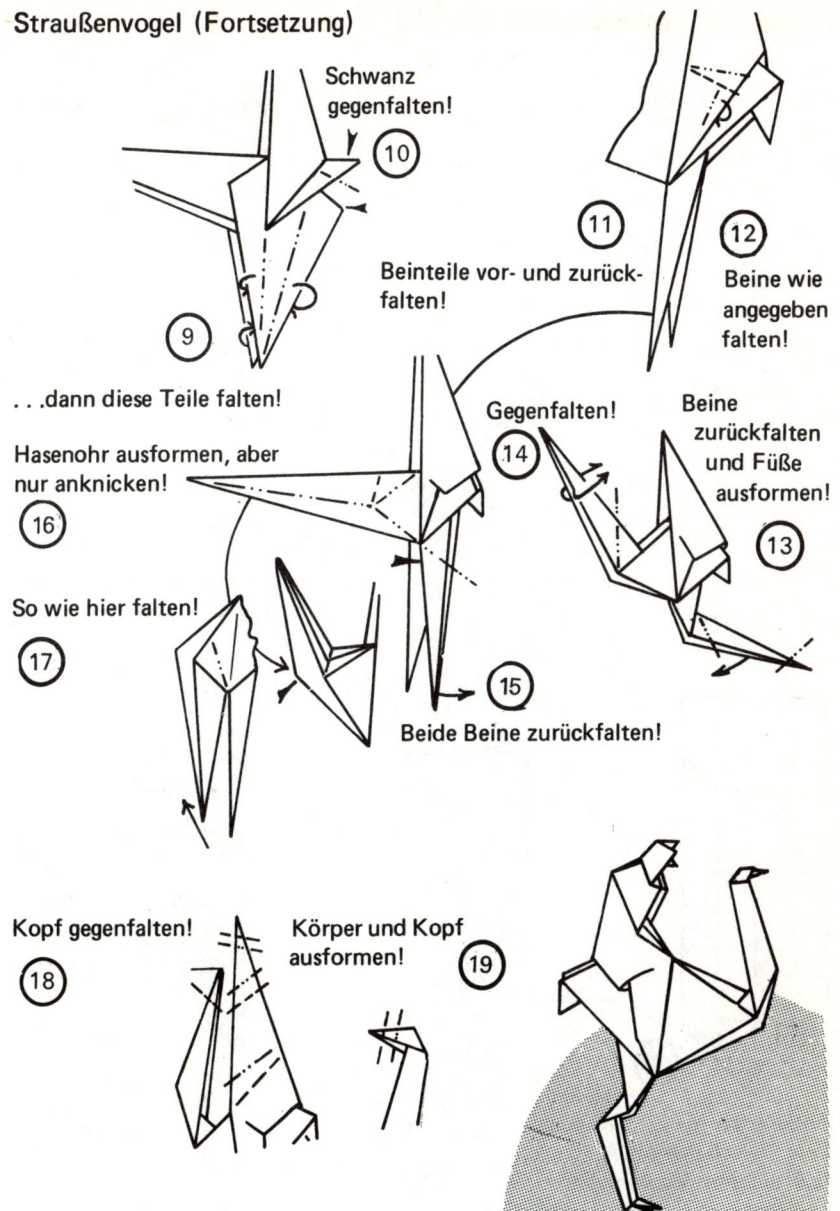

Kirche von Iris Walker, Hull, England

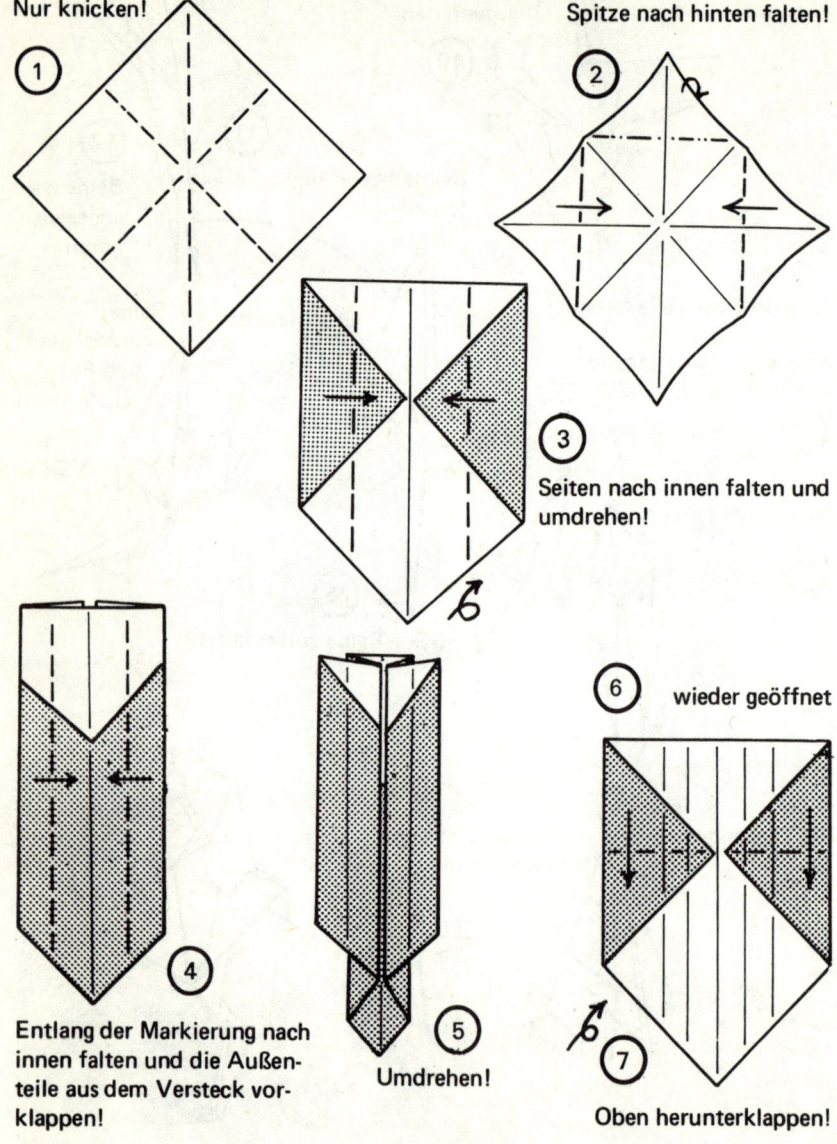

Kirche (Fortsetzung)

⑧ Ecken eindrücken! Es entsteht die Grundform der Wasserbombe.

⑨ Ecken hochfalten

⑩ Ecken anheben und platt drücken!

⑪ Nach Markierung falten! A und B flachdrücken!

⑫ X hochfalten!

⑬ X festhalten und nach Y ziehen!

⑭ Modell in die vorgegebenen Falten eindrücken!

153

Kirche (Fortsetzung)

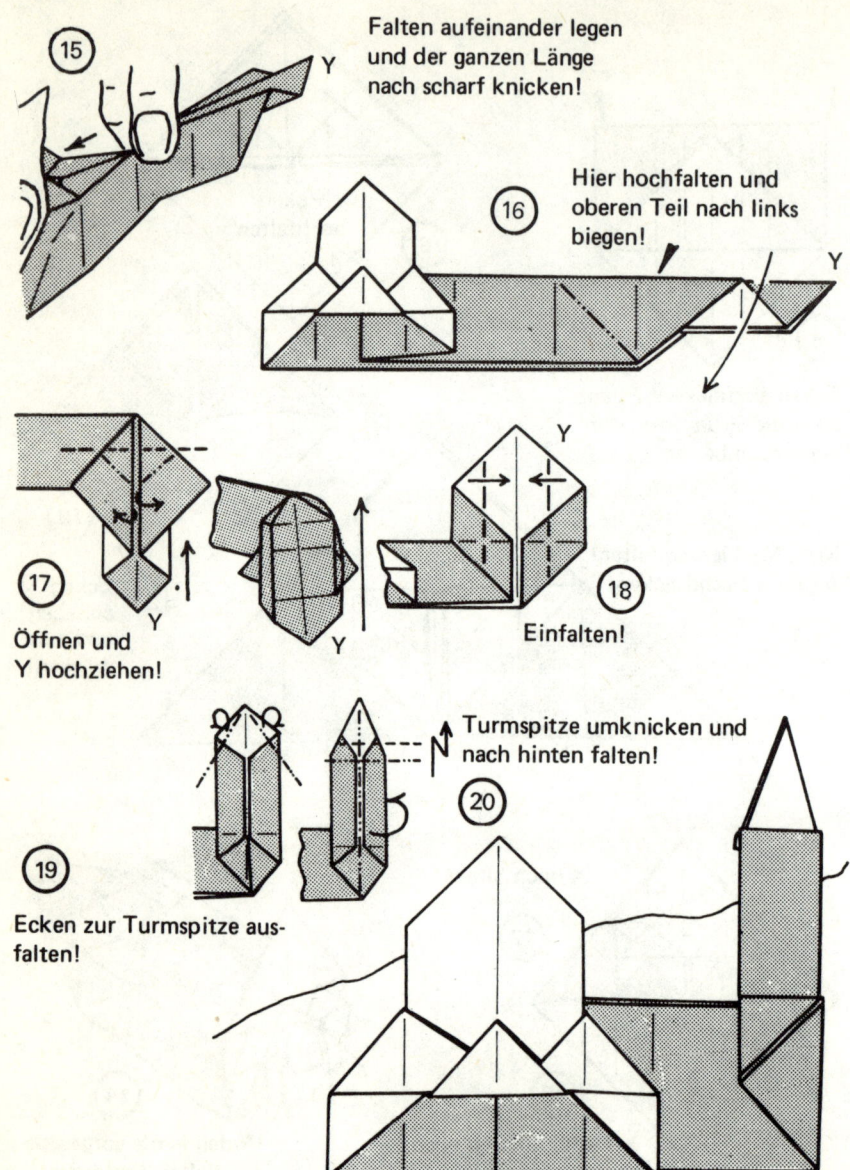

Der ausgelassene Elefant
von Tim Ward und Trev Hatchett, Oxford Universität

Ausgangsform: ein Quadrat

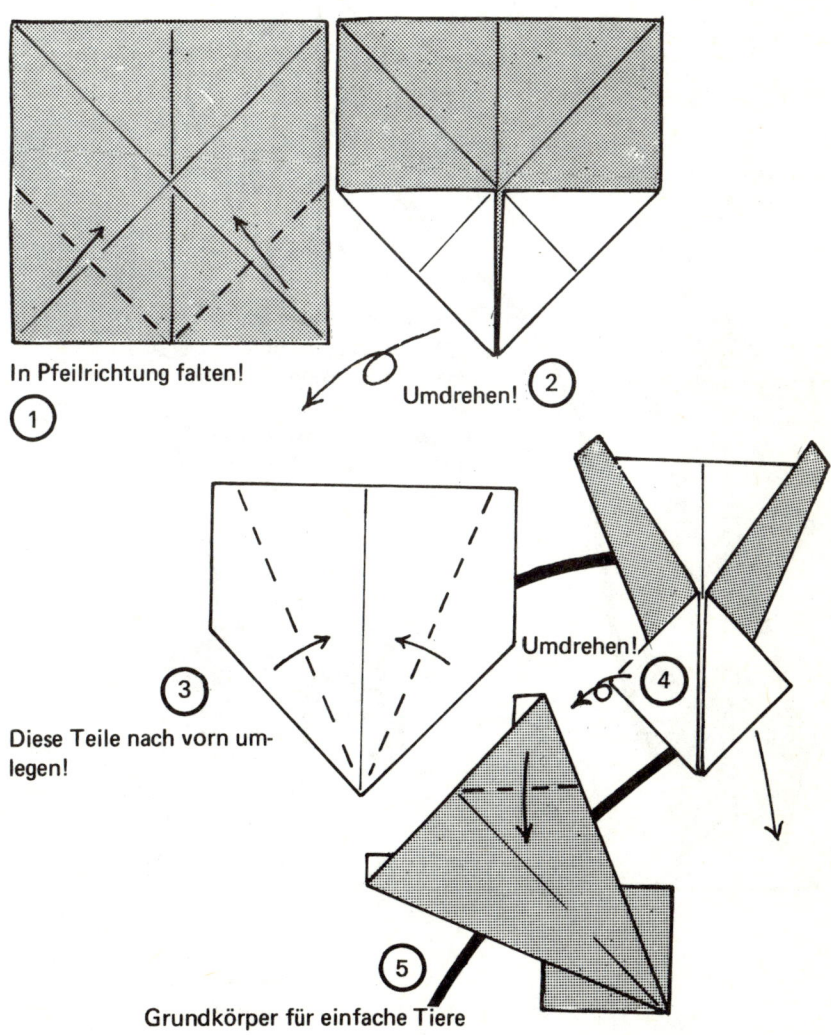

In Pfeilrichtung falten! ①

Umdrehen! ②

③ Diese Teile nach vorn umlegen!

Umdrehen! ④

⑤ Grundkörper für einfache Tiere

Elefant (Fortsetzung)

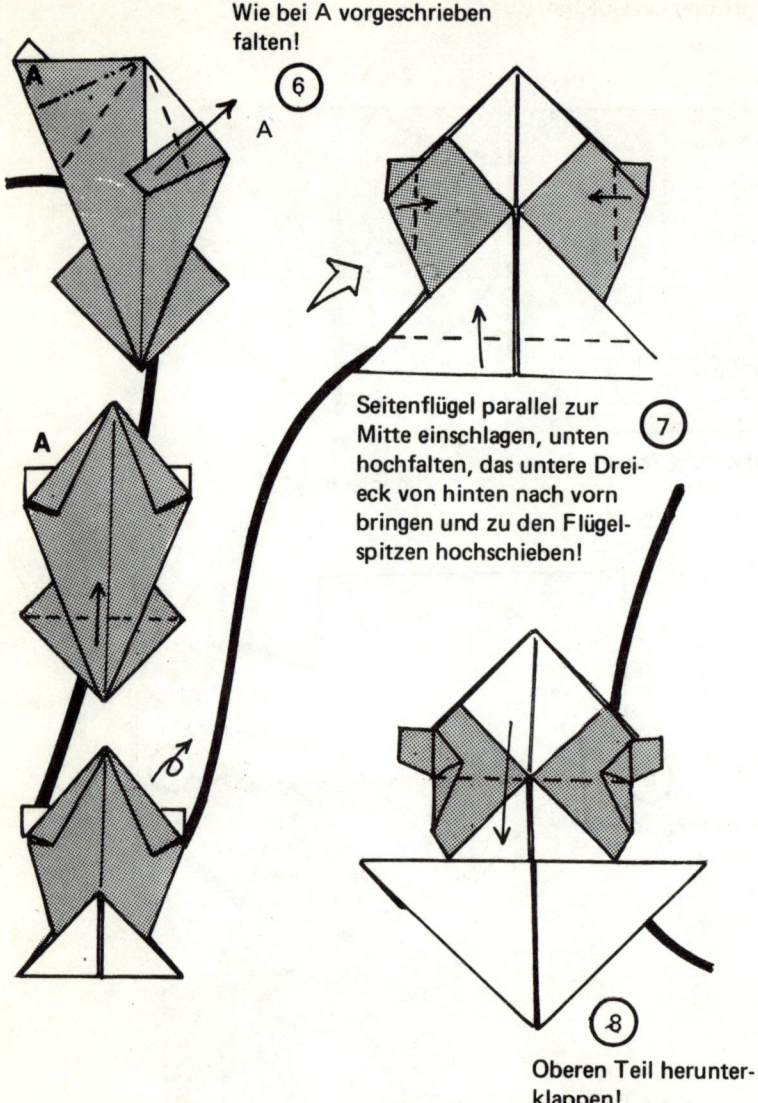

Wie bei A vorgeschrieben falten!

Seitenflügel parallel zur Mitte einschlagen, unten hochfalten, das untere Dreieck von hinten nach vorn bringen und zu den Flügelspitzen hochschieben!

Oberen Teil herunterklappen!

Elefant (Fortsetzung)

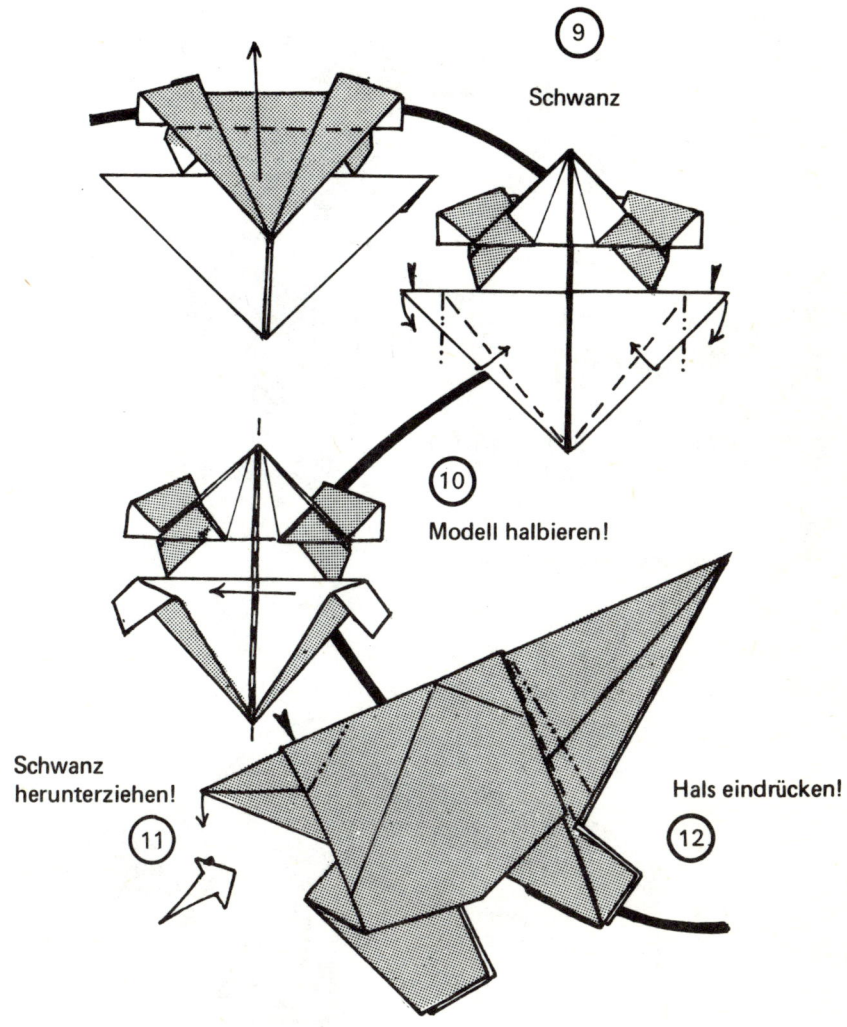

Elefant (Fortsetzung)

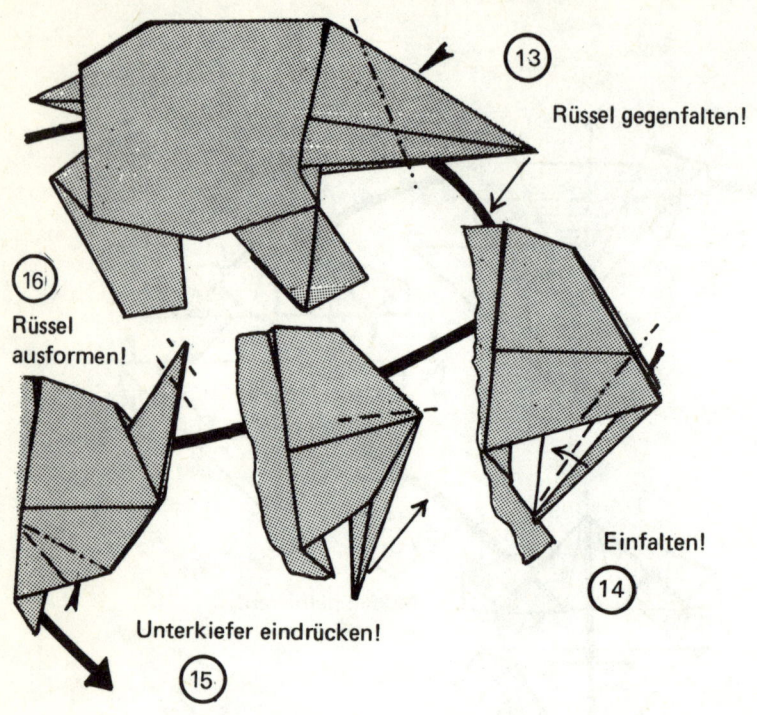

Rüssel gegenfalten!

Rüssel ausformen!

Einfalten!

Unterkiefer eindrücken!

Schwäne von Tim Ward und Trev Hatchett

Ausgangsform: Vogelgrundkörper

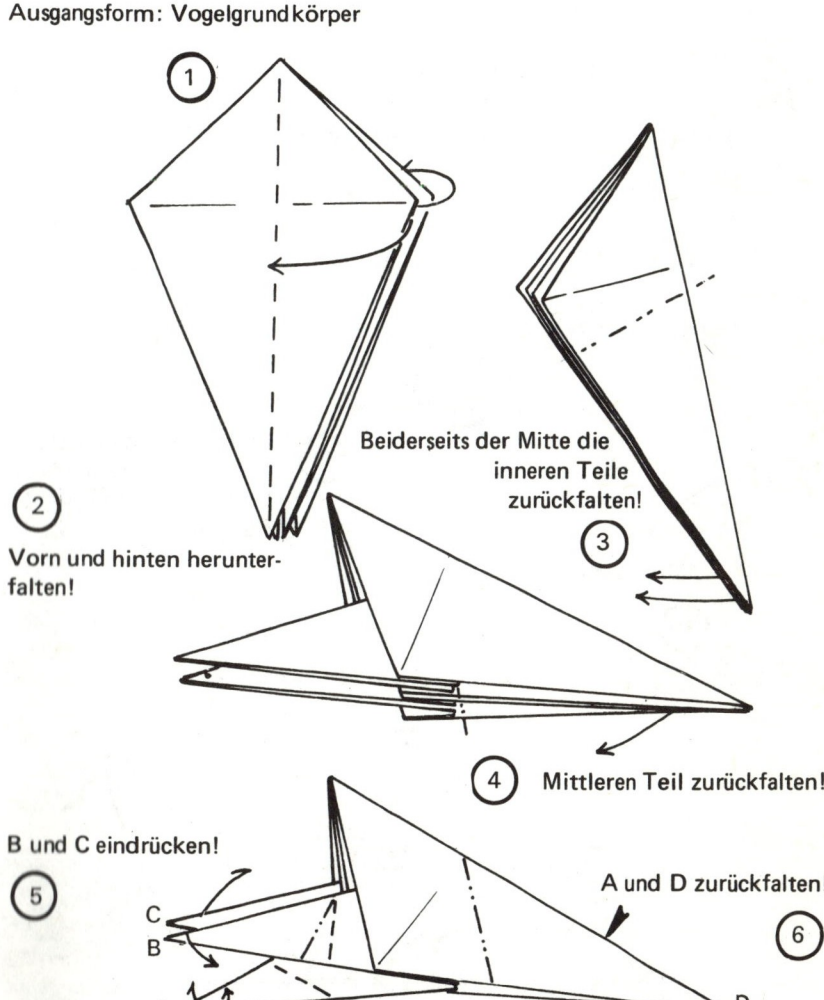

② Vorn und hinten herunterfalten!

③ Beiderseits der Mitte die inneren Teile zurückfalten!

④ Mittleren Teil zurückfalten!

⑤ B und C eindrücken!

⑥ A und D zurückfalten!

Arbeiten mit Ton. (5048) Von Johann Fricke, Fernsehbegleitbuch, 128 Seiten mit 166 Schwarzweißfotos und 15 Farbtafeln, kartoniert, **DM 14,80**
Töpfern als Kunst und Hobby (4073) Von Johann Fricke, 136 S., davon 40 vierfarb., gbd., mit vierfarb. Schutzumschl., ca. **DM 29,80***
Keramik kreativ gestalten. (5072) Von Ewald Stark, 64 Seiten, 117 Farbfotos und 2 Zeichnungen, Pappband, **DM 9,80**
Zinngießen leicht gemacht. (5076) Von Käthi Knauth, 64 Seiten, 85 Farbfotos, Pappband, **DM 9,80**
Modellieren mit selbsthärtendem Material. (5085) Von Klaus Reinhardt, 64 Seiten, 93 Farbfotos, Pappband, **DM 9,80**
Schmuck und Objekte aus Metall und Email. (5078) Von Johann Fricke, 120 Seiten, 183 farbige und schwarzweiße Abbildungen, kartoniert, **DM 16,80**
Hinterglasmalerei – leicht gemacht. (5062) Von Horst Hennicke, 64 Seiten, 63 Abbildungen, 2 Zeichnungen, durchgehend vierfarbig, Pappband, **DM 9,80**
Transparente Glasmalerei – leicht gemacht. (5064) Von Felizitas Krettek, 64 Seiten mit 62 vierfarbigen Abbildungen, Pappband, **DM 9,80**
Ölmalerei leicht gemacht. (5073) Von Heiner Karsten, 64 Seiten, 62 Farbfotos, Pappband, **DM 9,80**
Naive Malerei leicht gemacht. (5083) Von Felizitas Krettek, 64 Seiten, 76 Farbfotos, Pappband, **DM 9,80**
Stoffmalerei und Stoffdruck leicht gemacht. (5074) Von Heide Gehring, 64 Seiten, 110 Farbfotos, Pappband, **DM 9,80**
Zugeschaut und mitgebaut Band 1. Helmut Scheuer im Hobby-Keller – ein ZDF-Fernsehbegleitbuch. (5031) Von Helmut Scheuer, 96 Seiten, 128 Farbabbildungen und Schwarzweißfotos, kartoniert, **DM 14,80**
Zugeschaut und mitgebaut Band 2. Helmut Scheuer im Hobby-Keller. (5061) Von und mit Helmut Scheuer, 120 Seiten mit 277 farbigen und schwarzweißen Abbildungen, kartoniert, **DM 14,80**
Zugeschaut und mitgebaut Band 3. (5077) Von Helmut Scheuer, 120 Seiten, 291 farbige und schwarzweiße Abbildungen, kartoniert, **DM 14,80**
Zugeschaut und mitgebaut 4 Helmut Scheuer im Hobbykeller (5093) Von Helmut Scheuer, ca. 120 S., mit ca. 250 farbigen und schwarzweißen Abbildungen, kartoniert, ca. **DM 14,80***
Moderne Fotopraxis. Bildgestaltung – Aufnahmepraxis – Kameratechnik – Fotolexikon. (4030) Von Wolfgang Freihen, 304 Seiten, davon 50 vierfarbig, Balacron mit vierfarbigem Schutzumschlag, abwaschbare Polyleinprägung, **DM 29,80**
Das große farbige Bastelbuch. (4018) Von Friederike Baresel-Anderle, 248 Seiten, über 300 vierfarbige Abbildungen, Pappband, **DM 14,80**
Papier-Basteleien. (0406) Von Lena Nessle, 96 Seiten, 84 Fotos und 70 Zeichnungen, teils zweifarbig, kartoniert, **DM 6,80**
Phantasieblumen aus Strumpfgewebe, Tauchlack, Papier, Federn (5091) Von Ruth Scholz-Peters, 64 S., mit ca. 70 Farbfotos, Pbd., **DM 9,80**
Glückwunschkarten und Kalender selbst basteln. (0467) Von Gertraud Mayr, 95 Seiten, 288 Zeichnungen, kartoniert, **DM 6,80**
Trockenblumen und Gewürzsträuße. (5084) Von Gabriele Vocke, 64 Seiten, 63 Farbfotos, Pappband, **DM 9,80**
Das bunte Bastelbuch. (0269) Von Ruth Scholz-Peters, 160 Seiten, 172 Abbildungen, davon 46 farbig, kartoniert, **DM 9,80**
Origami – die Kunst des Papierfaltens. (0280) Von Robert Harbin, 160 Seiten, über 600 Zeichnungen, kartoniert, **DM 8,80**
Ferngelenkte Motorflugmodelle – bauen und fliegen. (0400) Von Werner Thies, 184 Seiten mit Zeichnungen und Detailplänen, kartoniert, **DM 12,80**
Flugmodelle bauen und einfliegen. (0361) Von Werner Thies und Willi Rolf, 160 Seiten, 63 Abbildungen und 7 Faltpläne, kartoniert, **DM 9,80**
Ferngelenkte Segelflugmodelle bauen und fliegen. (0446) Von Werner Thies, 176 Seiten, 22 Fotos und 115 Zeichnungen, kartoniert, **DM 14,80**
Findet den ersten Stein! Mineralien, Steine und Fossilien. Grundkenntnisse für Hobby-Sammler. (0437) Von Dieter Stobbe, 96 Seiten, 16 Farbtafeln, 14 Fotos und 10 Zeichnungen, kartoniert, **DM 9,80**
Mineralien und Steine. Farben – Formen – Fundorte. (0409) Von Rudolf Graubner, 144 Seiten mit 90 Farbabbildungen, flexibel kartoniert, **DM 9,80**
Häkeln und Makramee. Techniken – Geräte – Arbeitsmuster. (0320) Von Dr. Marianne Stradal, 104 Seiten mit 191 Abbildungen und Schemata, kartoniert, **DM 6,80**
Makramee. Knüpfarbeiten leicht gemacht. (5075) Von Birte Pröttel, 64 Seiten, 95 Farbfotos, Pappband, **DM 9,80**
Stricken, häkeln, loopen. (0205) Von Dr. Marianne Stradal, 96 Seiten, 100 Abbildungen, kartoniert, **DM 5,80**
Stoff- und Kuscheltiere stricken, häkeln, nähen (5090) Von Birte Pröttel, 64 S., mit ca. 50 Farbfotos, Pbd., **DM 9,80**
Selbstschneidern – mein Hobby. (0185) Von H. Wohlert, 128 Seiten, 128 Abbildungen, kartoniert, **DM 6,80**
Die Selbermachers renovieren ihre Wohnung. (5013) Von Wilfried Köhnemann, 148 Seiten, 374 Farbabbildungen, Zeichnungen und Fotos, kartoniert, **DM 14,80**
Selbst tapezieren und streichen. (0289) Von Dieter Heitmann, 116 Seiten, 67 Abbildungen, kartoniert, **DM 5,80**
Möbel aufarbeiten, reparieren und pflegen. (0386) Von E. Schnaus-Lorey, 96 Seiten, 104 Fotos und Zeichnungen, kartoniert, **DM 6,80**
Heimwerker-Handbuch. (0243) Von Bernd Käsch, 204 Seiten, 229 Fotos und Zeichnungen, kartoniert, **DM 9,80**

* Neuerscheinung. Preise waren bei Druckbeginn noch nicht endgültig festgelegt.

Sport

Tennis. Technik – Taktik – Regeln. (0375) Von Harald Elschenbroich, 112 Seiten, 81 Abbildungen, kartoniert, **DM 6,80**
DUNLOP-Führer **Tennis-Hotels** 1979/80 (0489) Von Dr. Werner Jopp, 244 S., kart., **DM 14,80**
Squash. Ausrüstung – Technik – Regeln. (0389) Von Knut Fricke, 84 Seiten, 90 Abbildungen und Zeichnungen, kartoniert, **DM 9,80**
Tischtennis – modern gespielt, mit TT-Quiz 17:21. (0363) Von Ossi Brucker und Tibor Harangozo, 120 Seiten, 65 Abbildungen, kartoniert, **DM 9,80**
Basketball. Übungen und Technik für Schule und Verein. (0279) Von Chris Kyriasoglou, 116 Seiten mit 252 Übungen zur Basketballtechnik, 186 Fotos und 164 Zeichnungen, kartoniert, **DM 12,80**
Volleyball. Technik – Taktik – Regeln. (0351) Von Henner Huhle, 102 Seiten, 330 Abbildungen, kartoniert, **DM 9,80**
Wasser-Volleyball. (0456) Von Laszlo Sarossi und Karl-Friedrich Schwarz, 80 Seiten, 54 Abbildungen, kartoniert, **DM 12,80**
Eishockey. Technik – Taktik – Regeln. (0414) Von Roman Neumayer, ca. 144 Seiten mit ca. 90 Fotos und Abbildungen, kartoniert, ca. **DM 9,80***

Verlags-Verzeichnis
(Stand Herbst 1979)

Falken-Verlag GmbH · Postfach 1120 · D-6272 Niederhausen/Ts. · Tel.: (06127) 3011–15 · Telex: 04 186 585 fves d

Hobby

Hobby-Basteln Freizeit-Werken
(4050) Herausgegeben von Diethelm Reichart, 320 Seiten mit ca. 400 Abbildungen, größtenteils vierfarbig, gebunden, mit Schutzumschlag.
DM 39,–

Hobby-Bauernmalerei
(0436) Von Senta Ramos und Jo Roszak, 80 Seiten mit 116 Farbabbildungen und 28 Motivvorlagen, kartoniert, **DM 13,80**

Moderne Schmalfilmpraxis
Ausrüstungen · Drehbuch · Aufnahme · Schnitt · Vertonung
(4043) Von Uwe Ney, 328 Seiten mit über 200 Abbildungen, teils vierfarbig Balacron mit vierfarbigem Schutzumschlag, **DM 29,80**

Schmalfilmen. Ausrüstung – Aufnahmepraxis – Schnitt und Ton. (0342) Von Uwe Ney, 100 Seiten, 4 Farbtafeln und 25 Abbildungen, kartoniert, **DM 6,80**
Briefmarken sammeln für Anfänger (0481) Von Dieter Stein, ca. 144 S., mit zahlreichen Abbildungen, kartoniert, **DM 7,80***
Münzen. Ein Brevier für Sammler. (0353) Von Erhard Dehnke, 128 Seiten, 30 Abbildungen – teils farbig, kartoniert, **DM 7,80**
Münzen sammeln nach Motiven (0480) Von Armin Haug, ca. 128 S., mit zahlreichen Abbildungen, kartoniert, ca. **DM 9,80***
Ikebana Band 1: Moribana-Schalenarrangements. (0300) Von Gabriele Vocke, 164 Seiten, 40 großformatige Vierfarbtafeln, 66 Schwarzweißfotos und Graphiken, gebunden, **DM 19,80**
Ikebana Band 2: Nageire-Vasenarrangements. (0348) Von Gabriele Vocke, 160 Seiten, 32 Farbtafeln, 73 Abbildungen, gebunden, **DM 19,80**
Arbeitsheft zum Lehrbuch Ikebana. (0319) Von Gabriele Vocke, 79 Seiten, 16 Graphiken, kartoniert, **DM 6,80**
Blumengestecke im Ikebanastil. (5041) Von Gabriele Vocke, 64 Seiten mit 37 vierfarbigen Abbildungen und vielen Zeichnungen, kartoniert, **DM 14,80**
Ikebana modern. (4031) Von Gabriele Vocke, 168 Seiten, davon 40 ganzseitige Vierfarbtafeln und mit vielen Zeichnungen, Ganzleinen mit vierfarbigem cellophaniertem Schutzumschlag, **DM 36,–**
Blumen arrangieren. Zauberhafte Gestecke im Ikebana-Stil. (4049) Von Gabriele Vocke, 160 Seiten mit 31 Farbtafeln und über 70 Zeichnungen, gebunden mit Schutzumschlag, **DM 36,–**
CB-Code. Wörterbuch und Technik. (0435) Von Richard Kerler, 120 Seiten mit technischen Abbildungen, kartoniert, **DM 7,80**
Bauernmalerei – leicht gemacht. (5039) Von Senta Ramos, 64 Seiten, 78 vierfarbige Abbildungen, Pappband, **DM 9,80**
Bauernmalerei als Kunst und Hobby. (4057) Von Arbo Gast und Hannie Stegmüller, 128 Seiten, 239 Farbfotos und 26 Riß-Zeichnungen, gebunden, mit vierfarbigem Schutzumschlag, **DM 29,80**

Schwäne (Fortsetzung)

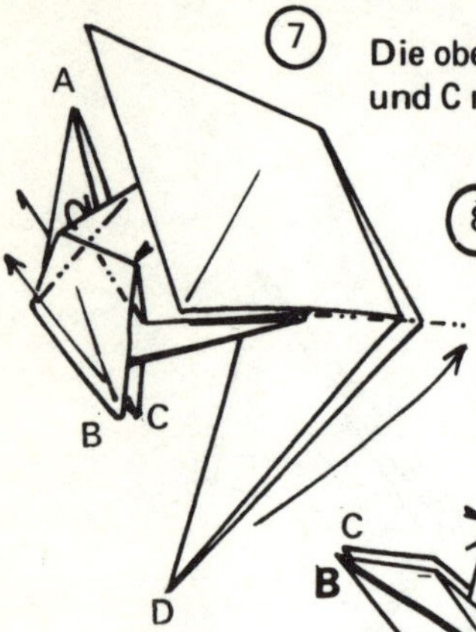

⑦ Die oberen Ecken von B und C nach innen falten!

⑧ B und C ausformen!

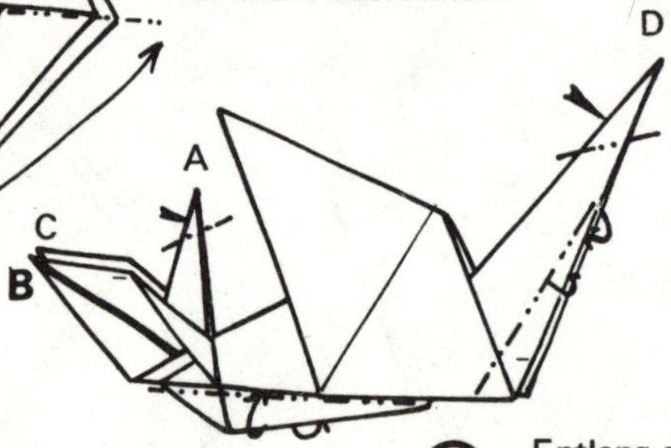

⑨ Entlang der Markierung knicken und der größeren Stabilität wegen einwärtsstülpen!

Köpfe ausformen!

⑩

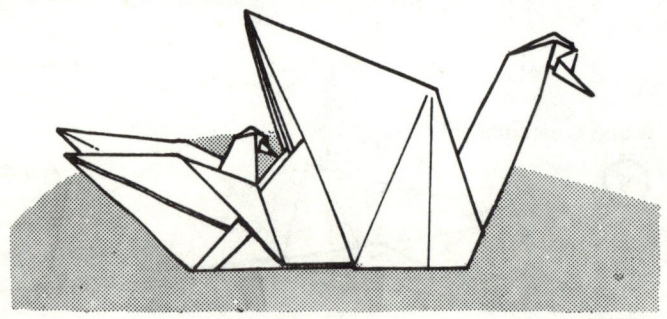

Hockey. Grundschule – Training – Taktik. (0398) Von Horst Wein, 152 Seiten mit vielen Zeichnungen und Fotos, kartoniert, **DM 12,80**
Golf. Ausrüstung – Technik – Regeln. (0343) Von J. Jessop, übersetzt von Heinz Biemer, mit einem Vorwort von H. Krings, Präsident des Deutschen Golf-Verbandes, 160 Seiten, 65 Abbildungen, Anhang der Golfregeln des DGV, kartoniert, **DM 14,80**
Fibel für Kegelfreunde. (0191) Von G. Bocsai, 80 Seiten, mit über 60 Abbildungen, kartoniert, **DM 4,80**
Pool-Billard. Hrsg. vom Deutschen Pool-Billard-Bund (0484) Von Manfred Bach, Karl-Werner Kühn, ca. 96 S., mit ca. 80 Abbildungen, kartoniert, **DM 7,80**
Beliebte und neue Kegelspiele. (0271) Von Georg Bocsai, 92 Seiten, 62 Abbildungen, kartoniert, **DM 4,80**
Segeln. Ein Anfängerkurs mit vielen Bildern. (0316) Von H. und L. Blasy, 112 Seiten, 92 Fotos und Abbildungen, kartoniert, **DM 6,80**
Windsurfen. Handbuch für Grundschein und Praxis. (5028) Von Calle Schmidt, 64 Seiten, über 50 Abbildungen, durchgehend vierfarbig, Pappband, **DM 9,80**
Segeln. Boote, Manöver, Windsurfen. (5009) Von Horst Müller, 64 Seiten, 42 Farbabbildungen, Pappband, **DM 9,80**
Angeln. Kleine Fibel für den Sportfischer. (0198) Von E. Bondick, 96 Seiten, mit über 116 Abbildungen, kartoniert, **DM 5,80**
Sportfischen. Fische – Geräte – Technik. (0324) Von Helmut Oppel, 144 Seiten, mit 49 Fotos, Abbildungen und 8 Farbtafeln, kartoniert, **DM 8,80**
Falken-Handbuch Tauchsport. (4062) Von Wolfgang Freihen, 272 Seiten, 252 Farbfotos und Abbildungen, gebunden, mit Schutzumschlag, **DM 29,80**
Tauchen. Grundlagen – Training – Praxis. (0267) Von W. Freihen, 144 Seiten, 71 Fotos und Farbtafeln, kartoniert, **DM 9,80**

Die Erben Lilienthals Sportfliegen heute (4054) Von Günter Brinkmann, 240 Seiten, 32 Farbtafeln, 176 Schwarzweißfotos, 33 Zeichnungen, mit vierfarbigem Schutzumschlag, gbd., **DM 36,–**

Reiten Vom ersten Schritt zum Reiterglück. (5033) Von Herta F. Kraupa-Tuskany, 64 Seiten mit vielen Farbbildern und Zeichnungen, kartoniert, **DM 9,80**

Segeln (4207) Von Claus Hehner, 96 Seiten, 106 großformatige Farbfotos, Pappband, **DM 19,80**

Reiten im Bild. Dressur – Springen – Gelände. (0415) Von Ute Richter, 168 Seiten, 235 Abbildungen, kartoniert, **DM 9,80**
Voltigieren. Pflicht – Kür – Wettkampf. (0455) Von Josephine Bach, 119 Seiten, 88 Schwarzweißfotos und 4 Farbtafeln, kartoniert, **DM 12,80**
Skischule. Ausrüstung – Technik – Gymnastik. (0369) Von Christine und Richard Kerler, 128 Seiten mit 100 Fotos, kartoniert, **DM 7,80**
Skilanglauf für jedermann. Lernen – Üben – Anwenden. Ein Fernsehbegleitbuch. (5036) Von Prof. Heiner Brinkmann, Sporthochschule Köln, 116 Seiten mit 133 Fotos, kartoniert, **DM 12,80**
Ski-Gymnastik. Fit für Piste und Loipe. (0450) Von Hannelore Pilss-Samek, 104 Seiten, 67 Fotos und 20 Zeichnungen, kartoniert, **DM 6,80**
Schwimm mit! Anfängerkurs für Kinder und Eltern. Ein ZDF-Fernsehbegleitbuch. (5040) Von W. Günter Lingenau und Bärbel Vitt, 64 Seiten, 120 Abbildungen, kartoniert, mit Ringheftung, **DM 9,80**
Handball. Technik – Taktik – Regeln. (0426) Von Fritz und Peter Hattig, 144 Seiten, 91 Fotos und 121 Zeichnungen, kartoniert, **DM 9,80**
Fußball. Technik – Regeln – Taktik. (0448) Von Holger Obermann, ca. 144 Seiten, Abbildungen, kartoniert, ca. **DM 9,80***
Fechten. Florett – Degen – Säbel. (0449) Von Emil Beck, 88 Seiten, 219 Fotos und Zeichnungen, kartoniert, **DM 9,80**
Spaß am Laufen. Jogging für die Gesundheit. (0470) Von Werner Sonntag, 120 Seiten, 36 Abbildungen, kartoniert, **DM 6,80**
Auto-Rallyes für jedermann. Planen – ausrichten – mitfahren. (0457) Von Rüdiger Hagelberg, 104 Seiten, kartoniert, **DM 9,80**

* Neuerscheinung. Preise waren bei Druckbeginn noch nicht endgültig festgelegt.

Budo

Illustriertes Handbuch des Taekwondo
Koreanische Kampfkunst und Selbstverteidigung
(4053) Von Konstantin Gil. 248 Seiten, 1026 Abbildungen gbd., **DM 28,–**

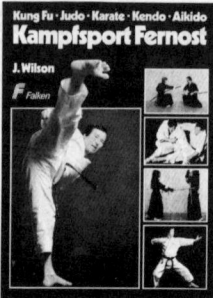

Kampfsport Fernost
Kung-Fu – Judo – Karate – Kendo – Aikido (4108) Von Jim Wilson, 88 Seiten, 164 farbige Abbildungen, Pappband, **DM 22,–**

Judo – Grundlagen des Stand- und Bodenkampfes
(4013) Von W. Hofmann, 244 Seiten, 589 Fotos, 2-farbiger Einband, Großformat, gbd., **DM 28,–**

Jiu-Jitsu. (0065) Von B. Kressel, 84 Seiten, 85 Abbildungen, kartoniert, **DM 5,80**
Ju-Jutsu. Spezial-, Gegen- und Weiterführungstechniken (0485) Von Werner Heim, Franz Josef Gresch, ca. 164 S., mit ca. 600 Abbildungen, kartoniert, ca. **DM 16,80***
Neue Kniffe und Griffe im Jiu-Jitsu/Judo. (0111) Von E. Rahn, 84 Seiten, 149 Fotos, kartoniert, **DM 5,80**
Ju-Jutsu – waffenlose Selbstverteidigung. Das Beste aus Judo, Karate, Aikido. (0276) Von W. Heim und F. J. Gresch, 156 Seiten, 460 Fotos, kartoniert, **DM 9,80**
Ju-Jutsu II. Für Fortgeschrittene und Meister. (0378) Von Werner Heim und Franz J. Gresch, 164 Seiten, 708 Abbildungen, kartoniert, **DM 16,80**
Judo. Grundlagen – Methodik. (0305) Von Mahito Ohgo, 204 Seiten, 1025 Fotos, kartoniert, **DM 14,80**
Judo. Go Kyo-Kampftechniken. (0352) Von Mahito Ohgo, 152 Seiten, 231 Abbildungen, kartoniert, **DM 16,80**
Wir machen Judo. (5069) Von Riccardo Bonfranchi und Ulrich Klocke, 92 Seiten, mit Bewegungsabläufen in cartoonartigen zweifarbigen Zeichnungen, kartoniert, **DM 12,80**
Karate I. Ein fernöstlicher Kampfsport. (0227) Von Albrecht Pflüger, 136 Seiten, 195 Fotos und Zeichnungen, kartoniert, **DM 9,80**
Karate II. (0239) Von Albrecht Pflüger, 160 Seiten, 452 Abbildungen, kartoniert, **DM 9,80**
Karate für alle. Karate-Selbstverteidigung in Bildern. (0314) Von Albrecht Pflüger, 112 Seiten, 356 Fotos, kartoniert, **DM 8,80**
Nakayamas Karate perfekt 1. Einführung (0487) Von Masatoshi Makayama, 144 S., mit 605 Fotos, kartoniert, **DM 19,80**
Kontakt-Karate. Ausrüstung – Technik – Training. (0396) Von Albrecht Pflüger, 5. DAN Karate, 128 Seiten, 238 Fotos, kartoniert, **DM 12,80**
BO-Karate. Kukishin-Ryu – die Techniken des Stockkampfes. (0447) Von Georg Stiebler, 176 Seiten, 424 Fotos und 38 Zeichnungen, kartoniert, **DM 16,80**
Karate für Frauen und Mädchen. Sport und Selbstverteidigung. (0425) Von Albrecht Pflüger, 168 Seiten, 259 Fotos, kartoniert, **DM 9,80**

FALKEN + OHARA
Ein Exklusivabkommen mit dem weltgrößten Budo-Verlag OHARA, USA, ermöglicht es Falken, diese wichtige Produktion nun auch in deutscher Sprache dem Interessierten zugänglich zu machen.

SAI
Karat-Waffe zur Selbstverteidigung (0472) Von Fumio Demura, deutsch von Hans-Jürgen Hesse, 156 Seiten, 608 Abbildungen, kartoniert, **DM 16,80**

Dynamische Tritte. Grundlagen für den Freikampf. (0438) Von Chong Lee, übersetzt von Manfred Pabst, 96 Seiten, 398 Fotos, 10 Zeichnungen, kartoniert, **DM 9,80**

Fußwürfe für Judo, Karate und Selbstverteidigung. (0439) Von Hayward Nishioka, übersetzt von Hans-Jürgen Hesse, 96 Seiten, 260 Abbildungen, kartoniert, **DM 9,80**

Bruce Lees Jeet Kune Do
(0440) Von Bruce Lee, übersetzt von Hans-Jürgen Hesse, 192 Seiten, mit 105 eigenhändigen Zeichnungen von Bruce Lee, kartoniert, **DM 19,80**

Bruce Lees Kampfstil 1
Grundtechniken
(0473) Von Bruce Lee und M. Uyehara, deutsch von Hans-Jürgen Hesse, 109 Seiten, 220 Abbildungen, kartoniert, **DM 9,80**

Bruce Lees Kampfstil 2.
Selbstverteidigungs-Techniken (0486) Von Bruce Lee, M. Uyehara, 128 S., mit 310 Fotos, kartoniert, **DM 9,80**

Kung Fu – Grundlagen, Technik. (0367) Von Bruce Tegner, 182 Seiten, 370 Fotos, kartoniert, **DM 14,80**
Kung-Fu II. Theorie und Praxis klassischer und moderner Stile. (0376) Von Manfred Pabst, 160 Seiten, 330 Abbildungen, kartoniert, **DM 12,80**
Shaolin-Kempo – Kung-Fu. Chinesisches Karate im Drachenstil. (0395) Von Ronald Czerni und Klaus Konrad, 236 Seiten, 723 Abbildungen, kartoniert, **DM 16,80**
Shuriken · Tonfa · Sai. Stockfechten und andere bewaffnete Kampfsportarten aus Fernost. (0397) Von Andreas Schulz, 96 Seiten, 253 Fotos, kartoniert, **DM 12,80**
Nunchaku. Waffe und Sport – Selbstverteidigung. (0373) Von Albrecht Pflüger, 144 Seiten, 247 Abbildungen, kartoniert, **DM 16,80**
Aikido. Moderne japanische Selbstverteidigung. (0248) Von Gerd Wischnewski, 132 Seiten, 256 Abbildungen, kartoniert, **DM 9,80**
Taekwon-Do. Koreanischer Kampfsport. (0347) Von Konstantin Gil, 152 Seiten, 408 Abbildungen, kartoniert, **DM 12,80**
Karate-Do. Das Handbuch des modernen Karate. (4028) Von Albrecht Pflüger, 360 Seiten, über 1159 Abbildungen, gebunden, **DM 28,–**
Budo-Lexikon. 1500 Fachausdrücke fernöstlicher Kampfsportarten. (0383) Von Herbert Velte, 138 Seiten, 95 Abbildungen, kartoniert, **DM 9,80**
Budo-Weisheiten – und praktische Ratschläge. (0408) Herausgegeben von Herbert Velte, 80 Seiten, 8 Zeichnungen, kartoniert, **DM 9,80**
Kendo. Japanisches Stockfechten. (0413) Von Peter Jagemann, 120 Seiten, 170 Abbildungen, kartoniert, **DM 14,80**
Neue Lehrmethoden der Judo-Praxis. (0424) Von Pierre Herrmann, 223 Seiten, 475 Abbildungen, kartoniert, **DM 16,80**
Bruce Lee. Sein Leben und Kampf. Von seiner Frau Linda. (0392) Deutsch von W. Nottrodt, 182 Seiten mit vielen Abbildungen, **DM 16,80**
Hap Ki Do. Grundlagen und Techniken koreanischer Selbstverteidigung. (0379) Von Kim Sou Bong, 120 Seiten, 153 Abbildungen, kartoniert, **DM 14,80**

* Neuerscheinung. Preise waren bei Druckbeginn noch nicht endgültig festgelegt.

Wissen und Technik

Antiquitäten
(4105) Herausgegeben von Peter Philp, übersetzt von Britta Zorn, 144 Seiten, mit über 250 Abbildungen, davon 43 vierfarbig, gebunden, **DM 19,80**

Die tollsten Motorflugzeuge aller Zeiten
(4208) Von Richard J. Höhn und Hans G. Isenberg, 96 Seiten, 86 großformatige Farbfotos, Pappband, **DM 19,80**

Der Sklave Calvisius. 150 n. Chr. Alltag in einer römischen Provinz (4058) Von Alice Ammermann, Tilman Röhrig, Gerhard Schmidt, 120 S., mit über 100 farbigen und schwarzweißen Abbildungen, Pappband, **DM 19,80**
Faszination Berg zwischen Alpen und Himalaya (Bd. 4214) Von Toni Hiebeler, 96 S., mit ca. 100 großform. Farbfotos, Pbd., **DM 19,80**
Antiquitäten-(Ver)führer. Stilkunde – Wert – Echtheitsbestimmung. (5057) Von Margot Lutze, 128 Seiten, über 180 Abbildungen, durchgehend vierfarbig, Pappband, **DM 19,80**
Freizeit mit dem Mikroskop. (0291) Von Martin Deckart, 132 Seiten, 69 Fotos und 4 Zeichnungen, kartoniert, **DM 9,80**
Autoreport. Fahrtechnik und Fahrverhalten. (5058) Erarbeitet von der »Arbeitsgruppe Autoreport« unter Leitung von Klaus Schrambömer, im Hause der Berolina-Film-TV, 71 Seiten, 113 Abbildungen, kartoniert, **DM 9,80**
Orientteppiche. Herkunft – Knüpfkunst – Echtheitsbestimmung. (5046) Von Horst Müller, 64 Seiten, 62 vierfarbige Abbildungen, Pappband, **DM 9,80**
1 × 1 des Fernsehens. Programm – Produktion – Technik. (0387) Von Bernhard von Watzdorf, 144 Seiten, mit zahlreichen Zeichnungen und Fotos, kartoniert, **DM 12,80**
Gebrauchtwagenpreise. Auf Basis der Erhebungen von Schwacke. (0490) Hrsg. von Hanns W. Schwacke, 128 S., kart., **DM 7,80**
Heiße Öfen. (5008) Von Horst Briel, 64 Seiten, 63 Farbabbildungen, Pappband, **DM 9,80**
Die schnellsten Motorräder der Welt. (4206) Von H. G. Isenberg und Dirk Maxeiner, 96 Seiten, 100 Farbabbildungen, Pappband, **DM 19,80**
Die schnellsten Autos der Welt. (4201) Von H. G. Isenberg und Dirk Maxeiner, 96 Seiten, 110 Abbildungen, überwiegend vierfarbig, Pappband, **DM 19,80**
Die rasantesten Rallyes der Welt (4213) Von Hans G. Isenberg, Dirk Maxeiner, 96 S., mit ca. 100 großformatigen Fotos, Pbd., **DM 19,80**
Die schnellsten Motorboote der Welt. (4210) Von Hans G. Isenberg, 96 Seiten, 104 großformatige Farbfotos, Pappband, **DM 19,80**
Dampflokomotiven. (4204) Von Werner Jopp, 96 Seiten, 134 Farbabbildungen, Pappband, **DM 19,80**
Wärme aus Kälte und Sonne. Moderne Techniken zur Wärmegewinnung. (0453) Von Gottfried Kludas, 176 Seiten, 46 Zeichnungen, kartoniert, **DM 16,80**
Keine Angst vorm Fliegen. (0463) Von Rudolf Braunburg und R. A. Pieritz, 159 Seiten, 15 Farbtafeln, 68 Schwarzweißfotos, kartoniert, **DM 12,80**

Pflanzen, Garten, Tiere

Die farbige Kräuterfibel. (0245) Von Ingrid Gabriel, 196 Seiten, 142 Abbildungen, davon 49 farbig, Taschenbuchformat, gebunden, **DM 12,80**
Großes Kräuter- und Gewürzbuch. (4026) Von Heinz Görz, 584 Seiten, 40 Farbtafeln und 152 Abbildungen, gebunden mit Schutzumschlag, **DM 29,80**
Arzneikräuter und Wildgemüse erkennen und benennen. (0459) Von Jörg Raithelbuber, 140 Seiten, 108 Farbfotos, kartoniert, **DM 12,80**
Das farbige Pilzbuch. (0215) Von K. und G. Kronberger, 132 Seiten, 105 farbige Abbildungen, gebunden, **DM 12,80**
Falken-Handbuch Pilze. Mit über 250 Farbfotos und Rezepten. (4061) Von Martin Knoop, 276 Seiten, 250 Farbfotos, 28 Zeichnungen, gebunden, mit vierfarbigem Schutzumschlag, **DM 36,00**
Fibel für Kakteenfreunde. (0199) Von H. Herold, 92 Seiten, 8 Farbtafeln, kartoniert, **DM 6,80**
Kakteen. Herkunft, Anzucht, Pflege. (5021) Von Werner Hoffmann, 64 Seiten, 70 Abbildungen, durchgehend vierfarbig, Pappband, **DM 9,80**
Die bunte Welt der Kakteen. (4211) Von Katharina und Franz Schild, 96 Seiten, 127 großformatige Farbfotos, Pappband, **DM 19,80**
Sukkulenten. Mittagsblumen, Lebende Steine, Wolfsmilchgewächse u. a. (5070) Von Werner Hoffmann, 64 Seiten, 82 Farbabbildungen, Pappband, **DM 9,80**
Orchideen. Eigenart – Schnittblumen – Topfkultur – Pflege. (5038) Von Dr. Gustav Schoser, 64 Seiten, 75 Farbfotos, Pappband, **DM 9,80**
Orchideen. (4215) Von Dr. Gustav Schoser, 96 S., mit ca. 80 großform. Farbfotos, Pbd., **DM 19,80**
Zimmerpflanzen. (5010) Von Inge Manz, 64 Seiten, 98 Farbabbildungen, Pappband, **DM 9,80**
Frühbeet und Kleingewächshaus. (5055) Von Dr. Gustav Schoser, 64 Seiten, 43 Farbfotos, durchgehend vierfarbig, Pappband, **DM 12,80**
Balkons in Blütenpracht zu allen Jahreszeiten. (5047) Von Nikolaus Uhl, 64 Seiten, 82 vierfarbige Abbildungen, Pappband, **DM 9,80**
Blumenpracht im Garten. (5014) Von Inge Manz, 64 Seiten, 93 Abbildungen, durchgehend vierfarbig, Pappband, **DM 9,80**
Rosen. Arten – Pflanzung – Pflege. (5065) Von Inge Manz, 64 Seiten, 60 Farbfotos, 1 Zeichnung, Pappband, **DM 9,80**
Ziersträucher und -bäume im Garten. (5071) Von Inge Manz, 64 Seiten, 91 Farbabbildungen, Pappband, **DM 12,80**
Steingärten. Anlage – Pflanzen – Pflege (5092) Von Martin Haberer, 64 S., mit ca. 90 Farbfotos, Pappband, **DM 9,80**
Gemüse und Kräuter. Frisch und gesund aus eigenem Anbau. (5024) Von Mechthild Hahn, 64 Seiten, 71 Abbildungen, durchgehend vierfarbig, Pappband, **DM 9,80**
Gärtnern. (5004) Von Inge Manz, 64 Seiten, 38 Farbabbildungen, Pappband, **DM 9,80**

Pilze erkennen und benennen
(0380) Von J. Raithelhuber, 136 Seiten, 106 Farbfotos, kartoniert, **DM 9,80**

Beeren und Waldfrüchte erkennen und benennen – eßbar oder giftig?
(0401) Von Jörg Raithelhuber, 136 Seiten, 90 Farbfotos, 40 s/w, kartoniert, **DM 12,80**

Alpenblumen
(4202) Von Kurt Blüchel, 96 Seiten mit 80 Abbildungen, durchgehend vierfarbig, Pbd., **DM 19,80**

Reitpferde. Rassen – Haltung – Reitschule. (4110) Von Pamela McGregor und Hartley Edwards, deutsch von E. Schwarz, 144 Seiten, über 100 Farbfotos, Pappband, **DM 19,80**
Tiernamen-ABC für Züchter und Tierfreunde. (0372) Von Hans Schiefelbein, 104 Seiten, kartoniert, **DM 7,80**
Das Süßwasser-Aquarium. Einrichtung – Pflege – Fische – Pflanzen. (0153) Von W. Baehr und H. J. Mayland, 132 Seiten, 163 Zeichnungen und 8 Farbtafeln, kartoniert, **DM 7,80**
Das Meerwasser-Aquarium. Einrichtung – Pflege – Fische und niedere Tiere. (0281) Von Hans J. Mayland, 146 Seiten, 258 Abbildungen, davon 30 farbig, kartoniert, **DM 9,80**
Aquarienpflanzen. Alles über den Unterwassergarten. (5032) Von Hans J. Mayland, 64 Seiten, über 100 Farbfotos und Zeichnungen, Pappband, **DM 14,80**
Aquarienfische des tropischen Süßwassers. (5003) Von Hans J. Mayland, 64 Seiten, 98 Farbabbildungen, Pappband, **DM 9,80**
Süßwasser-Aquaristik. Exotische Welt im Glas. (5080) Von Lothar Scheller, 64 Seiten, 67 Farbfotos und Zeichnungen, Pappband, **DM 12,80**
Süßwasser-Aquarienfische (4212) Von Burkard Kahl, 96 Seiten, 108 großformatige Farbfotos, Pappband, **DM 19,80**
Das Terrarium. (4069) Von Burkard Kahl, Paul Gaupp, Dr. Günter Schmidt, ca. 320 S., mit ca. 250 farb. Abb., gbd., mit vierfarb. Schutzumschl., ca. **DM 39,–***
Amphibien und Reptilien im Terrarium. Lebensgewohnheiten – Arten – Pflege. (5056) Von Kurt Rimpp, 64 Seiten, 70 Farbabbildungen, 19 Zeichnungen, durchgehend vierfarbig, Pappband, **DM 12,80**

Der Garten
Das moderne illustrierte Standardwerk
(4044) Von Gerhard Bambach, unter Mitarbeit von Ulrich Kaiser, Wolfgang Velte und Joachim Zech, 826 Seiten mit über 800 Abbildungen und Gartenskizzen, teils vierfarbig, gebunden mit Schutzumschlag. **DM 39,–**

Katzen
Rassen · Aufzucht · Pflege
(4109) Von Grace Pond und Elisabeth Towe, deutsch von D. von Buggenhagen, 144 Seiten mit über 100 Farbfotos, Pbd., **DM 19,80**

Die lieben Haustiere. (5023) Von Justus Pfaue, 92 Seiten mit vielen Abbildungen, kartoniert, **DM 12,80**
Das neue Hundebuch. (0009) Von W. Busack, überarbeitet von Dr. med. vet. A. Hacker, 104 Seiten, zahlreiche Abbildungen auf Kunstdrucktafeln, kartoniert, **DM 6,80**
Hunde-Ausbildung. Verhalten – Gehorsam – Abrichtung. (0346) Von Prof. Dr. R. Menzel, 96 Seiten, 18 Fotos, kartoniert, **DM 7,80**
Der deutsche Schäferhund. (0073) Von Dr. Hacker, 104 Seiten, 24 Abbildungen auf Kunstdrucktafeln, kartoniert, **DM 6,80**
Hunde. Rassen – Erziehung – Haltung. (4209) Von Horst Bielfeld, 96 Seiten, 101 großformatige Farbfotos, Pappband, **DM 19,80**
Das neue Katzenbuch. Rassen – Aufzucht – Pflege. (0427) Von Brigitte Eilert-Overbeck, 128 Seiten, 14 Farbfotos und 26 schwarzweiß, kartoniert, **DM 7,80**
Vögel. Ein Beobachtungs- und Bestimmungsbuch. (0290) Von Dr. Winfried Potrykus, mit Zeichnungen von Ursula Grawert, 120 Seiten, 233 Abbildungen, davon 160 farbig, Pappband, **DM 12,80**
Ziervögel in Haus und Voliere. Arten – Verhalten – Pflege. (0377) Von Horst Bielfeld, 144 Seiten, 32 Farbfotos, kartoniert, **DM 9,80**

Ponys
Rassen, Haltung, Reiten (4205) Von Stefan Braun, 96 Seiten mit 84 Farbabbildungen, Pappband
DM 19,80

Das Aquarium
Einrichtung, Pflege und Fische für Süß- und Meerwasser. (4029) Von Hans J. Mayland. 334 S. mit über 415 Farbabbildungen u. Farbtafeln sowie 150 Zeichnungen u. Skizzen, Balacron mit vierfarbigem Schutzumschlag, abwaschbare Polyleinprägung, **DM 36,–**

* Neuerscheinung. Preise waren bei Druckbeginn noch nicht endgültig festgelegt.

Fortbildung und Beruf

Maschinenschreiben durch Selbstunterricht Band 1. (0170) Von A. Fonfara, 84 Seiten mit vielen Abbildungen, kartoniert, **DM 4,80**
Maschinenschreiben durch Selbstunterricht Band 2. (0252) Von Hanns Kaus, 84 Seiten, kartoniert, **DM 5,80**
Stenografie – leicht gelernt. (0266) Von Hanns Kaus, 64 Seiten, kartoniert, **DM 5,80**
Rechnen aufgefrischt. (0100) Von H. Rausch, 108 Seiten, kartoniert, **DM 5,80**
Buchführung leicht gefaßt. (0127) Von R. Pohl, 104 Seiten, kartoniert, **DM 6,80**
Reden – diskutieren – verhandeln. (0272) Von Georg Bauer, 112 Seiten, kartoniert, **DM 7,80**
Aufgaben lösen und **Spiele mit dem Taschenrechner.** (5060) Von Peter Fleischhauer, Fernsehbegleitbuch, 120 Seiten, 55 Abbildungen und Zeichnungen, kartoniert, **DM 9,80**
Schülerlexikon der Mathematik. Formeln, Übungen und Begriffserklärungen für die Klassen 5–10. (0430) Von Robert Müller, 176 Seiten, 96 Zeichnungen, kartoniert, **DM 9,80**
Aufsätze besser schreiben. Förderkurs für die Klassen 4–10. (0429) Von Kurt Schreiner, 144 Seiten, 4 Fotos und 27 Zeichnungen, kartoniert, **DM 9,80**
Diktate besser schreiben. Übungen zur Rechtschreibung für die Klassen 4 bis 8. (0469) Von Kurt Schreiner, 149 Seiten, kartoniert, **DM 9,80**
Wie behandle ich meinen Chef? (5030) Von Dr. Bernd Gasch und Ulrike Hess, 88 Seiten mit Karikaturen, kartoniert, **DM 9,80**
Einmaleins der Demokratie im sozialen Verwaltungsstaat. (0407) Von Prof. Dr. Richard Bartlsperger, 128 Seiten mit Grafiken und Abbildungen, kartoniert, **DM 9,80**

Essen und Trinken

Alles mit Obst. Einkochen – Einlegen – Einfrieren. (0364) Von M. Hoff und B. Müller, 96 Seiten, 8 Farbtafeln, kartoniert, **DM 6,80**
Selbst Brotbacken mit über 50 erprobten Rezepten. (0370) Von Jens Schiermann, 80 Seiten, 6 Zeichnungen, 4 Farbtafeln, kartoniert, **DM 6,80**
Brotspezialitäten backen und kochen (5088) Von Jack W. Hochscheid, Lutz Helger, 64 S., mit ca. 50 Farbfotos, Pbd., **DM 9,80**
Schönes Hobby: Backen. Erprobte Rezepte mit modernen Backformen. (0451) Von Elke Blome, 96 Seiten, 8 Farbtafeln, kartoniert, **DM 6,80**
Kleingebäck. Plätzchen – Kekse – Guetzli (5089) Von Margrit Gutta, 64 S., mit ca. 50 Farbfotos, Pbd., **DM 9,80**
Leckereien vom Spieß und Grill. (0169) Von J. Zadar, 80 Seiten, 13 Abbildungen, kartoniert, **DM 5,80**
Gesunde Kost aus dem Römertopf. (0442) Von Jutta Kramer, 128 Seiten, 8 Farbtafeln, 13 Zeichnungen, kartoniert, **DM 7,80**
Kalorien · Joule. Eiweiß – Fett – Kohlenhydrate tabellarisch nach gebräuchlichen Mengen. (0374) Von Marianne Bormio, 88 Seiten, kartoniert, **DM 4,80**
Gesund kochen – wasserarm und fettfrei. (4060) Von Margit Gutta, 240 Seiten, 16 Farbtafeln, Pappband, **DM 19,80**
88 köstliche Salate. (0222) Von Christine Schönherr, 104 Seiten, 8 Farbtafeln, kartoniert, **DM 6,80**
Miekes Kräuter- und Gewürzkochbuch. (0323) Von Irmgard Persy und Klaus Mieke, 96 Seiten, 8 Farbtafeln, kartoniert, **DM 6,80**
Kräuter- und Heilpflanzen-Kochbuch. (4066) Von Pia Pervenche, 152 Seiten, 15 Farbtafeln, in flexiblem Karton gebunden, **DM 7,95**
Garen im Herd. Rezepte für Brattöpfe. (0345) Von Eva Exner, 96 Seiten, 8 Farbtafeln, kartoniert, **DM 6,80**
Schnell gekocht – gut gekocht mit vielen Rezepten für Schnellkochtöpfe und Schnellbratpfannen. (0265) Von Irmgard Persy, 96 Seiten, 8 Farbtafeln, kartoniert, **DM 6,80**

Großes Getränkebuch
Wein · Sekt · Bier und Spirituosen aus aller Welt, pur und gemixt. (4039) Von Claus Arius, 288 Seiten mit Register, 179 teils großformatige Farbfotos, Balacron mit farbigem celloph. Schutzumschlag, Schuber, **DM 58,–**

Natursammlers Kochbuch
Wildfrüchte und -gemüse, Pilze, Kräuter – finden und zubereiten. (4040) Von Christa-Maria Kerler, 140 Seiten, 12 Farbtafeln, Pbd., mit vierfarbigem Überzug, **DM 19,80**

Kalte Platten – Kalte Büffets. (5015) Von Margit Gutta, 64 Seiten, durchgehend vierfarbig mit 34 Farbabbildungen, Pbd., **DM 9,80**
Kalte und warme Vorspeisen. einfach · herzhaft · raffiniert (5045) Von Karin Iden, 64 Seiten, 43 vierfarbige Abbildungen, Pbd., **DM 9,80**
Desserts. (5020) Von Margit Gutta, 64 Seiten mit 38 Abbildungen, durchgehend vierfarbig, Pbd., **DM 9,80**
Kuchen und Torten. (5067) Von Klaus Groth, 64 Seiten mit 42 Abbildungen, durchgehend vierfarbig, Pbd., **DM 9,80**
Kalte Happen und Partysnacks. (5029) Von Dolly Peters, 64 Seiten, 35 vierfarbige Abbildungen, Pbd., **DM 9,80**
Chinesisch kochen. (5011) Von Karl-Heinz Haß, 64 Seiten, 33 Farbabbildungen, Pbd., **DM 9,80**
Deutsche Spezialitäten. (5025) Von R. Piwitt, 64 Seiten, 37 Abbildungen, durchgehend vierfarbig, Pbd., **DM 9,80**
Ostasiatische Küche schmackhaft und bekömmlich. (5066) Von Taki Sozuki, 64 Seiten, mit 38 Abbildungen, durchgehend vierfarbig, Pbd., **DM 9,80**
Italienische Küche. (5026) Von Margit Gutta, 64 Seiten, 33 Abbildungen, durchgehend vierfarbig, Pbd., **DM 9,80**
Französisch kochen. (5016) Von Margit Gutta, 64 Seiten, durchgehend vierfarbig mit 35 Farbabbildungen, Pbd., **DM 9,80**
Fischküche kalt und warm · mild und herzhaft. (5052) Von Heidrun Gebhardt, 64 Seiten, 36 Abbildungen, durchgehend vierfarbig, Pbd., **DM 9,80**
Raffinierte Steaks und andere Fleischgerichte. (5043) Von Gerhard Eckert, 64 Seiten, 37 vierfarbige Abbildungen, Pbd., **DM 9,80**
Hobby-Kochbuch für Tiefkühlkost. Bunte TK-Fibel. (0302) Von Ruth Vollmer-Ruprecht, 104 Seiten, 8 Farbtafeln, kartoniert, **DM 6,80**
Soßen. Die Krönung der feinen Küche. (0357) Von Giovanni Cavestri, 100 Seiten, 14 Farbtafeln, kartoniert, **DM 9,80**
Einkochen nach allen Regeln der Kunst. (0405) Von Birgit Müller, 96 Seiten, 8 Farbtafeln, kartoniert, **DM 6,80**
Alles über Einkochen, Einlegen, Einfrieren. (4055) Von Birgit Müller, 152 Seiten, 15 Farbtafeln, in flexiblem Karton gebunden, **DM 7,95**
Fritieren – neu – geruchlos, schmackhaft und gesund. (0365) Von Marianne Bormio, 96 Seiten, 8 Farbtafeln, kartoniert, **DM 6,80**
Nudelgerichte – lecker, locker, leicht zu kochen. (0466) Von Christiane Stephan, 80 Seiten, 8 Farbtafeln, kartoniert, **DM 6,80**
Das neue Mikrowellen-Kochbuch (0434) Von Hermann Neu, 64 Seiten, 4 Farbtafeln, kartoniert, **DM 5,80**
Rezepte rund um Raclette und Hobby-Rechaud. (0420) Von Jack W. Hochscheid, 72 Seiten, 8 Farbtafeln, kartoniert, **DM 7,80**

Die neue Grillküche. Garen und backen im Quarz-Grill. (0419) Von Marianne Bormio, 80 Seiten, 8 Farbtafeln, kartoniert, **DM 7,80**
Grillen mit dem Kontaktgrill. (0441) Von Birgit Müller, 80 Seiten, 8 Farbtafeln und 29 Zeichnungen, kartoniert, **DM 7,80**
Grillen – drinnen und draußen. (4032) Von Claus Arius, 160 Seiten, 35 Farbabbildungen, gebunden, **DM 19,80**
Grillen – drinnen und draußen. (4047) Von Claus Arius, 152 Seiten, 30 Farbtafeln, in flexiblem Karton gebunden, **DM 7,95**
Kalte Platten. (4064) Von Maître Pierre Pfister, 240 Seiten, 135 großformatige Farbfotos, gebunden, mit vierfarbigem Schutzumschlag, **DM 48,–**
Max Inzingers 111 beste Rezepte. (4041) Von Max Inzinger, 124 Seiten, 35 Farbtafeln, kartoniert, **DM 19,80** (4042) Gebundene Luxusausgabe mit Balacron und Goldprägung, **DM 26,–**
Der lachende Feinschmecker. Fred Metzlers Rezepte mit Pointen (0475) Von Fred Metzler, ca. 112 S., 4 Farbtafeln, mit Zeichnungen von Ferry Ahrlé, Pappband, **DM 9,80**
Neue Cocktails und Drinks. Frisch gemixt und scharf geschüttelt. (0187) Von Chr. Taylor, 84 Seiten, 8 Zeichnungen, Pappband, **DM 8,80**
Cocktails und Mixereien. (0075) Von J. Walker, 104 Seiten, 25 Zeichnungen, kartoniert, **DM 5,80**
Tee für Genießer. (0356) Von Marianne Nicolin, 64 Seiten, 4 Farbtafeln, kartoniert, **DM 5,80**

Wild und Geflügel
(4056) Von Christine Schönherr, 256 Seiten, 122 großformatige Farbfotos, gebunden, mit vierfarbigem Schutzumschlag, **DM 48,–**

Alles mit Joghurt
tagfrisch selbstgemacht mit vielen Rezepten
(0382) Von Gerda Volz, 88 Seiten, 8 Farbtafeln, kartoniert, **DM 7,80**

Geflügel. Die besten Rezepte aus aller Welt. (5050) Von Margit Gutta, 64 Seiten, 32 Abbildungen, durchgehend vierfarbig, Pappband, **DM 9,80**
Salate für alle Gelegenheiten. (5002) Von Elke Fuhrmann, 64 Seiten, 47 Abbildungen, durchgehend vierfarbig, Pappband, **DM 9,80**
Köstliche Pizzas, Toasts, Pasteten. (5081) Von Anneliese und Gerhard Eckert, 64 Seiten, 48 Farbfotos, Pappband, **DM 9,80**
Die besten Eintöpfe und Aufläufe. (5079) Von Anneliese und Gerhard Eckert, 64 Seiten, 49 Farbfotos, Pappband, **DM 9,80**
Der schön gedeckte Tisch. (5005) Von Rolf Stender, 64 Seiten, 60 Abbildungen, durchgehend vierfarbig, Pappband, **DM 9,80**
Grillen. (5001) Von Inge Zechmann, 64 Seiten, 38 Abbildungen, durchgehend vierfarbig, Pappband, **DM 9,80**
Am Tisch zubereitet. Flambieren – Fondue – Grill – Rechaud – Raclette. (5051) Von Marianne Nicolin, 64 Seiten, 34 Abbildungen, durchgehend vierfarbig, Pappband, **DM 9,80**
Spanische Küche. (5037) Von Margit Gutta, 64 Seiten, 35 Abbildungen, durchgehend vierfarbig, Pappband, **DM 9,80**
Mixen mit und ohne Alkohol. (5017) Von Holger Hofmann, 64 Seiten, 35 Abbildungen, durchgehend vierfarbig, Pappband, **DM 9,80**
Österreichische Küche. (5022) Von Helga Holzinger, 64 Seiten, 35 Abbildungen, durchgehend vierfarbig, Pappband, **DM 9,80**
Nordische Küche. Speisen und Getränke von der Küste. (5082) Von Jutta Kürtz, 64 Seiten, 44 Farbfotos, Pappband, **DM 9,80**
Dänische Küche. Nordische Tafelfreuden (5086) Von Holger Hofmann, 64 S., mit ca. 50 Farbfotos, Pbd., **DM 9,80**
Japanische Küche schmackhaft und bekömmlich (5087) Von Hiroko Toi, 64 S., mit ca. 50 Farbfotos, Pbd., **DM 9,80**
Fondues. (5006) Von Eva Exner, 64 Seiten, 50 Abbildungen, durchgehend vierfarbig, Pappband, **DM 9,80**
Fondues und fritierte Leckerbissen (0471) Von Stefanie Stein, ca. 80 S., 8 Farbtafeln, kartoniert, **DM 6,80**
Rund um den Rum Von der Feuerzangenbowle zum Karibiksteak. (5053) Von Holger Hofmann, 64 Seiten, 32 Abbildungen, durchgehend vierfarbig, Pappband, **DM 9,80**
Rund um den Kaffee (0492) Von Holger Hofmann, ca. 96 S., mit 8 Farbtafeln, kartoniert, ca. **DM 6,80***

* Neuerscheinung. Preise waren bei Druckbeginn noch nicht endgültig festgelegt.

Gesundheit und Schönheit

Der praktische Hausarzt. (4011) Unter Mitarbeit zahlreicher Fachärzte, koordiniert von Dr. Eric Weiser, 718 Seiten, 487 Abbildungen und 16 Farbtafeln, **nur DM 19,80**
Koch' mit Köpfchen. Iß das Richtige zum Schlankwerden. (0421) Von Max Inzinger, 92 Seiten, kartoniert, **DM 7,80**
Computer-Menüs zum Schlankwerden. Die 1000-Kalorien-Kost aus dem Computer. (0317) Von Dr. Maria Wagner und Ulrike Schubert, 92 Seiten mit vielen Tabellen, kartoniert, **DM 6,80**
Rohkost – abwechslungsreich – schmackhaft – gesund. (5044) Von Ingrid Gabriel, 64 Seiten, 40 Abbildungen, durchgehend vierfarbig, Pappband, **DM 9,80**

Schonkost heute. Vollwertige Ernährung für Gesunde und Magen-Darm-Galle-Leber-Diät. (0360) Von Monika Oehlrich und Ulrike Schubert, 140 Seiten, 8 Farbtafeln, kartoniert, **DM 9,80**
Neue Rezepte für Diabetiker-Diät. Vollwertig – abwechslungsreich – kalorienarm. (0418) Von Monika Oehlrich, 120 Seiten, 8 Farbtafeln, kartoniert, **DM 9,80**
Fibel für Zuckerkranke. Wesen und Symptome der Krankheit, Behandlungsmethoden, Tabletten, Insulin, Diät. (0110) Von Dr. med. Th. Kantschew, 148 Seiten, Zeichnungen und Tabellen, kartoniert, **DM 9,80**
Die neue leckere Diätküche. (5034) Von Ulrike Schubert, 64 Seiten, 30 Rezeptfotos, Pappband, **DM 9,80**
Die Brot-Diät – der Schlankheitsplan ohne Extreme. (0452) Von Prof. Dr. Erich Menden und Waltraute Aign, 92 Seiten, 8 Farbtafeln, kartoniert, **DM 6,80**
Heilkräfte der Natur. (4203) Von Kurt Blüchel, 96 Seiten, 85 Abbildungen, durchgehend vierfarbig, Pappband, **DM 19,80**
Eigenbehandlung durch Akupressur. Heilwirkungen – Energielehre – Meridiane. (0417) Von Gerhard Leibold, 152 Seiten, 78 Abbildungen, kartoniert, **DM 9,80**
Hypnose und Autosuggestion. Methoden – Heilwirkungen – Praktische Beispiele (0483) Von Gerhard Leibold, ca. 112 S., kartoniert, ca. **DM 6,80***
Gesund und fit durch Gymnastik. (0366) Von Hannelore Pilss-Samek, 132 Seiten, 150 Abbildungen, kartoniert, **DM 7,80**
Aqua-Rhythmik. Wasserübungen zum Fit- und Schlankwerden. (0416) Von Ilse Nolte-Heuritsch, 88 Seiten, 51 Abbildungen und Zeichnungen, kartoniert, **DM 7,80**
Yoga gegen Haltungsschäden und Rückenschmerzen. Krokodil-Übungen für jung und alt. (0394) Von Alois Raab, 104 Seiten, 215 Abbildungen, kartoniert, **DM 5,80**
Gesundheit und Spannkraft durch Yoga. (0321) Von Dr. Lothar Frank und Ursula Ebbers, 120 Seiten, 50 Fotos, kartoniert, **DM 6,80**
Yoga für jeden mit Kareen Zebroff. (0341) 142 Seiten, 135 Abbildungen, kartoniert, **DM 18,–**
Yoga für Liebhaber (4112) Von John Champ, 60 S., durchgehend vierfarb., mit großform. Fotos, **DM 24,80**
Schön, schlank und fit mit Kareen Zebroff. (0371) 176 Seiten, 126 Abbildungen, kartoniert, **DM 20,–**
Yoga für Mütter und Kinder. (0349) Von Kareen Zebroff, 128 Seiten, 139 Abbildungen, kartoniert, **DM 18,–**

Das große Hausbuch der Naturheilkunde
(4052) Von Gerhard Leibold, 386 Seiten, 18 Farbfotos und 8 schwarz-weiß, 196 Zeichnungen, gebunden mit vierfarbigem Schutzumschlag, **DM 34,–**

Die Frau als Hausärztin (4072) Von Dr. med. Anna Fischer Dückelmann, ca. 800 S., mit ca. 50 farb. Abb. und über 300 Fotos und Zeichnungen, gbd. mit vierfarb. Schutzumschl., Subskriptionspreis bis 31. 12. 79 **DM 49,80**, danach **DM 58,–**

* Neuerscheinung. Preise waren bei Druckbeginn noch nicht endgültig festgelegt.

Briefsteller

Moderne Korrespondenz
(4014) Von H. Kirst und W. Manekeller, 570 Seiten, gebunden, **DM 39,–.**
Durch bessere Briefe mehr Erfolg! Hier liegt der umfassende Ratgeber aus der Praxis für die Praxis unter Berücksichtigung aller Formen und DIN-Normen vor. Mit diesem wertvollen Helfer wird jeder auf lange Sicht mehr zu leisten und mehr zu verdienen imstande sein.

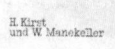

Erfolgreiche Kaufmanns-Praxis
Wirtschaftliche Grundlagen, Geld, Kreditwesen, Steuern, Betriebsführung, Recht, EDV. (4046) Von Wolfgang Göhler, Herbert Gölz, Manfred Heibel, Dr. Detlev Machenheimer, mit einem Vorwort von Dr. Karl Obermayr, 544 Seiten, geb. mit Schutzumschlag, **DM 34,–**

Lebenslauf und Bewerbung. Beispiele für Inhalt, Form und Aufbau. (0428) Von Hans Friedrich, 112 Seiten, kartoniert. **DM 5,80**
Musterbriefe für alle Gelegenheiten. (0231) Herausgegeben von Olaf Fuhrmann, 248 Seiten, kartoniert, **DM 9,80**

Die besten Witze und Cartoons des Jahres (0454) Herausgegeben von Karl Hartmann, 288 Seiten, 125 Zeichnungen, gebunden, mit Schutzumschlag, **DM 9,80**

Die besten Witze und Cartoons des Jahres 2 (0488) Von Karl Hartmann, 288 S., mit zahlr. Zeichnungen, gbd. mit vierfarb. Schutzumschl., **DM 9,80**

Damen in der Bütt Scherze, Büttenreden, Sketsche (0354) Von Traudi Müller, 136 Seiten, kartoniert, **DM 6,80**

Witze am laufenden Band. (0461) Von Fips Asmussen, 117 Seiten, kartoniert, **DM 5,80**
Lach mit! Witze für Kinder, gesammelt von Kindern. (0468) Herausgegeben von Waltraud Pröve, 128 Seiten, mit Abbildungen, kartoniert, **DM 5,80**
Kritik des Herzens – Gedichte. (3032) Von Wilhelm Busch, 100 Seiten, gebunden, **DM 9,80**
Schein und Sein – Gedichte. (3034) Von Wilhelm Busch, 104 Seiten, gebunden, **DM 9,80**

O frivol ist mir am Abend Pikante Witze von Fred Metzler (0388) Von Fred Metzler, 128 Seiten mit Karikaturen (Taschenbuchformat) kartoniert, **DM 6,80**

Die besten Ärztewitze (0399) zusammengestellt von Britta Zorn, 272 Seiten mit 42 Karikaturen von Ulrich Fleischhauer, mit vierfarbigem Schutz umschlag, gebunden, **DM 9,80**

Das große Buch der Witze (0384) 320 Seiten, 36 Zeichnungen von E. Holz, vierfarbiger Schutzumschlag, gebunden, **DM 14,80**

Humoristischer Hausschatz (3062) Von Wilhelm Busch, 368 Seiten, 1600 Abbildungen, Großformat, gebunden, **DM 19,80**

Wilhelm-Busch-Album. Jubiläumsausgabe mit 1700 farbigen Bildern. (3028) 408 Seiten, 1700 durchgehend farbige Bilder, Großformat, in Leinen gebunden, **DM 36,–**
Elefanten- und andere Tier-Witze. (0474) Gesammelt von Peter Hartlaub und Silvia Pappe, 80 Seiten, 14 Zeichnungen, kartoniert, **DM 3,–**
Fußball-Witze. (0443) Mit Witzen und Karikaturen von Wolfgang Willnat, 80 Seiten, 73 Zeichnungen, Querformat, kartoniert, **DM 3,–**
Robert Lembkes Witzauslese. (0325) Erzählt von Robert Lembke, 160 Seiten, mit 10 Zeichnungen von E. Köhler, gebunden, mit vierfarbigem Schutzumschlag, **DM 14,80**
Lustige Vorträge für fröhliche Feiern, Sketsche, Vorträge und Conferencen für Karneval und fröhliche Feste. (0284) Von K. Lehnhoff, 96 Seiten, kartoniert, **DM 6,80**
Tolle Sachen zum Schmunzeln und Lachen. (0163) Von E. Müller, 92 Seiten, kartoniert, **DM 6,80**
Humor für jedes Ohr. (0157) Von H. Ehnle, 96 Seiten, kartoniert, **DM 6,80**
Fidelitas und Trallala. (0120) Von Dr. Allos, 104 Seiten, viele Abbildungen, kartoniert, **DM 6,80**
Sketsche. (0247) Von Margarete Gering, 132 Seiten, 16 Abbildungen, kartoniert, **DM 6,80**
Vergnügliche Sketche (0476) Von E. Müller, ca. 128 S., mit lustigen Zeichnungen, kartoniert, **DM 6,80**
Narren in der Bütt. (0216) Zusammengestellt von Th. Lücker, 112 Seiten, kartoniert, **DM 5,80**
Helau + Alaaf. Närrisches aus der Bütt. (0304) Von Erich Müller, 112 Seiten, kartoniert, **DM 6,80**
Helau + Alaaf 2. Neue Büttenreden (0477) Von Edmund Luft, ca. 128 S., kartoniert, ca. **DM 6,80***
Rings um den Karneval. Karnevalsscherze und Büttenreden. (0130) von Dr. Allos, 136 Seiten, kartoniert, **DM 6,80**
Die große Lachparade. (0188) Von E. Müller, 108 Seiten, kartoniert, **DM 6,80**

* Neuerscheinung. Preise waren bei Druckbeginn noch nicht endgültig festgelegt.

Spielen

Alles über Pokern. Regeln und Tricks. (2024) Von Claus D. Grupp, 120 Seiten, 29 Kartenbilder, kartoniert, **DM 6,80**
Spieltechnik im Bridge. (2004) Von Victor Mollo/Nico Gardener, deutsche Adaption von Dirk Schröder, 216 Seiten, kartoniert, **DM 16,80**
Spielend Bridge lernen. (2012) Von Josef Weiss, 108 Seiten, kartoniert, **DM 7,80**
Besser Bridge spielen. Reiztechnik, Spielverlauf und Gegenspiel. (2026) Von Josef Weiss, 143 Seiten, mit vielen Diagrammen, kartoniert, **DM 14,80**
Neues Buch der Kartenspiele. (0095) Von K. Lichtwitz, 96 Seiten, kartoniert, **DM 5,80**
Das Skatspiel. (0206) Von K. Lehnhoff, bearbeitet von Alt-Skatmeister P. A. Höfges, 96 Seiten, kartoniert, **DM 5,80**
Alles über Skat (2005) Von Günter Kirschbach, 144 Seiten, kartoniert, **DM 7,80**
Rommé und Canasta in allen Variationen. (2025) Von Claus D. Grupp, 124 Seiten, 24 Zeichnungen, kartoniert, **DM 7,80**
Patiencen in Wort und Bild. (2003) Von Irmgard Wolter, 136 Seiten, kartoniert, **DM 7,80**

Wir spielen
Hunderte Spiele für einen und viele
(4034) Von Heinz Görz, 430 Seiten mit 370 farbigen Zeichnungen, gbd.,
DM 26,–

Das japanische Brettspiel GO
(2020) Von Winfried Dörholt, 104 Seiten, 182 Diagramme, kartoniert, **DM 9,80**

Schach
Das Handbuch für Anfänger und Könner
(4051) Von Theo Schuster, 360 Seiten mit über 340 Diagrammen, gbd., mit Schutzumschlag, **DM 26,–**

Kartenspiele. (2001) Von Claus D. Grupp, 144 Seiten, kartoniert, **DM 7,80**
Spielen mit Rudi Carrell. 113 Spiele für Party und Familie (2014) Von Rudi Carrell, 160 Seiten mit 50 Abbildungen, gebunden, **DM 14,80**
Zaubern, einfach – aber verblüffend. (2018) Von Dieter Bouch, 84 Seiten mit Zeichnungen, kartoniert, **DM 5,80**
Schafkopf, Doppelkopf, Binokel, Cego, Gaigel, Jaß, Tarock und andere. (2015) Von Claus D. Grupp, 152 Seiten, kartoniert, **DM 8,80**
Backgammon für Anfänger und Könner. (2008) Von G. W. Fink und G. Fuchs, 116 Seiten, 41 Zeichnungen, kartoniert, **DM 9,80**
Dame. Das Brettspiel in allen Variationen (2028) Von Claus D. Grupp, ca. 120 S., mit Diagrammen, kartoniert, **DM 9,80**
Gesellschaftsspiele für drinnen und draußen. (2006) Von Heinz Görz, 128 Seiten, kartoniert, **DM 6,80**
Würfelspiele. (2007) Von Friedrich Pruss, 112 Seiten, kartoniert, **DM 6,80**
Mini-Spiele für unterwegs und überall. (2016) Von Irmgard Wolter, 152 Seiten, kartoniert, **DM 9,80**
Spiele für Theke und Stammtisch. (2021) Von Claus D. Grupp, 104 Seiten, 27 Zeichnungen, kartoniert, **DM 6,80**
Sketche und spielbare Witze für bunte Abende und andere Feste. (0445) Von Hartmut Friedrich, 120 Seiten, 7 Zeichnungen, kartoniert, **DM 6,80**
Kartentricks. (2010) Von T. A. Rosee, 80 Seiten, 13 Zeichnungen, kartoniert, **DM 5,80**
Neue Kartentricks (2027) Von Klaus Pankow, ca. 112 S., mit 20 Abbildungen, kart., **DM 6,80**
Zaubertricks. Das große Buch der Magie. (0282) Von Jochen Zmeck, 244 Seiten, 113 Abbildungen, kartoniert, **DM 14,80**
Falken-Handbuch Zaubern. Über 500 Tricks. (4063) Von Friedrich Stutz, ca. 352 Seiten, ca. 1000 Zeichnungen, gebunden, mit vierfarbigem Schutzumschlag, ca. **DM 28,–***
Roulette richtig gespielt. (0121) Von M. Jung, 96 Seiten, zahlreiche Tabellen, kartoniert, **DM 6,80**
Glücksspiele mit Kugeln, Würfeln und Karten. (2013) Von Claus D. Grupp, 116 Seiten, kartoniert, **DM 7,80**
Das Schachspiel. (0104) Von W. Wollenschläger, 72 Seiten, 65 Diagramme, kartoniert, **DM 4,80**
Neue Schacheröffnungen (0478) Von Theodor Schuster, ca. 128 S., mit 100 Diagrammen, kartoniert, ca. **DM 9,80**
Schach für Fortgeschrittene. Taktik und Probleme des Schachspiels. (0219) Von R. Teschner, 96 Seiten, 85 Schachdiagramme, kartoniert, **DM 5,80**
Spielend Schach lernen. (2002) Von Theo Schuster, 128 Seiten, kartoniert, **DM 6,80**
Schach dem Weltmeister Karpow. (0433) Von Theodor Schuster, 136 Seiten, 19 Abbildungen und 83 Diagramme, kartoniert, **DM 12,80**

* Neuerscheinung. Preise waren bei Druckbeginn noch nicht endgültig festgelegt.

Kinderbeschäftigung

Das farbige Kinderlexikon von A–Z. (4059) Herausgegeben von Felicitas Buttig, 392 Seiten, 386 farbige Abbildungen, Pappband, **DM 29,80**
Spiele für Kleinkinder. (2011) Von Dieter Kellermann, 80 Seiten, kartoniert, **DM 5,80**
Kinderspiele, die Spaß machen. (2009) Von Helen Müller-Stein, 112 Seiten, 28 Abbildungen, kartoniert, **DM 6,80**
Kindergeburtstag. Einladung – Vorbereitung – Ablauf. Mit vielen Spiel- und Beschäftigungsvorschlägen. (0287) Von Dr. Ilse Obrig, 104 Seiten, 40 Abbildungen, 11 Zeichnungen, 9 Lieder mit Noten, kartoniert, **DM 5,80**
Tipps und Tapps. Maschinenschreib-Fibel für Kinder. (0274) Von H. Kaus, 48 Seiten, farbige Abbildungen, kartoniert, **DM 4,80**
Lirum, Larum, Löffelstiel. Ein Kinder-Kochkurs. (5007) Von Ingeborg Becker, 64 Seiten mit Abbildungen, durchgehend vierfarbig, Spiralheftung, **DM 7,80**

Kinderfeste daheim und in Gruppen (4033) Von Gerda Blecher, 240 Seiten, 320 Abbildungen, Balacroneinband, gbd., **DM 19,80**

Das bunte Rätselbuch für Kinder (4065) Von Felicitas Buttig, 120 S., durchgehend vierfarb., mit ca. 100 Zeichnungen, Pbd., **DM 19,80**

Zeitgemäße Beschäftigung mit Kindern (4025) Von Ingeborg Rathmann, 496 Seiten, 450 Abbildungen, 16 Farbtafeln, **DM 36,–**

Zeichnen lernen mit OSKAR. Kleines Tier-ABC von Affe–Zebra. (5054) Von OSKAR, 64 Seiten, 60 Abbildungen, durchgehend zweifarbig, kartoniert, **DM 5,80**
Strick mit! Ein Kurs für Anfänger (5094) Von Birte Pröttel, ca. 120 S., mit ca. 200 farbigen und schwarzweißen Abbildungen, kartoniert, ca. **DM 9,80***

* Neuerscheinung. Preise waren bei Druckbeginn noch nicht endgültig festgelegt.

Rat & Wissen für die ganze Familie

Wie soll es heißen? (0211) Von Dr. Köhr, 88 Seiten, kartoniert, **DM 4,80**
Vorbereitung auf die Geburt. Schwangerschaftsgymnastik, Atmung, Rückbildungsgymnastik. (0251) Von Sabine Buchholz, 112 Seiten, 98 Fotos, kartoniert, **DM 6,80**
Wenn Sie ein Kind bekommen. (4003) Von Ursula Klamroth, 240 Seiten, 86 Fotos und 30 Zeichnungen, gebunden, mit vierfarbigem Schutzumschlag, **DM 19,80**
Sexualberatung. (0402) Von Dr. Marianne Röhl, 168 Seiten, 8 Farbtafeln und 17 Zeichnungen, Pappband, **DM 19,80**
Scheidung und Unterhalt nach dem neuen Eherecht. (0403) Von Rechtsanwalt H. T. Drewes, 104 Seiten mit Kosten- und Unterhaltstabellen, kartoniert, **DM 7,80**
Erbrecht und Testament. Mit Erbschaftssteuergesetz 1974. (0046) Von Dr. jur. H. Wandrey, 112 Seiten, kartoniert, **DM 6,80**
Mietrecht. Leitfaden für den Mieter und Vermieter (0479) Von Johannes Beuthner, ca. 140 S., kartoniert, ca. **DM 6,80 DM***
Handbuch für den perfekten Haushalt. 1000 bewährte Tips und Kniffe. (4036) Von Vicky Baldner, 348 Seiten, durchgehend zweifarbig gedruckt, 109 Zeichnungen, gebunden mit vierfarbigem Schutzumschlag, **DM 29,80**
Advent und Weihnachten. Basteln – Backen – Schmücken – Feiern (4067) Von Margrit Gutta, Hanne Hangleiter, Ingeborg Rathmann, Gabriele Vocke, 152 S., 15 Farbtafeln, zahlreiche Abb. und Zeichnungen, kart., **DM 9,80**
Umgangsformen heute. Die Empfehlungen des Fachausschusses für Umgangsformen. (4015) 312 Seiten, 167 Fotos und 44 Abbildungen, gebunden mit vierfarbigem Schutzumschlag, **DM 24,–**

Von der Verlobung zur Goldenen Hochzeit
Vorbereitung · Festgestaltung Glückwünsche (0393) Von Elisabeth Ruge, 120 Seiten, kartoniert,
DM 6,80

Der Rechtsberater im Haus
(4048) Von Karl-Heinz Hofmeister, 528 Seiten, gebunden, mit farbigem Schutzumschlag, **DM 36,–**

Die 12 Sternzeichen
Charakter, Liebe und Schicksal
(0385) Von Georg Haddenbach, 160 Seiten, Pbd., **DM 9,80**

So deutet man Träume. Die Bildersprache des Unbewußten. (0444) Von Georg Haddenbach, 160 Seiten, Pappband, **DM 9,80**
Die neue Lebenshilfe **Biorhythmik.** Höhen und Tiefen der persönlichen Lebenskurven vorausberechnen und danach handeln. (0458) Von Walter A. Appel, 157 Seiten, 63 Zeichnungen, Pappband, **DM 9,80**
Selbst Wahrsagen mit Karten. Die Zukunft in Liebe, Beruf und Finanzen. (0404) Von Rhea Koch, 112 Seiten mit vielen Abbildungen, Pappband, **DM 9,80**
Wahrsagen mit Tarot-Karten (0482) Von Edwin J. Nigg, ca. 112 S., mit Farbtafeln und Karten, Pappband, **DM 12,80**
Die 12 Tierzeichen im chinesischen Horoskop. (0423) Von Georg Haddenbach, 112 Seiten, kartoniert, **DM 5,80**
Das Super-Horoskop. Der neue Weg zur Deutung von Charakter, Liebe und Schicksal nach chinesischer und abendländischer Astrologie. Ein Leitfaden für alle, die mehr über sich und ihre Mitmenschen wissen wollen. (0465) Von Georg Haddenbach, 175 Seiten, kartoniert, **DM 9,80**
Astrologie. Charakterkunde – Schicksal, Liebe und Beruf – Berechnung und Deutung von Horoskopen – Aszendenttabelle. Von B. A. Mertz, mit einem Geleitwort von Hildegard Knef, (4068), ca 400 S., mit erläuternden Grafiken, gbd., mit vierfarb. Schutzumschl., ca. **DM 28,–***

* Neuerscheinung. Preise waren bei Druckbeginn noch nicht endgültig festgelegt.

Falls durch besondere Umstände Preisänderungen notwendig werden, erfolgt Auftragserledigung zu dem bei der Lieferung gültigen Preis.

Bestellschein (FALKEN VERLAG)

Erfüllungsort und Gerichtsstand für Vollkaufleute ist der jeweilige Sitz der Lieferfirma. Für alle übrigen Kunden gilt dieser Gerichtsstand für das Mahnverfahren.
Ich bestelle hiermit aus dem Falken Verlag, Postfach 1120, 6272 Niederhausen/Ts., durch die Buchhandlung:

Ex.
Ex.
Ex.
Ex.

Name:
Straße: Ort:
Datum: Unterschrift: